付守永　赵雷　著

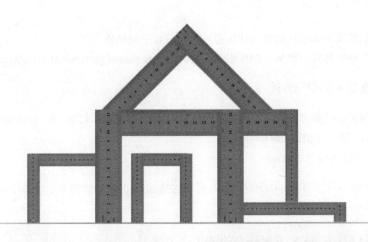

德胜规矩

解密中国价值型企业的
自然成长之道

TECSUN
BUSINESS RULES

清华大学出版社
北　京

本书封面贴有清华大学出版社防伪标签，无标签者不得销售。
版权所有，侵权必究。举报：010-62782989，beiqinquan@tup.tsinghua.edu.cn。

图书在版编目(CIP)数据

德胜规矩：解密中国价值型企业的自然成长之道/付守永，赵雷 著．—北京：清华大学出版社，2015（2025.1重印）

ISBN 978-7-302-38663-6

Ⅰ．①德… Ⅱ．①付… ②赵… Ⅲ．①建筑企业—企业经营管理—经验—中国 Ⅳ．①F426.9

中国版本图书馆 CIP 数据核字(2014)第 283718 号

责任编辑：陈　莉　蔡　琦
封面设计：周晓亮
版式设计：方加青
责任校对：曹　阳
责任印制：刘海龙

出版发行：清华大学出版社
　　　　网　　址：https://www.tup.com.cn，https://www.wqxuetang.com
　　　　地　　址：北京清华大学学研大厦A座　　邮　　编：100084
　　　　社 总 机：010-83470000　　　　　　　　邮　　购：010-62786544
　　　　投稿与读者服务：010-62776969，c-service@tup.tsinghua.edu.cn
　　　　质 量 反 馈：010-62772015，zhiliang@tup.tsinghua.edu.cn
印 装 者：小森印刷霸州有限公司
经　　销：全国新华书店
开　　本：170mm×240mm　　　　印　张：19　　　　字　数：283 千字
版　　次：2015 年 1 月第 1 版　　　印　次：2025 年 1 月第14次印刷
定　　价：58.00 元

产品编号：059361-02

目 录

第一章　德胜之魂　//1

一、德胜价值观：诚实、勤劳、有爱心、不走捷径·3

二、人性是一切思维的出发点·13

三、绝不可动摇的德胜规矩·18

四、德胜三件宝·21

第二章　德胜规矩的五大特质　//25

一、制度化：企业有序运转的保障·27

二、程序化：过程的质量决定结果的品质·30

三、透明化：德胜没有秘密·36

四、精细化：用工匠精神对待每一个细节·39

五、人性化：忠诚是双向的·45

第三章　自然生长　//65

一、永远不搞股份制，永远不上市·67

二、以能定产，绝不认同利润最大化·70

三、无边界工作·74

四、企业养生馆：人心、节奏、战略·77

第四章　有效教育　//81

一、管理的本质就是教育·83

二、优秀是教出来的·90

三、复训是有效教育的不二选择·95

四、把每一个员工都变成君子·105

五、9个老员工与1个新员工·110

第五章　简单管理不简单　//115

一、制度就是死规矩·117

二、程序执行没有例外·121

三、所有的计划都能实现·130

四、认真，是考核的唯一标准·133

五、这里没有腐败与官僚·137

六、只要对公司有好处·144

第六章　质量问题不可商量　//149

一、权力至上的质量督察官·151

二、无处不在的跟踪督察·155

三、将质量问题杜绝在程序之外·159

目 录

四、养成比别人认真一点的习惯·163

五、德胜的员工都要做开关电路·166

第七章　话说透，爱给够　//169

一、员工永远不是企业的主人·171

二、藐视程序就是德胜的敌人·174

三、从不挽留辞职者·178

四、1855规则、解聘预警与"吃一年苦工程"·182

五、充满尊严的实惠·186

第八章　执行不留死角　//191

一、制度结构金字塔·193

二、德胜"两会"·196

三、少一事不如多一事·199

四、任何事都要预约·201

五、绝无仅有的个人信用体系·204

六、程序中心是一本活着的日历·207

第九章　脚踏实地的工作是一种美德　//211

一、管理层不能脱产·213

二、绝不让老实人吃亏·217

三、彻底地反对公司官僚文化·220

四、持续改善的前提是坚决执行·223

五、爱心是满负荷工作的唯一动力·226

六、领导既要当秘书又要当老师·230

第十章 "心"经济时代的全员经营 //233

一、"杂交思维"与自我净化体系·235

二、以"心"为本盘活人，以"人"为本解决事·238

三、"一切为了公司"与"生命第一"·241

四、清醒工程与终身员工制·246

第十一章 价值型企业的成长之道 //249

一、改变事先改变人·251

二、把公司的事业播种在员工的心里·255

三、文化建设要落地·257

四、做一家有魂的企业·261

附录一 赵雷答参访者问·265

附录二 "德"行天下，"胜"在爱人·291

参考资料·298

第一章 德胜之魂

"德胜是一家有着独立人格的企业,有自己的规矩,有自己的原则,更重要的是,爱与规矩在这里交汇成了企业管理的独特体系。这是德胜价值观的精髓,更是德胜管理的精华。看似朴实的"德胜规矩",是德胜稳步发展的底蕴,为德胜人、为更多的中国人,赢得了敬重。"

一、德胜价值观：诚实、勤劳、有爱心、不走捷径

打开百度，我们搜索一下关键词"企业价值观"：企业价值观是指企业及其员工的价值取向，是指企业在追求经营成功过程中所推崇的基本信念和奉行的目标。

然后，我们还可以搜索到众多知名企业的核心价值观，看起来似乎每一个都"高大上"，都像一面旗帜一样，在迎风招展。我们不否认这些企业核心价值观的导向作用与激励作用。但事实上，对一家企业来说，价值观更重要的在于行，而不在于言。

德胜的价值观简单而朴实：诚实、勤劳、有爱心、不走捷径。11个字，看似简单却蕴含了对一个合格公民的最核心与最基础的要求。德胜能发展到今天，赢得越来越多的敬重，不是因为德胜做的管理体系、企业文化有多么高端、科学、先进，而是因为德胜将简单做到了极致，让简单的11个字成为全体员工的行为准则，成为浸入思想与骨子里的潜意识。

当一家企业的核心价值观成为全员的共识时，就变成了持久连接企业与员工之间的纽带。这种纽带有别于传统意义上的以利益为纽带的员工关系，它更加稳定，更加牢靠。

中华文明五千年，很多瑰宝流传至今，影响着人们的为人处事。德胜的核心价值观和中国的传统精神文明一脉相承。德胜的价值观又与社会上流行的价值观相左，耍小聪明、谋私利、偷工减料、人前一套人后一套，等等，这些行为在德胜是行不通的，是被坚决制止的。在德胜，没有聪明人，只有踏踏实实将事情脚踏实地做好的实在人。

德胜公司规模不大，仅千人左右，不像一些"500强"企业那样出名，也没有达到几十亿的规模，公司从不做宣传广告，创始人聂圣哲也极少在媒体露面，但其影响力却远远超越了许多百亿规模的公司，几乎每天都有上百人前去参访学习，大家慕名而去，满意而归。参观归来，许多人都唏嘘不已，聂圣哲与德胜正在中华大地实践着自己全新企业的理想。世间竟然还有这样一家企业，像做人一样做企业，行为朴实，思想与眼光却超越了企业以盈利为终极目标的局限。

像磁石一样吸引各界人士前往参访的究竟是什么呢？那当然是德胜独特的企业文化和价值观：诚实、勤劳、有爱心、不走捷径。

诚实建立信任

诚实，是中华民族的传统美德。《论语·子路》曾经说过："言必信，行必果。"待他人诚实，收获的是别人对你的尊重；待自己诚实，才不至于自欺欺人，迷失自我。诚实更是一种品牌，古代便有"得黄金百斤，不如得季布一诺"之说，诚实的品质即使是孔夫子也极为看重。

一次，孔子在陈国和蔡国之间的地方缺粮受困，七天粒米未进。一天，孔子正在闭目养神睡觉，颜回外出去讨米回来了，一回来就赶紧煮饭。不一会儿，饭快要熟了，孔子看着颜回快速地用手伸进锅里抓了一把饭塞进嘴里吃了，孔子没有吭声，假装没看见。过了会儿，颜回来请孔子吃饭，孔子说："刚刚梦见我的先人，我得先给他们吃干净的饭，自己等会儿才能吃。"当时礼法规定，用来祭祀的饭菜，所有人都不能先动一筷子，必须等到祭祀结束，大家才能开吃。颜回赶紧说："这饭不能用来祭祀，刚刚碳灰飘进了锅里，弄脏的米饭丢掉太浪费，我就抓来吃了。"孔子被颜回诚实的美德打动了，颜回经过了这样的考验也自然成为孔子的得意门生。

关于德胜"诚实"的故事，坊间和网上都津津乐道其财务报销制度。报销是和金钱直接发生关系的，最容易引发对人性的考验，容易引发很多复杂的问题。而在德胜，财务报销是不需要领导签字的。只要你发生了需要报销的开支，你就可以自己填写单据，直接到财务中心那里去报销。

德胜公司因为有诚实的基因，所以员工与员工、员工与领导之间的信任也是自然而然的事情。有这样一件事：一个高层领导的办公室里丢了几千元钱，因为每天下班有个员工是最后一个走，要给公司锁门。当这个员工第二天得知这件事的时候，就跑到领导的办公室对他说："我是最后一个走的，我的嫌疑最大，但是我没有拿。"领导毫不犹豫地相信了他，这一切的信任都源于德胜员工们拥有的诚实美德。后来发现，这笔钱只是放在了别的地方。

德胜人的诚实让德胜洋楼小区呈现出"夜不闭户，路不拾遗"的景象。德胜工厂，两栋各2500平方米的大厂房中间，一条18米宽的大道，可以从公路口直通厂区尽头；整个工厂居然没有围墙或者铁栅栏，也没有大门或门卫。像这样的布局环境在全国的工厂中，恐怕只有德胜一家了。可是，这个没墙没门的德胜工厂，却从来没有失窃过。拾金不昧在德胜也很平常，在公告栏上经常可以看到，有员工在工厂的马路上捡到了几百块钱或者贵重物品交还了失主。在利益面前，德胜人都能保持自己诚实的态度。

诚实，不只是做人的一种品行，更重要的是，它让德胜人秉持这样一种原则来对待工作、对待客户、对待生活，对工作从不敷衍了事，对客户坦诚相待，对同事尽心尽意，对家人情真意切。

勤劳创造美好

德胜的核心价值观里另一个重点就是"勤劳"。人天生是勤劳的、愿意工作的，还是懒惰的、需要他人鞭策的？这就是"X"理论和"Y"理论的分水岭。

从本质上讲，人是有惰性的，谁都愿意轻松度日。勤劳是在生产力低下的情况下，迫于生存的一种选择。待到人们温饱之后，在"自我实现"意识的导引下选择辛勤工作，那就达到了精神升华的境界。中国的传统文化中一直都存在蔑视具体劳动的糟粕，学而优则仕，奉行不劳而获。

鉴于同样的人性透视，德胜承认人性中存在的"惰性"，所以积极引导员工爱岗敬业，在制度设计上则是"奖勤罚懒"，但又给予员工们"改邪归正"的机会。在德胜公司的员工手册中，有规定清楚地要求员工在"上班时间必须满负荷工作"，试用员工"工作时间埋头工作，不说闲话和废话"。《奖惩条例》则明确地规定："有意怠慢工作或工作不努力的，解聘。对习以为常的惰性，德胜公司会予以坚决反击。"

德胜洋楼的很多员工都是工匠，对于手艺人来说，拥有一双勤劳的巧手是必不可少的。德胜的员工都有一双勤劳的手，还有一颗任劳任怨的心。

一位员工被工程部调到已有客户入住的杭州东方苑花园别墅工作。在那里，有两栋样板楼的中式厨房外墙是水泥抹灰的墙面，入住的客户按照主体外墙的砖石结构，买来三种不同颜色规格的缸砖、石头，想要粘贴厨房外墙。在墙面凿毛时，业主考虑到公司是义务帮助施工的，有点担心，就问这位员工说："不用敲掉就重新粉刷能行吗？"

这位员工回答："您看这墙粉刷的质量多好！如同混凝土浇筑一样，无裂无缝，敲上去是'咚咚'的声音，很悦耳，无一处空鼓之声，我给您凿毛眼打得密一点，墙面冲刷干净，粘贴会很牢固的，放心吧！我会给您做好的！"

这位员工的细致与耐心让客户非常感动。

在工作中，需要和客户沟通的事，如砖缝的大小、砖的贴面朝向等细节问题，这位员工总是主动平和地与客户交流。每一项工序做细做到位，对明显长宽不一致的砖石进行切割"整容"，给厚薄不一、弯直不同的砖进行"选美"，择优使用平整厚直的砖石贴在墙面上，爱惜客户的一砖一石及所有的原材料。不仅如此，每天收工时，他都坚持将现场清理干净。有时客户有用车装运沙、水泥等需要帮忙的分外事，他也乐意"出手"。

天道酬勤，一个为人勤劳有爱心的人，总是能够得到"上帝"的青睐。在工程快完工结束时，这家业主提出请他吃顿饭，并且情不自禁地夸奖："你有一双勤劳的巧手。" 言为心声，客户短短的几个字是来自内心的真情流露和赞赏，令这个普通的德胜员工欣慰不已。

手艺人有一双勤劳的巧手，在为人处事的经历中，在谋生的道路上，就总能机会多多，门广路宽，老板总是喜欢勤劳的员工。只有你勤劳，认真做事，乐于奉献，有良好的心态，才能获得客户的肯定、公司的赞赏。

一双勤劳的巧手，对我们手艺人来说很重要。"最值钱的是手艺！"这句话之所以是硬道理，是因为手艺人从事的工作不但创造了实用价值，也创造了具有观赏性的艺术价值，手艺在某种意义上是一种艺术，艺无止境。你今天一旦选择了所从事的职业，就要热爱它，喜欢它，把它视成一种乐趣。在工作中以别人之长补自己之短，做一个心灵手巧的手艺人。

德胜公司让勤劳的人有发挥的余地，勤能补拙，在工作和生活中做到事事勤、时时勤、处处勤。相信用自己一双勤劳的手，就能在德胜这个平台上书写更加美好、幸福的人生。

无处不在的爱心

现在的社会竞争过于残酷，很多人都已经到了麻木不仁的地步，面对别人的困难，他们毫无感觉；对于别人的帮助，也毫无感念之情。冷漠和自私如同沙漠和干旱，可以使人的心灵荒芜，杂草丛生。而爱心和奉献则是阳光和鲜花，滋润着每个人的心灵，装扮每个人的美好人生。

在德胜洋楼，爱心几乎无处不在：上车时提醒坐在副驾驶位置上的乘客系好安全带，不允许员工带病工作，不允许员工用私人的钱办公事，为员工提供50%的租房补贴，员工可以几乎免费地使用公司的车辆，为员工报销一份给亲人的礼品费用，不惜代价为员工治病……**"爱"贯穿了德胜管理的始终**。这些点滴小事，既是对员工的爱，也是对客户的爱。德胜人拒绝冷漠，拒绝麻木，爱心体现在工作的众多细节之中，哪怕是一顶小小的草帽。

这是德胜公司的一个小小的草帽与一份大大的爱心的故事。

事情发生在一个阳光强烈的上午,两个工人蹲在草丛中剪草。从他们身边走过的每一个人都对他俩说,咖啡屋的车库里有草帽,如果觉得热的话,就去拿草帽来戴。他们表示完感谢后继续剪草,并没有在意。就这样,每一个路过的人都关心地提示他俩哪儿有草帽。后来,有一位女员工路过时对他们说了同样的话,但是看到他们并没有行动之后,就自己专门跑到车库里帮这两位员工拿了草帽过来。两位工人当时非常地感动,自己没顾得上去拿草帽,同事竟然还专门给送到手上来了。

这样的人、这样的事在德胜公司数不胜数。在这样充满了爱的生活和工作当中,每个德胜人都感觉到内心幸福感满满的。

德胜洋楼让人印象尤其深刻的是,在小区里有一个狗的坟墓,上面还认真地贴有小狗的相片。曾经有一次,小区的小狗出了车祸后,社会上的肇事者视而不见。德胜的员工抱起小狗去医院,花费了很多钱,最终还是没能救回小狗的生命。德胜公司这样做,无疑是让所有同仁都珍惜生命,对世间万物都要存有一份爱心,同时也是希望每位司机在以后的行车中不能莽撞,爱己及人。小狗的坟墓更是一种警示,让路过的人都油然地萌生一种传递爱心的责任感。

德胜教堂的门口,有一个"长江平民教育基金会"的捐款箱,接受社会捐赠,改善平民地区教育设施,支持平民教育事业的发展。德胜一直倡导平民教育的理念,希望帮助更多的孩子学知识学做人,使这些孩子能够"读平民的书、说平民的话、过平民的生活,将来走向社会做一个诚实、勤劳、有爱心、不走捷径的合格平民"。德胜不但自己在做,也力求把爱心传播给其他更多的朋友们。

聂圣哲曾说过:"德胜公司品德的力量,最重要的动力就是爱心。爱心是管理到了最高境界的时候所不可缺少的东西。"爱心的力量是巨大的,如果人人有爱心,学会无私奉献,生活将充满温暖,一个充满爱心的集体是温暖幸福的,一个充满爱心的社会是和谐安定的,在你学会关爱他人的同时,你也会得到博大的爱。

不走捷径

怎么方便怎么来，怎么省事怎么做。这是时下人们做事的通用准则，每个人都在想着一蹴而就、一夜暴富，都想走捷径，但世间之事往往不是那么简单。德胜将不走捷径的工匠精神纳入了自己的规矩之中，纳入每一个德胜人都必须遵守的日常行为准则之中。

在中国，逢年过节便是送礼收礼的高峰期。新春佳节，朋友之间的相互走访本来无可厚非，但总有一些人利用这样的机会请客送礼、打点关系，希望在与别人的竞争中走捷径、占先机。这种靠拉拢关系自己走捷径的做法，事实上破坏了社会的公平正义和社会管理的规范性。一旦制度被破坏，损害的不仅仅是个人的利益，而是社会的公平性和社会管理的严肃性，当然，最终走捷径者也会成为其他走捷径者的受害者。德胜管理体系的创始人聂圣哲先生，对中国传统文化有着透彻的理解，同时又有西方企业管理的经验，经过长期的研究和思考，他终于探索出一条中西合璧的管理路子，其中有一条就是：不走捷径。

简朴的样板社区大门

在德胜，每个人都要像工匠一样严肃地对待每个程序每个环节每项工作，任何事都来不得半点马虎，这是德胜对员工的基本要求。**在德胜看来，不走捷径才能将细节做到极致，过程严谨结果才会完美。**

在德胜的波特兰小街，一进大门就能立马感受到小区的整洁和温暖，同事之间的友好问候，小区的整齐干净，不管是住户还是参观人员，只要进入小区都能感觉到一种一丝不苟的严谨，还有一种无处不在的温情。严谨与温情，看似毫不相关的二者，在德胜得到了融合。德胜员工实诚、勤劳、有爱心、做事踏实，他们一丝不苟、不走捷径地面对工作、同事与客户，打造出了波特兰小街德胜式的温暖与舒适，这也正是住户对这儿喜爱不已的原因。

这是一个德胜员工写的日记：

"今天是我第一次打扫浴室，我觉得最麻烦的也最难以打扫的就是这个环节了，一道道的程序，还要一遍遍擦干净。在吴教官的细心指导下，我已经掌握了打扫的程序。在这件看似简单的事情上，让我想到了现代人的生活和工作，在当今发展如此迅猛的社会中，不少人已经忘记了不走捷径的传统，越来越多的人在走捷径，利用高科技取代了很多的事情，看起来是很简单便捷，但事实上带来的是懒惰的行为，在科技发达的今天，不少人借助高科技的成果已经懒得去思考更多的问题。例如：电脑是不少人心中的万能工具，能代替人做很多事情，学生可以用它查找所有的资料，设计人员能利用它修改图纸。但人们忽略了一个重要的问题，找到了现成的资料，人们就会懒得去查书籍，获得更多的准确信息及有利资料，这只会让人懒得去思考。

我认为不是每件事情都能走捷径，学生学习自己的专业知识，需要查找更多的书籍，通过自己的思考提取有用的信息。而通过电脑这一捷径，不能解决所有的问题。还有，在小区可以看到每个员工都会随身携带记事本，通过记录工作中遇到的问题，来找出自己工作的不足和需要改进、帮助的地方，而电脑记录是不会帮人们分析问题的，只会让人忽略更好的实际工作能力。今天的学习结束了，又是一个受益匪浅的一天。"

第一章 德胜之魂

日记写得朴素而真切,但这正是员工的心声,他们已经把不走捷径作为了自己做事的准则。

德胜人是不走捷径的,这是德胜的规矩,更是德胜人自然而然的行为。任何一道工序都有相应的流程,都必须完全按照程序去做。藐视程序的人,就是德胜的敌人,最终都会离开德胜的。流程制定得很细化,小到一个螺丝钉,都要标准到上面的凹缝一字排开,对准一个方向,这是作业要求,也是做事规矩,容不得半点松懈。德胜流程制度的制定,没有最小,只有更小。

和谐社会需要公平正义,德胜以培养合格的公民为己任,要求所有的员工养成遵守制度、遵守规则、不走捷径的习惯。只有我们每个人养成了这种习惯,我们的社会管理才能实现真正的和谐繁荣!

德胜对员工的教化已取得了相当的成效,诚实、勤劳、有爱心、不走捷径的价值观已深入员工内心,已潜移默化成员工举手投足之间的行为。

首先,诚实是古今中外都倡导的一种品德。诚实就是:是为是,非为非,不妄言,不说谎。德胜是一个以农民工为主体的企业,"诚实"是创业者为员工上的其中一课,是他们要过的态度关。在创业初期,聂圣哲选

长江平民教育基金会主任 赵素梅

择"诚实"作为企业的核心价值观，是因为有了"诚实"的品德就会有实诚的行为，做事实实在在，企业才能向客户提供高品质的产品，企业才能确立自己的品牌，得以稳步发展。

其次，勤劳是对工作的正确态度，是一个人提高自身素质和道德修养的基本方法。只有勤劳，才能改变你想改变的。只有通过辛勤工作，虚心学习，让自己的才华充分在工作中闪光，才能真正成为合格的员工。公司永远不缺人，缺乏的是那些勤劳爱岗的人，缺乏的是对工作有一种热爱与敬畏心理的人。

再次，"勿以恶小而为之，勿以善小而不为，惟贤惟德，可以服人。"一个有爱心的员工，会自觉地把同事、客户当成自己的亲人一样去对待，在工作上不会有任何马虎，爱心让人善良，让人尽心尽意地对待别人，所以就会自觉地去抓质量、抓安全，为客户打造经典的产品。

最后，不走捷径是对工作负责的表现，是做事的一种态度。走捷径看似能快速达成目的，但欲速则不达，这是老话，走捷径就会忽略工作中的细节，大厦之倾也许就是一个螺丝钉的差错。那些图省事而走捷径所引发的事故已不在少数，近年来，因质量问题而引发的塌桥事件不绝于耳，这些偷工减料的行为带来了灾难性后果。但仍有些人图方便想当然地办事：意外怎么会那么巧落到我头上呢？德胜坚决杜绝这种侥幸心理，不走捷径是硬性要求。

德胜倡导"诚实、勤劳、有爱心、不走捷径"，就像父母对孩子、老师对学生一样，要求员工们时时刻刻以此砥砺自己，也影响着周围的每个人。德胜将这些规矩化为具体的行为要求，写进了员工手册中，要求每一个员工严格地执行，慢慢地领悟，最终变成一个践行者与传播者。

二、人性是一切思维的出发点

关于人性，德胜洋楼有着自己的诠释，也有着自己的态度。日本名城大学经营学部教授、经济学博士、名城流程管理研究所所长河田信先生在短短的半天来访时间里，就对德胜的旅馆产生了浓厚兴趣，并激动地说："德胜总部旅馆每个房间的门上竟然都没有锁，这证明在这个公司里信赖度已经达到了不需要锁的境界……"

的确，每入住一位客人，这里的工作人员都要善意地提醒客人：出门后不需要锁门的，因为这里住宿的都是我们自己熟识和非常友好的客人。在一个物欲横流的社会，这样的做法有点"反人性"，但是给人的心理冲击却是巨大的。在一个缺乏诚信的社会体系之下，给予这份信任的分量更是又重了许多。

有这样一件事，可以反映出德胜的人性管理非同一般：

2009年11月11日，一位打扫卫生的女员工在旅馆一个房间的抽屉里发现了3万元现金，发现后，竟然比失主还着急，立即上交给了物业主管。公司为表扬这种拾金不昧的行为，特别奖励了捡到钱的这位员工3000元，让正义的行为在这里永久弘扬。类似的事情诸如有些客人离开时遗忘了钱包、首饰和其他物品，无论多么贵重，工作人员全部都上交给了公司。找到失主的，失主无限感慨；找不到失主的，现金或物品折算成钱后捐给长江平民教育基金会，助国内那些需要帮助的人一臂之力。

飞机在天空中能够准确飞行，能够清晰辨别大海与蓝天，是因为有导航仪，飞行员才不会在海天一色的万米高空中判断失误或迷失航向。企业管理中对人性的分析和定位如同飞机导航仪的作用一样，可以准确使用和管理各类人才。正因为德胜一切从人性出发，才懂得洞悉人性，以人性化管理作为自己的一大准则。

　　德胜对于人性化的把握体现在对员工生活细枝末节的关照上：德胜员工宿舍干净整洁，条件非常好。不仅安装有中央空调，各种日常设施应有尽有。这里的员工餐厅一尘不染，吃饭是投币的，完全靠个人自觉，无人监督。所有来吃饭的员工都自觉排队，餐厅的饭菜新鲜可口、营养丰富，很卫生，却只要2到4元钱，公司在伙食上为员工补贴很多。公司有医务室，这里的医务人员定期深入各工地一线巡回服务。每天傍晚医务室都有人值班，员工有些什么小毛病都可以来这里免费诊疗。公司的福利很好，日常用品都由公司免费提供；空调、洗衣机为员工生活提供了方便；员工的车票、手机费、培训费等公司都给予一定比例的报销；甚至员工婚丧嫁娶都有补贴。最难得的是，对那些在公司工作10年以上的员工，公司会颁发"终身员工证书"，获此殊荣的员工享有终身在德胜工作的权力。德胜的员工一个个衣着整洁大方，行为举止彬彬有礼，互相见面都亲切地打招呼，整个工作氛围让人感到非常的温馨。而这一切，都是出于德胜对人性的洞悉与引导。

　　这些不同于国内外其他企业的一些特性，在德胜人性化管理中显得理所当然，也牢牢地抓住了员工与客户的心。

　　德胜将精细的程序化管理和以人为本的人性化管理，完美结合为成功的"德胜管理体系"。当万科的王石和海尔的张瑞敏来德胜参观时，都对德胜别具一格的企业理念和管理模式深为赞许，并为之感叹不已。

　　除了生活之中，在公司的工作制度上，德胜还有许多人性化的规定：比如规定家属可以来公司探亲，探亲期间可以免费提供食宿，但同时又规定了探亲的时间不得超过5天6个晚上。这是一种很人性化的规定，既能让员工感受到家庭的幸福，同时又不至于让这种福利被滥用。再有，德胜永远不实行打卡制度，德胜员工自觉准时上下班，德胜员工可以自由调休，

第一章 德胜之魂

但是，必须保证工作期间是在满负荷地工作。大部分公司对上班时间都是有着严格打卡要求的，比如早上8：30上班打卡，事实上是给予了员工一种上班的底线，所以几乎所有人都在这个底线附近来上班，迟到反倒成了难免的事。

这些规定都是德胜公司基于人性的思考，根据人性的需求制定了一系列亲民的举措。这与我们所认知的人性之中的自私、贪婪、懒惰、凡事喜欢走关系和人情等都大相径庭。德胜对待人性与众不同的方式，有效地规避了人性之中"恶"的一面，激发了人性当中"善"的一面。他们以人性为出发点的思维是如何转变人性向善的呢？

首先，德胜每年都会送员工到欧美国家去学习、交流或复训，包括工地上的工人，每一个人都有机会出国；如果员工愿意上大学深造，公司会慷慨地提供无息贷款，而且他们毕业后可以选择不回公司上班。公司出的钱就当做一项公益活动，德胜公司无所谓报答不报答。

其次，为员工治疗花费数百万，拍卖公司也在所不惜。但是，在德胜带病坚持工作不仅得不到表扬，而且会受到处罚，公司坚决反对带病工作。

再次，在公司人际关系方面，没关系的员工先提拔，而托关系谋求晋升或者福利会遭到重罚。

像这样的做法还有很多，"想走关系""自私自利""怀疑一切"等这些人性弱点在德胜公司渐渐淡化了，换之而来的是公正、无私和信任。

在德胜，公司对员工强调的是一种契约关系，一种健康的雇佣关系。公司始终不认为员工是企业的主人。公司认为，企业主和员工之间永远是一种雇用和被雇用的关系，是一种健康文明的劳资关系，否则，企业就应该放弃对职工的解雇权。德胜的这种提法似乎与我们熟悉的"职工是企业的主人"背道而驰，但却是用最真诚的态度明确了企业与员工各自的权利与义务。

德胜公司的人性化思维，不仅针对公司自己的员工，对于德胜的客户依然是一视同仁：

一天，下榻在德胜"好东客栈"旅馆的一个客户突然问一个德胜员工：下午还能继续入住旅馆吗？正当这个德胜员工丈二和尚摸不着头脑的时候，客户说她习惯了国内外各类酒店的住宿情况，如果过了中午12点还没有及时退房，酒店往往会多收半天房费，德胜却不收房费。

其实全球酒店业都实行"12点钟退房"的行规，这一条款现在仍在许多酒店沿用。而在德胜的旅馆，客人完全没有这方面的困扰，何时来，何时走，完全随客人安排，从来也不会提出让客人付费的要求。

对于客人的饮食，德胜洋楼也处处体现出人性化的一面。比如说凡是下榻在波特兰小街的客人，如果习惯或喜欢用西餐，每天早晨，好东客栈西餐厅就会为大家准备不菲的西餐，全部都免费用餐。根据国际惯例，周一到周五，早晨6：30—9：30开餐；周六和周日，上午8：30—11：30开餐。在这里往往可以看到各国友人用早餐的情景：男主人用完餐，彰显着绅士风度，坐上早已恭候多时的、专职司机擦得锃亮的小车，迎着朝阳去上班；孩子们一大早用完餐，登上去国际学校的大巴车，开始了快乐的学习生活；太太们闲适、优雅的生活从早餐开始，不需要赶时间去购物或上班，而会互相交谈或学习中文，惬意的生活总让她们忘记中午用餐的时间。周末，慵懒的人们往往11点多才来用餐，把西式早餐并做午餐，用完

旅馆附近的欧洲式风格游泳池

第一章 德胜之魂

餐直接去户外畅游半天。有时候，连他们那些从欧洲、美洲或大洋洲远道而来的家人、亲戚和朋友，都可以免费入住旅馆。当然，他们也享受与这里的住户一样的国际待遇：享受免费早餐，免费上网，免费用车，免费的项目实在太多了，没法在这里一一列举出来。

国内人士则大多更喜欢中餐，无论是早餐、午餐，还是晚餐，都由当天值班人员用餐前询问是否用餐，贴心的关爱让下榻在这里的客人每次来旅馆都依依不舍，每次都被感动，处处感受到德胜产品的精致，更感受到文化的精致。

近些年来，随处都可听见、看见有关人性化服务的内容，但德胜的旅馆从来没有提到任何有关人性化的字眼，却在默默地为广大客人尽最大可能从住宿的舒适和快乐着想，从每位客人入住的良好感受着想，时时处处体现着人性化、个性化的服务，满足了住宿客人不同的实际需求，使原本看似普通的酒店变成了一个充满品味、惬意和自由快乐的旅馆，无疑成为国内旅馆业的一个可以借鉴或复制的管理典范。

三、绝不可动摇的德胜规矩

一切文化都会沉淀为集体人格,当文化沉淀为集体人格,它就凝聚了企业的灵魂与信仰。订立自己的规矩,对于一个企业来说,更有利于成功。即使有一些原则底线很低的企业,利用一些不正当手段获得了成功,但这一定是短暂的,也是不可复制和没有保障的。

美国有一位颇有影响的建筑师,叫福莱特,当比尔·盖茨请他为其新盖的木结构房屋设计家具时,他却回答这位世界首富:"不!为你建造房子的人最有权利为你设计家具,不是我建造的房屋,我就不设计家具,这是我的规矩。"这样的回答让每天与福莱特一起工作的、从中国去的技术人员大惑不解,居然有送上门来的钱也不赚,更何况还是为大名鼎鼎的比尔·盖茨设计家具。这样的大金主一般的企业是不可能轻易错过的,因为这意味着唾手可得的巨大利益。

其实,在实际生活中,我们的周围有许多人恰恰就是缺乏一种约束,他们只知道一味逐利,甚至于为了不义之财而忘了做人之本。**而对于德胜文化来说,有自己的规矩,按照自己的规矩办事才是最大的原则。**

2006年,德胜公司提出了"做精做强、守规反牛"(按语:"守规反牛"是"守规矩、反牛哄哄"的缩略语)的口号,他们坚持着公司那些固有的、放之四海而皆准的规矩。

德胜规矩具体体现在很多方面:

(1) 遵守国家制定的法律,尊重人的生命权、生理权是企业的根本。绝不制定违反国家有关法规的制度条款。

(2) 为了倡导公平，在企业上下提出反对权力至上，提倡权力制约；反对腐败现象，提倡廉洁自律；反对官僚作风文化，提倡平民生态文化。

(3) 除对具体工作操作工艺有详细的规定外，还特别对跨部门、跨区域、需要协调作战的会议、集体活动、节庆等都以可操作的程序做了明确规定，比如全国各地同一时间、不同地点举办的烧烤活动中，每个人几根火腿肠、几两牛肉等都清晰明了，使各部门协调起来保持步调一致。从来没有空喊一次"执行力"，却能把落地执行做得非常到位。

(4) 对员工的行为规范进行了详细的规定，如每天至少刷牙一次，每月要理发一次，每次出国要洗牙一次。

(5) 规定了员工做人的标准是必须努力做合格公民。提倡不要冷漠，遇见肇事逃逸者撞倒的人后，任何职工应该第一时间拨打急救电话。像深圳地铁里一位IBM的女高管倒下后50分钟内无人问津，导致失去最佳抢救时间从而失去年轻生命，这样的情况在德胜与德胜人的周围是绝对不可能发生的。

德胜的规矩很多，也很细致，细致到职工生活的方方面面。比如说要求职工公寓设施齐全，空调、电视、洗衣机一应俱全，缺一不可。如果员工结婚搬出来租房子，公司还会报销一部分的房租。每逢西方的"感恩节"，德胜全体员工都会抽出一个下午的时间欢度节日。平时，德胜员工都有各自的情感慰问对象，通过谈心等方式帮助对方解决心理或情绪问题。在临近感恩节时，那些被帮助的员工会给平时给予他们情感慰问的同事购买一份礼物，这些费用可在公司随时报销。在感恩节这天，大家互赠礼品，在感恩的背景音乐下做一些娱乐游戏，进一步加深彼此的情感。

职工食堂也有自己的规矩：每天为员工提供肉、蛋、鱼、蔬菜等多个品种的食品；水产品只采购海产品，最好是深海产品；淡水鱼、河虾要在没有被污染的清水河地区采购；厨房常备西红柿、牛肉、洋葱、黑木耳、豆类制品等。甚至，连盐也规定一定要买无碘盐。因为德胜公司常吃的食物中碘的含量已经足够人体的需求，过量的含碘盐可能会给人们的健康带来一些隐患。德胜对员工身体、工作、生活的关心细致到如此，即使家庭里也不可能兼顾这么周全。在这样的规矩之下，德胜员工充满幸福感地工作着。

在对待客户方面，德胜一样遵循着自己的规矩，不为任何利益和权势妥协。为了充分保障工程的施工质量，公司要求施工人员在每一个细节、每一道工序上都坚持着公司的原则和理念，即"质量是道德，质量是修养，质量是对客户的尊重"，德胜的质量督察人员时刻都在监督着施工质量，从而赢得了众多客户的赞誉。

苏州郊区有一位客户主动找到德胜公司，请德胜做一个工程项目，负责销售的王经理当时就问他们：

"你们大老远来找德胜为你们做这个项目，为什么不就近找CH公司呢？"

"CH公司做木结构房屋不够认真。"老板回答道。

"但CH公司可以满足你们提出的任何要求，这一点我们德胜是做不到的，因为我们有我们的规矩，不能动摇。"王经理很直白地告诉对方。

"我们舍近求远的目的就是看上了你们的做事原则。你们做事有原则，反倒让我们放心。"老板最后回答道。

这样的例子在德胜洋楼很常见。

有"规矩"地做洋楼，德胜公司非但没有失去客户，反而业务做都做不过来，德胜愁的不是没有业务，而是业务多得接不下，以至于他们不得不推掉很多业务。**坚持自己的程序化、原则化让德胜保持了自己的本色，这不仅让德胜得以平稳发展，更让客户被其真诚所打动。**

在实际生活中，我们周围的许多人缺乏的就是一种一以贯之的原则性，他们只知道一味地逐利，甚至为了不义之财而忘了做人之本。而对于德胜文化来说，绝对不动摇自己的规矩是首要原则。坚守了德胜的规矩才能让企业立于不败之地。即使客户提出了不合理的要求，德胜的员工都会坚决予以拒绝，哪怕不做这项业务，也不会答应客户一些违背常理的、纯粹出于个人异想天开的想法。德胜立下这些规矩的初衷，是让员工和客户感受到公司是充分替他们考虑的，而不是像其他许多商家一样，为了赚取客户的钱财，只想一味地去随便迎合客户。跟其他企业不一样的是，**德胜不仅建造洋楼，还在培养懂规矩、知礼仪、有爱心、勤劳实诚的合格公民。**对德胜而言，做管理就是做教育。

四、德胜三件宝

德胜有三宝：工号牌、笔记本与笔。这三件物品看起来太普通了，为何会被称为德胜三宝呢？它们究竟有何特别之处？

通常来说，工号牌只是一个员工工作时佩戴，便于别人确认身份的名片而已。但在德胜，工号牌的意义远不止如此。**工号牌里大有乾坤，其价值和意义更多的是一种人性的关怀与鞭策**。除了入司时间、职务、姓名等常规信息之外，德胜的工号牌里还有两个值得一提的细节，那就是每个员工的血型资料都标注在工号牌上，以及印着一句代表德胜员工工作态度的话："我首先是一名出色的员工"或"我首先是一个诚实勤劳的员工"。

在《奖惩条例》中，德胜明确规定："工作时不佩戴工牌的，每次罚款20元。"**工号牌的佩戴首先是对工作的尊重，以坦诚的态度与公开的身份来处理工作，是对客户与同事的尊重**。工号牌的佩戴还有另一重意义。德胜是建筑施工企业，尽管公司有着一系列的保护员工生命安全的措施与制度，为了以防万一，公司将员工的血型印在了工号牌上。这样，当员工受伤或生病时，公司就能安排与之血型相配的员工陪同前去医院就诊，避免发生血源不足危及生命的情况。

德胜反对官僚文化，希望每一个人都脚踏实地做好自己的本职工作，这也正是德胜大力推崇平民教育的原由。"万丈高楼平地起"，任何的管理者，在成为优秀的管理者之前，必须先成为一名出色的员工。"我首先是一名出色的员工。"这句话被刻在德胜的工号牌上，让每个人在佩戴工号牌时，都能重温这句话，放低自己的姿态，心平气和地对待工作中的人与事。对普通员工来说,这句话能激发他们对职业的荣誉感,以优秀员工的标准来要求自己。对于管理人员来说,时刻提醒他们不要忘记自己从哪里来,千万不能脱离一线工作,只有首先成为一线的优秀员工,才有可能成为一名优秀的管理者。

德胜的另外两件宝就是笔记本与笔了。这两件宝有多重要?我们来看看《员工基本职规》中的第5条:"**员工必须做到笔记本不离身**。上级安排的任务、客户的要求、同事的委托,均需记录,并在规定的时间内落实或答复。自己解决或解答不了的问题应立即向有关人员反映,不得拖延。杜绝问题石沉大海、有始无终。"在《奖惩条例》中亦有相关规定:"工作时不带笔记本的,每次罚款20元;对客户的问题不解释、不解答、不落实的,每次罚款50~500元;对上级布置的任务、同事拜托的事情无回复的,每次罚款50~200元。"

无需赘言,这两项规定就道明了二宝的意义了。笔记本不离身,就能随时准确地记录下要处理的事情,并且能提醒自己尽快将事情处理好;当发现问题时,亦能随时记录下来,避免遗忘;遇到拦路虎时,还能查阅过去是如何解决问题的。有了笔记本的帮助,遇到的事情与问题都有了记录,如果没得到解决,自己分明地记录在本上,这是一种时时刻刻的督促。笔记本还是一种很好的心路历程记载,收获、反思、成长都能记录下来,无形中起到了一种有效教育的作用。

更为关键的是,如果只是用笔记本记录下了事情却不落实并不能产生太大的意义,所以德胜明确规定:记录下来的事情都要有回馈。这与"所有的计划都能实现""我实在没有什么大的本事,我只有认真做事的精神""少一事不如多一事""只要对公司有好处"是吻合的,事情需要记录是为了更好地解决问题,更好地执行程序。公司的任何事都是大事,都必须认真地对待,任何问题都必须得到最终的解决。**德胜不容许悬而未决的事情发生,也不容许事不关己的工作态度。**对于记上笔记本的事,一定要打破沙锅问到底,直到事情得以圆满解决。

为了让员工养成随手记录的好习惯,德胜在包括会议桌、咖啡屋、前台、餐厅、客房等很多地方,都摆放有笔、纸和本子,以便人们随时记

录。每一个新进入德胜的员工都会领到一个笔记本,在笔记本的第一页,有一个醒目的友情提示:

(1) 您即将经历从一个传统农民(即使来自城市,小农意识也是有的)转变为现代产业工人的过程。此过程对您来说是必须的、不可避免的,也可能是痛苦的。但经历过这一历程(或者说是阵痛)后,您有可能开始了人生道路上新的旅程。

(2) 在这个转变中,严格的训练是重要的。这种培训是将旧的、不规范的,甚至是坏的习惯改正的过程。教官的严厉和督察人员的无情,可能会使你感觉到很不习惯。在此我们深表歉意。

(3) 在培训时,您被安排去拔草、做清洁、帮助厨师等工作。从工资支付的角度看,比公司里直接雇用临时工支出大得多(2倍以上)。但为了你们的培训,公司不得不付出这个代价。

签名:
培训部
年　月　日

这是德胜在给新员工"打预防针",提醒他们从此刻开始要一改过去的懒散、得过且过的心态,开始以全新的面貌来应对全新的工作与生活环境。

德胜三宝是伴随着员工在德胜成长的法宝,有了这三件宝,工作就变成了手头细致而有条理的程序了。

会议桌上摆放的笔和笔记本

第二章 德胜规矩的五大特质

> **规**矩是用来约束人的，更是用来激发人的。如果规矩只是挂在嘴上、写在纸上、贴在墙上，就只能是一种管制与威慑人的教条。所以，规矩需要种在人的心里，让规矩成为一种自主自发的行为与习惯，才能发挥其管与理的功效。规矩如何才能在人的内心深处生根开花？这是德胜公开的秘密。

一、制度化：企业有序运转的保障

德胜公司有这么一句话："一个不遵守制度的人，是一个不可靠的人；一个不遵循制度的民族，是一个不可靠的民族。"德胜要求每一个员工甚至于管理层，都要严格按照规定的程序及规章制度来办事，员工守则上制定的规章制度很详细，细到刷牙、理发的次数都有数量说明，看似很苛刻、繁琐，但实际上却规范了员工们的生活，让员工从生活习惯到工作习惯都养成一种有序的状态，从而将自己的一切都打理得井井有条，这样的人，工作效率自然相当高。

对那些公然违反制度、违反程序的人，德胜定然严惩不贷。如果你只是想把德胜当成一个赚钱发财的地方，而不是真心地愿意遵守公司的制度，那你离开德胜的时间一定不久了。要么你会忍受不了德胜对制度遵守的严格要求，要么德胜会请你离开。**公司的规矩不容侵犯，整顿就是要使那些不适合这些制度的人及早离开。**

德胜的每一个员工都清醒地认识到，选择一家公司就是选择了一种全新的工作方式，这个企业会用它的文化与制度来同化你，遵守公司的制度是企业对你的必然要求。**德胜要求新员工对公司的理念和制度有一种"盲从"。**"盲从"就是无条件地相信，至于领会那就是在工作中慢慢地教育的过程了。在德胜，只要你觉得适应不了这里的制度化管理，你随时可以辞职，德胜决不允许对辞职的员工进行挽留。如果你选择了德胜，你就得全心全意、满负荷地工作，这是德胜严肃的纪律！

任何制度都不是拍着脑袋想出来的，闭门造车就没有可操作性。制度制定的原则就是可执行性，就是一个不断完善的过程。德胜的制度是聂圣哲一字一句写出来的，那里面凝聚着他许多的思考、汗水与实践。对德胜的管理制度，是在实践的基础上，深入探讨人性的需求，结合工作的性质，加以提炼、具化，把优秀的文化融入企业管理文化之中，最终得以成形的。

德胜对制度的制定有一个原则：不能实施的东西坚决不要。但制度是企业正常运转的保障，在没有新的制度出台之前，员工们又必须坚决地执行现行的制度。聂圣哲鼓励员工把规章制度里边不能实施的东西提出来，让公司有机会去改正与完善它们。制度有其威严性，任何人都不能背后议论，而应该拿到台面上来，写信告诉公司哪儿有问题，公司也一定会给员工一个满意的答复。

德胜公司的制度看起来都很平常，写得也很通俗易懂，这样做的好处是，能让各种层次的员工都可以理解和操作，每一个人都能轻松地读懂制度的执行要求。为了避免写空话，每一项制度都要尽量具体，甚至做到量化，让员工们拿来就能用得上。 比如说，在《员工基本职规》第19条中这样规定：员工不得接受客户的礼品和宴请。具体规定为：不得接受20支香烟以上、100克酒以上的礼品及20元以上的工作餐。另外，在第23条中规定：员工必须讲究卫生。勤洗澡(争取每天一次)、刷牙(每天至少一次)、理发(每月至少一次)。并不是德胜制度太繁琐，而是为了大家知道自己该如何有序地执行制度与程序。

德胜的制度体现着德胜的价值观。不走捷径是一种态度、责任，是让自己诚实、脚踏实地地劳动，承担自己的责任，让自己的薪水来得清清爽爽、心安理得。随着员工们逐渐地对公司制度的了解，越发地体会到德胜的许多制度，与其说是管理不如说是一种潜移默化的教育。当你在无意中打碎了公司无论多么贵重的物品时，如果你诚实，公司将原谅你，你将为此偿付1元的赔款，这不是惩罚，而是一种原谅，只是让你记住下次更认真细致一点，但你必须要诚实地面对自己，面对公司，坦然承担自己的错误。相反，如果你掩饰自己的错误，则会受到重罚。

在制度执行方面，德胜希望员工们能够机械地、呆板地、僵化地、不折不扣地执行，执行得没有任何的偏差，就像复印一样。

实际上，制定了制度却没有做到，这也是一种不诚信，是公司对员工的不诚信。说到做不到，制度的权威性就会丧失殆尽，员工对公司就会慢慢地失去那种坚定的信任。**有制度没执行，这可能就是一家公司走向衰败的开始。德胜绝不允许任何人蔑视制度。**

不合理的地方，要提出来；制度执行不严的地方，更要提出来，这样便于制度的优化和执行。一个企业如果各种制度都执行到位了，那管理工作也就完成了一大半；一个企业的制度如果执行得很好，其管理水平也一定是不错的。

如果我们把国内最优秀的企业列出来，会发现他们无一例外都是制度执行率很高的企业。而那些挣扎在生死线上的一般企业，制度执行率都比较差，他们的制度也许很完备，却没有可执行的标准与监管体系。

所以，制度执行率与企业管理水平存在着正相关的规律。许多企业和公共组织都提出要实行制度化(法治化)管理，但最终无法落到实处。制定制度文件，并不等于制度化管理，制度没执行，则如同一纸空文。德胜公司也有违反制度的现象，但总体来说非常少。在德胜公司，每年因违反制度而受处罚的人次，不到3%。

可以这样说，德胜的制度，保证了德胜产品的质量，保证了德胜公司的有序运转。

二、程序化：过程的质量决定结果的品质

程序化管理是现代化的管理方式，是对于按照工作内在逻辑关系而确定的一系列相互关联的活动所实施的管理方式。

一般情况下，程序化管理就是为了说明进行某种活动或完成某项工作的内容、操作方法及其相应的规则系统和前后衔接递进关系，甚至也可以包括运营结果的前反馈机制。管理者一般把反复出现的业务编制成具有相对确定性的程序，执行人员只要按照编好的程序去做，就能得到较好的效果。程序化管理存在于一切活动中，科学地制定程序有助于提高效率，避免错误。

过程的质量决定结果的品质，德胜洋楼非常重视过程的程序化管理。德胜的程序化管理不是闭门造车拍着脑袋琢磨出来的，而是经过了不断的实践与总结，摸索出来的一条条经验，是德胜员工们走了一些弯路、经历了一些坎坷以后的反思与沉淀。

2004年，德胜在上海的一个项目终于竣工了，接下来是投资方的验收。但是，其中有一座房子，位于进门阳台一侧的地砖被发现多出了一小条微斜的边角。显然，阳台左右两侧的里端和外端的长度不一样，里端一侧多出了十几公分，但地砖的平整度和缝宽都很均匀，整体感觉也很好，甲方验收人员认为不影响质量，同意接收。

但是，聂圣哲知道了这件事后说不行，客户同意接收也不行，必须返工，打掉重做！聂圣哲态度非常坚决。

第二章 | 德胜规矩的五大特质

此时施工人员已离开了该工地，都调到了其他城市的工地。聂圣哲让工程部通知他们马上赶回上海工地，同时还从各处抽调了几十个技术人员，到现场开返工会议。然后连夜将阳台打掉重做。叫这么多人搞一个小阳台，显然不单是为了赶工，更主要的目的是要让每个技术人员从中吸取教训，不让此类事情再次发生。

其实，当时甲方也说算了，因为这只是细节上的一点小问题，不是内行的人根本看不出来，总体上还是合格的。但聂圣哲说，这不是产品合格不合格的问题，而是我们的工人、技术人员的手艺合不合格的问题。你给了我这笔工程款，我一定要把合格的、质量最好的楼房交给你。结果合格，但是建造过程、细节、方法不合格，就是手艺不合格。手艺不合格，就是砸我们的牌子，即使结果合格也没用。德胜的要求是，每一个细节、每一个环节、每一个结果都合格，那才算是真正的合格。

出现这样的事故肯定有错误的源头，但当时为什么没有人发现这个错误呢？量尺寸的时候出现了错误，那砌瓷砖的员工肯定发现了，但为什么没有报告、没有及时更正工作流程的上一个环节出现的错误呢？这说明了什么呢？第一，量尺寸的员工工作出现了失误，没有严格执行程序的要求；第二，砌瓷砖的员工工作态度出现了问题，没有及时将错误纠正，要么是觉得这个问题不严重，要么觉得事不关己，采取了放任的态度；第三，质量检查的过程没有严格把握，如果此时及时重新处理，那么呈现在客户面前的就会是合格的产品。这么多问题，深入调查就会发现，这是德胜公司的质量管理系统出了问题，过程管理出了问题，必须引起高度的警觉。这样的错误是一个危险的信号，德胜必须将这种危险的苗头及时制止、根除。

聂圣哲的判断是准确的，有了苗头就证明质量意识在员工心中有了松懈。就在那一年，德胜连续发生了好几起返工事件，工程的施工质量明显下滑。有些员工和管理人员的思想开始松懈，工作不认真，管理不到位，人浮于事，少数人开始背离公司的价值观。德胜管理遭遇了新的考验，一场整顿迫在眉睫。

但是如何改革、如何找出病根才是当务之急。为什么公司的管理制度得不到有效落实？为什么各项工作流程和质量标准得不到始终如一的执行？为什么质检、督察要到事后才能发现问题，只能被动地亡羊补牢，而不能事先防范、事中及时发现问题和解决问题？

经过反复的总结与思考，聂圣哲总算找到了症结：流程不合理，没有做到程序化管理。蔑视程序、不按既定的流程做事是影响质量和效率的绊脚石。整个企业就像是一个完整的流水线，任何一个零件出现了问题，生产出来的产品就会是残次品。

在很多企业里，程序或流程只是一个参考性的工作标准，工作中并没有人去严格执行。但聂圣哲提出一个口号："蔑视程序的人就是德胜的敌人！"对德胜来说，程序就是制度，任何人都得严格执行。于是，一个新的部门应运而生——程序中心。

2004年8月，聂圣哲在公司的战略发展会议上首次提出要搞程序化管理，公司要成立程序管理机构——程序中心。他认为中国人的企业如果不搞程序化运作，只会死路一条。因为在中国人的骨子里，总有一种投机取巧的弊病，爱耍点小聪明，爱走捷径，不喜欢按程序做事，这样马马虎虎的结果是工作毫无章法，产品质量没有保障，大家一盘散沙，大锅饭最终害了企业，也让员工自己丢了饭碗。德胜公司的程序管理已到了非抓不可的时候了。从那一天开始，德胜的任何人都必须用程序来约束自己、要求自己。

聂圣哲从各部门抽调精兵强将，组成精干的班子参与程序中心的工作。用聂圣哲的话来说，"这一群人不做什么事情，天天就管你是不是按程序做事，因为中国人太需要这个了。西方企业管理的成功，就在于大量事情都有程序支撑。"

程序中心就像一本活着的日历，打开它你就知道了所有的日程安排。经过长时间的努力，程序中心成效显著，各部门各岗位的工作正逐步走上程序化、规范化，企业整体运作趋于健康、高效、有序。随着管理渐入佳境，程序中心人数越来越少，程序化已经深入人心，每个人都能自动地按程序办事。

关于程序管理，有很多细节已经载入德胜的员工守则之中。

采购程序

(1) 在采购货物前必须填写采购单，采购人员凭单采购。采购工程材料时，采购单由仓储主管、施工总监、副总监及使用人填写。工地所需材料应由工地总管将材料所需的计划，统一报给公司仓储中心经理，由仓储中心迅速做出反应，将采购计划交给采供中心。工地总管对应在当地采购的材料及设备有单独采购权。

(2) 在采购日常用品及物业使用物品时，行政部门人员应填写采购单，如当时不能填写，事后要补填。

签字与报销

报销时必须写上费用发生的原因、地址及时间，有的费用需证明人的，必须证明人签名，然后报销者签名，才可报销。员工报销凭证同时输入公司的"个人信用计算机辅助系统"，此系统一旦发现异常情况，公司即对员工的报销进行调查。调查部门也会对其报销进行抽样调查。

一般情况下，需要规范的工作、周期性的工作、需要重复的工作，都会被编进程序管理之中，以形成明确的流程和标准化的方法，员工们只要按程序中心的指令就可以明确自己的工作职责。而对于那些非常重要的，涉及面很广，关乎公司管理、质量、权力制约等严谨的内容，则会升格为制度，固定下来，变成不可动摇的德胜规矩。

材料采供中心总经理 程桂林

程序化管理的目的在于通过程序化管理，规范员工们的工作方法、过程、标准，让公司的运营更加规范、有条理，让工作的效率得以提升，让管理更加简化。

首先，可以明确员工职责权限，规范职务行为。实施程序化管理的关键是要制定科学、合理、规范且符合实际的工作程序，在工作程序中，应该明确规定该项工作的具体任务、职责权限、方法及工作程序。一般情况下，德胜员工应当严格按照规定的方法、程序去履行自己的职责，完成自己的工作任务。这样，一方面可以防止重复交叉工作的情况发生，从而在一定程度上避免工作过程中发生混乱的可能；另一方面，可以减少企业管理过程中发生"踢皮球"现象，出现无人负责的真空地带。

其次，可以科学地制定绩效考核标准。这使得一般的企业制定的考核标准具有一定的客观性、合理性和可操作性，消除了绩效考核过程中曾经普遍存在的随意性，甚至也消除了影响考核结果公正性的各种可能的随机因素，使得绩效考核真正成为提升企业管理水平和推动企业发展的内在动力。

再次，有利于调动德胜员工的积极性。由于程序化管理任务明确、权责清晰，所以，只要是自己职责范围内的事情，就不能等待别人去处理，原则上也无需请示自己的上级管理者。这样一来，各个岗位上的人员，就有一个明确的责权范围，任何问题也就有一个准确的辖区。各个员工有了明确的责任和权限，也就拥有了较强的自主意识，同时对于管理工作也就有了相对较高的积极性和主动性。这就使得所有岗位的工作人员，在遵循基本方法和程序的基础上，都能够发挥自身的能动性和创造性，最终达到调动一切资源、富有成效地开展工作的目的。

最后，提高企业员工的工作效率。在程序化管理的过程中，明确了完成工作任务的具体方法和程序，并力求使其标准化。德胜员工采用标准化的工作方法和程序，能够最大限度地减少不必要的重复劳动，减少由于工作方法不当而造成的损失，同时，也会在一定程度上降低劳动强度，最终达到提高劳动生产率的目的。

聂圣哲打了一个非常生动形象的比喻：**程序问题就是上厕所问题。**上

厕所就得按程序办事。

　　程序管理不仅限于生产过程，德胜公司的行政管理、工程管理、营销管理、人力资源管理等，所有一切管理行为都在走程序化管理之路。

　　从整个公司的管理层来说，在实际工作中，管理者遇到的大多数问题都是重复出现的例行性事件，经过认真的总结，就可以把处理这些问题的措施加以程序化，凡是程序规定自己职权范围内的事情，岗

2011年3月聂圣哲先生撰写的《美制木结构住宅导论》一书出版

位工作人员就可以全权处理，没有必要事事请示上级，这样做的好处在于能够节约时间、减少管理机构和相应的管理人员，降低经营成本，提高管理效率。

　　程序化管理是德胜的一大法宝，它让德胜的员工在具体工作上精耕细作，在管理上所向披靡，在产品质量上坚若磐石。

三、透明化：德胜没有秘密

德胜的管理是透明的，德胜的工作全按程序执行，没有例外。在德胜，公司坚决制止背后的议论与小团队，所有的事情都搬到台面上来解决，大家都有参与决策的权力。德胜的奖惩都写在制度里，并严格按制度执行。所以，每个人都知道自己做了什么事，自己做得对不对，做得不对又该怎么去纠偏。

在今天，德胜被赞誉为中国最受尊重的企业之一。慕名前来调研、考察、学习的各界人士越来越多，德胜的接待人员不厌其烦地回答参访者各种提问，参访者甚至可以看到聂圣哲位于咖啡厅的办公室。与那些豪华的老板办公室相比，聂圣哲在咖啡厅的那一张小小的办公桌一下子就拉近了他和员工、客户、参访者的距离，他用平和的心态经营管理着企业。这是一个没有秘密，只有踏实做事的企业。

德胜要求员工都做君子，成立了第一个企业君子团，"君子坦荡荡"，把话说透，把爱给够，任何事都明明白白按制度与程序执行，不需要绕弯子，不需要欺上瞒下，企业与员工彼此信任。

透明的前提是制度的简单与固定，简单让制度可执行，固定让制度没有例外。这是一个移动互联网的时代，德胜运用互联网的思维进行管理，把所有的工作都集中到了一个程序中心，从中枢向末梢发出指令，从各个分支不断地反馈回消息，让网状的管理体系既有中心又丝丝相扣。

财务报销与个人信用计算机辅助系统就是一个例证。

在德胜，员工报销是不需要领导审批与签字的，你只需要写上费用发生的原因、地点、时间等就可以直接去财务报销了。可能很多人都觉得，员工会不会钻空子啊？公司特意建立了一套"个人信用计算机辅助系统"，这套系统专门分析员工的报销行为，可以从员工的报销

财务总监 张永琴

单据中分析出其真实性和必要性，并对异常情况发出警示。可以这样说，因为程序中心与监督体系，员工们的一切行为都是透明的，在财务上想要"揩油"的行为是很难发生的。弄虚作假一旦被查实，将受到严厉的惩罚，并因此被记入个人信用系统，影响个人在公司的信用参数，在公司的相应福利、权限都将受到限制。

为增强员工的公民意识，让员工感受到权力与人格的平等，德胜还建立了听证会制度，让员工参与企业的日常管理。当工作中双方或多方出现了矛盾冲突，发生了某些问题，公司管理层并不会直接出面来干预和处

拍卖会结束后合影

理,而是由公司的一个部门牵头去组建一个临时听证团。这个听证团大多数是由公司内部人员,并且必须是与当事人各方没有利害关系的普通职工组成,由他们来听取事件各方的陈述,经过听证会成员的讨论、表决,提出处理意见,并落到实处。听证会制度不仅实现了员工民主自治管理,使管理公开、透明和尽可能的公正,并将矛盾在基层化解掉,更重要的是锻炼了员工队伍,进一步体现了德胜公司阳光管理的特点。

德胜对于礼品的处理也很透明。公司不容许员工私自收受客户礼品,对于不能拒绝的心意由员工上交公司,公司将这些礼品集中在一起,定期举行拍卖会。拍卖会有几个好处,一是让礼品阳光化了,大家不会因此承受压力,也接受了客户的一番好意;二是员工能以低于市场的价格拍到自己心仪的物品,得到了一定的实惠;三是拍卖所得全部捐献给长江平民教育基金会,让员工都积极地参与到公益事业中来奉献自己的爱心。拍卖会的方法科学、阳光地解决了收受礼物的问题。公开拍卖会的透明程度,无可比拟,不仅拍卖物品提前公示,拍卖会公开举行,而且结果及时在公司网站公布,有文字有照片。这一做法将腐败消灭于无形中。

德胜赞成健康的员工关系,认为员工永远不是企业的主人,所以制度分明、程序明晰、管理有序。员工们如果老聚在一起就容易形成小团体,就会私下议论公司的事,让原本简单的同事关系变得复杂起来。因此,德胜不鼓励员工走得太近,并将此写进了《同事关系法则》之中:简单、纯洁的同事关系是公司健康发展的保证。"君子之交淡如水"是本公司推崇的健康的同事关系法则。

透明的意义在于让每个人都知道自己该做什么,该如何做,而哪些事绝对不能做。德胜的胜利是价值文化的胜利,是知止知进的胜利。德胜的管理并没有秘密,一切都是你看到的样子,只是德胜坚持做到了全透明,而有些企业却只能犹抱琵琶半遮面。

四、精细化：用工匠精神对待每一个细节

德胜能将美式洋楼做到国内的NO.1，靠的是什么？当然是"诚实、勤劳、有爱心、不走捷径"的德胜工匠们。德胜的技术工人基本都出自德胜自己的木工学校，从进学校开始，德胜就以"合格公民""工匠""君子"为培养目标。木工学校不仅传授技术，更重要的是传授"做人"。因为有了这种"工匠精神"，德胜才能将管理做到精细化，将产品做到没有瑕疵。

工匠们喜欢不断雕琢自己的产品，不断改善自己的工艺，享受着产品在双手中升华的过程。工匠们对细节有很高要求，追求完美和极致，对精品有着执著的坚持和追求。可以概括地说，**工匠精神有4个特质：精益求精；严谨，一丝不苟；耐心，专注，坚持；专业，敬业**。聂圣哲觉得中国企业很难做强的原因就在于人性好走捷径、爱耍小聪明、不守规矩等劣根性。德胜要做强，就得有点"工匠精神"，向精细化要品质，以工匠精神来对待每一个细节。

德胜的精细化管理体现在两个方面，一方面是德胜的管理可以概括为：**可执行的管理制度、严谨的操作程序与合理的标准要求三者完美的结合；论人本管理方面，概括而言就是德胜提出的"诚实、勤劳、有爱心、不走捷径"的11字价值观**。公司在管理、教育培训、奉献爱心等方面从来都是不计成本的，这一点可能与许多公司不同。

隋代的一位普普通通的工匠李春，由于史书缺乏记载，他的生平、籍贯及出生年月到现在都没有办法得知。人们仅从唐代所流传下来的一篇描

写赵州桥的"铭文"中才知道是李春建造了这座有名的大石桥。这是聂圣哲推崇的工匠。而古徽州明清建筑群的装饰木雕,是当下收藏家竞相收藏的珍品,所以,在聂圣哲的家乡,不缺木匠,不缺好木匠。

德胜洋楼第一幢美式别墅由"洋木匠"来做示范,土木匠一步步跟着认真学艺。很快,第一幢别墅顺利完工,外形美观、线条明快简洁,内部舒适、功能完备齐全,不同凡响。土木匠个个跃跃欲试,人人想一展身手。送走了老美,第二幢别墅开工,清一色美国技师手把手带教的徒弟,他们还是有多年经验的能工巧匠。

历时不算太久,这第二幢别墅也完工了。出乎意料的是,用美国的验收标准一检查,结果竟然不达标。

这一下德胜的员工傻了眼,木工活又不是什么高科技,还都是由美国人亲自带教出来的技术高手,怎么会出现这种情况呢?当务之急是找出问题的原因。逐步排查,终于有了结论,大伙悬着的心也放回了胸膛,原因说起来并不复杂:美国工匠规定一个钉子得敲四锤子敲到位,德胜的工匠没太重视这个简单的步骤。力气大点儿三锤子就完事了,四锤子瞧着还差点儿,就再加它一锤子。聂圣哲说,毛病就在这儿了,敲击锤子,得讲究个敲法,这可都是规范,都是程序,你不按要求的规定执行,就会出现误差。一个钉子误差了1%,即合格率是99%,那么十个钉子的合格率就成了90%,而一幢别墅的钉子又何止成百上千。工匠必须要求精细化,不然差之毫厘谬以千里。

美欧风格住宅

为此,德胜成立了程序中心,这个部门别的什么活都不干,只管所有员工是不是按程序精细化地工作。不管你是什么职务,资历多老,不按照程序做事就一定会被处罚。德胜认为,一件事即使做成了，如果不按程序做，也等于没有成功。开车系安全带是程序，一生系几千次安全带，可能没有一次派上用场，而一旦产生作用了，就是性命攸关的大事。执行程序必须较真，必须精细化，才不容易出错。

德胜根据精细化的要求，提出了许许多多的细节规范：旋空调的塑料螺丝和旋铁螺丝得用不同的方法；一栋房子，工地上3寸的L型弯头，计划用3个，结果用了5个，得写出理由来；规定每6寸钉一个钉子，就不可以在6寸半或7寸处钉钉子；洋楼里的一个死角，按程序要花20元的油漆，就必须要把这些漆刷完；钉石膏板要把施工者的名字写在板头上；接待室规定天晴开几盏灯、下雨加开几盏灯，必须严格执行，接待参观的样板房中，规定范围内的灯、音乐唱机和电视必须打开；小区的绿化有虫害，必须分清楚是食叶类还是食汁类的害虫，前者用"敌杀死"，后者用"绿叶通"……

如此精细化的规定，在德胜还有很多很多。

但凡来德胜公司参观的人无不惊叹德胜对细节的精心打磨，这都是德胜公司全面贯彻聂圣哲提出的"精造"理念，全程执行精雕细镂的木制洋楼建造程序和物业管家程序的结果。要达到"聂式精造"标准就必须对洋楼产品的生产过程进行精细化管理，而精细化管理是产品与服务质量一流的必然要求和根本保证。所谓精细化管理，就是一种将力求精准、追求完美的高标准企业管理思想得以程序化和系统化执行的管理方式。

德胜的精细化管理是全方位的、全过程的，大致可以归纳为以下4类：

第一类，处处在意客户的感受，对环境和产品精雕细刻。 比如，当你风尘仆仆来到德胜的波特兰小街花园门口，就可以坐在右边拐角处的椅子上用

精致而整洁的西式厨房

德胜公司摆在桌子上的纸巾擦擦汗水和灰尘。如果你渴了，可以向德胜的门卫要一杯水喝，你不用担心下雨和酷暑，因为在你的头顶上方还有一把始终为你撑起的伞。进入小街就会发现德胜路牙的与众不同，它是有弧度的，无棱无角，为的是保护汽车轮胎和行人的安全。小区里随处可见露天的有塑料盒保护的防雨水插座，自制的路牌和住户邮箱等都是德胜特意打造的环境细节。

第二类，时时在意客户的存在，对服务产品精益求精。德胜的服务产品主要有售后保修服务、物业管家服务、接待服务和学校教育服务等。在售后服务方面，德胜做得非常细致周全：每栋住宅在建造时就在楼梯间的隐蔽处安装有一个档案箱，里面存放着《施工责任书》、《售后维修卡》和《年检报告》。与其他建筑商不同的是，德胜对交付使用后洋楼的年检安排是：第一年(自建成12个月内)，每月检查1次；第二年，每季度检查1次；第三年及以后年度，每年检查1次(即例行年检)。同时，对售后服务人员也制定了与客户交往的相应规则，其中有一条这样规定："进入客户室内，首先请客户将现金、金银首饰等妥善收藏，不得乱动乱拿客户物品，不得使用客户的洁具。"德胜的管家服务堪比五星级宾馆，细节要求近乎苛刻。保洁后的房屋任何地方用肉眼看不到一粒尘埃、一滴水渍、一根头发；清洁后的马桶，其中的水要能漱口。德胜的参观接待程序对细节的要求也是非常严格的，比如，与来宾座谈的会议室里桌子上供来宾使用的纸、笔、矿泉水的摆放都很有讲究，不能随意。德胜旗下的木工学校的"226条军规"和诧楷酒店管理学校的"礼仪课程"，就是从细微处培养学生的"精细"品格。

第三类，对物的精细化管理。德胜对物的管理包括对仓库、工地和食堂等地方的物品管理，要求做到精确化，尽可能减少报废、浪费现象。比如，为了防止老鼠对仓库物质的损坏，公司指定专人养好仓库用猫，做到仓库时常有家猫出入。对工地现场施工安全、用电安全、食品安全和燃气使用管理等更是抓得细而又细、紧而又紧，做到警钟长鸣。

第四类，对人的精细化管理。精细化的精髓就是企业管理体系各系统、各部门的各种流程的细化、量化和标准化，强调的不是单一要素的精细化,而是整个体系的共同精细化管理。这就要求在组织机构方面实行精简化,去掉一切多余的环节和人员,实现从纵向减少层次,横向打破部门壁垒,分工既具体又合作,提高公司发现问题与协同解决处理问题的响应速度。德胜不设副总,行政管理各部门大多是2到3人,而且还要兼职,这样就避免了官僚体制下的争权内耗的滋生。德胜用全面工作程序化为人员的精细化运转作保障,还有"请求协助制度"、微信协调系统和应急响应机制等来调动全员的共同作战。

德胜的精细化管理水平,从员工活动中心里贴着的两个表可见一斑。一个是《管理人员明日动向表》(见表2-1),一个是《公司汽车明日动向表》(见表2-2)。管理人员明日动向表,共9个栏目,表头上特意设计有"明日天气预报",以提醒出行人员出行准备。

表2-1　公司部分管理人员明日(　　年　月　日)动向表

天气预报:(略)

序号	姓名	明日上午用餐地点	明日中午用餐地点	明日下午所在地	预计回公司时间	联系电话	备注
1	凌XX	北京第3号工地	北京第4号工地	北京	15日上午	139XXXXXXX	回公司总部开会

从这样一张非常细化而详尽的表中,大家可以一目了然地掌握公司管理人员的工作动态,对于一些需要衔接配合的工作事项,可以得到及时、经济的对接,为公司的整体运营带来了诸多方便。

表2-2 公司部分汽车明日(　　年　月　日)动向表

天气预报：(略)

序号	车号及车型	目的地	出车地点	计划出车时间	空余位置	预计返回时间	驾驶人	联系电话	备注
1	苏E-TECXXX（考斯特23座）	江苏南京	苏州波兰特小街花园	上午7点	5	待定	待定	139XXXXXXXX	送8号工地施工人员

《汽车明日动向表》有10个栏目，通过这样一个完备的表格，有利于公司及时、经济地统筹调度使用车辆，在安排接送任务时，可以拼车或搭顺风车，减少空载及重复派车。

当然，要做好这两个表，而且每天都要做，对于粗放式管理的企业来说难度很大。而对于德胜来说，由于程序中心给力，这两个表就能及时、准确地汇总到所有的信息。每天下午4点，程序中心通过公司的短信平台群发，收集第二天的人员与车辆动向，只要一个小时的时间就能全部整理出来。这两个表看起来也许不起眼，但它们却是公司动态的明细表，是德胜精细化管理的最佳典范。

改造那些旧式的能工巧匠，让他们变成新型的现代产业工人，真还没有捷径，做任何事都必须走精细化、程序化道路。所以要说德胜重视企业文化的缘由，那就是因为在企业发展的过程中，遇到了一个又一个管理上的问题，这些问题还不能"头痛医头、脚痛医脚"就事论事地去解决，就像"敲钉子"的事，必须用工匠的精神去对待每一个细节，因而，一套德胜式的管理文化体系就此产生了。

五、人性化：忠诚是双向的

所谓忠诚，就是一个人对他人、对组织或对自己确定的人生哲学和信仰的终生信奉并尽心竭力为之服务、奉献。员工对组织的忠诚可分为主动忠诚和被动忠诚。前者是指员工主观上具有忠诚于组织的愿望，这种愿望往往是由于组织与员工目标的高度一致，组织帮助员工自我发展和自我价值实现等因素造成的。被动忠诚是指员工本身不愿意长期留在组织里，只是由于一些外在因素和自身能力，如高工资、高福利、交通便利、自身能力所限等因素而不得不留在组织里，一旦这些条件消失，员工就可能不再对组织忠诚了。

企业员工的忠诚度是指员工对于自己服务的企业所表现出来的行为指向和心理归属，是员工对企业的忠诚程度，即员工对所服务企业的忠于奉献的程度。它是一个量化的概念。员工忠诚度的大小是和员工与企业利益关系、管理层关系、老板关系，与老板的企业管理方式特别是与企业文化有紧要关系。德胜注重通过焕发员工内在的自尊心来让员工成为一个有尊严、有独立人格以及能够遵守公司制度、尊重他人的人。

当今社会因为城市化落后于工业化，许多打工人员居无定所，尽管他们可以在某地打工，但却不是当地的市民，他们始终有浮在水面上的感觉，这种"飘"的感觉让他们没有"根"，没有安定感，对未来一片茫然，很容易引起心理剧烈波动，这种剧烈波动一旦得不到正面疏导，便容易出现负面结果。

德胜公司打破了以上这一中国特有现象。在对农民工的培养、留用、管理以及教育等方面均做得非常到位，并且成为许多企业竞相学习的榜样。把农民工成功地转化为产业化工人，把企业的管理模式从军事化管理转向人性化的管理，充分发挥员工的潜能，让员工具有更多自主性，投资于员工的事业和发展、工作环境的改善以及优质的程序化管理，在这一系列具体行动上，德胜成为了中国企业的标杆。

在人性化管理方面，德胜的表现可圈可点。

与众不同的养老保障体系： 在中国，能保障员工拥有五险一金的企业就算是一家正规的企业，是一家对员工负责的企业了。对于额外的养老保障，很少有企业为员工特别考虑过，就算是国企，也很难做到这么周全。作为一家民营公司，德胜公司却设立了辅助养老保障体系：规定凡连续工龄在10年以上的员工，60岁退休后可以额外享受德胜公司提供的辅助退休金保障体系。聂圣哲专门研究了养老金的发放公式：$X=(A+B+C)/3$。X为员工每月养老金，A为员工退休前的月工资，B为苏州市最低工资，C为国家规定的个人所得税起征点，这三个数字的加权平均解决了物价上涨的问题，让员工得到了实实在在的养老保障。此外，德胜还筹划建立一个养老公寓，从德胜退休的员工都可以进入养老公寓，目标是让德胜的每一个退休老人都能够"老有所养，老有所医，老有所乐"。为此，德胜提前做足了准备，从每年的利润中专门划拨出一部分用于养老基金的保障。

众多的贴心实用的福利： 在德胜工作，你若想要发大财，那是不可能的。但是，德胜会让你生活得越来越好，德胜全方位的福利细致而温情，让每个员工都油然而生一种满满的幸福感。在德胜，员工食堂可与高档西餐厅相比，员工在这儿吃饭，荤素搭配，且公司食堂对食材的采购极其重视，一定要选用无公害的食品，鱼类则尽量选择深海鱼类，包括对调味品，公司都有一整套的管理规定，以确保员工能吃到新鲜健康的三餐。如此高标准的餐饮，每餐只是象征性地收几元餐费，且由员工自动投币，没有强制性要求。

德胜还有一些特别的规定，如：员工每年可以代表公司招待家属一次；员工每年可以给上学的子女赠送一件200元以内的礼品；员工从工作地回家的回程车费由公司报销，自动辞职的员工，去新公司的旅费也由公司出；每年感恩节，由公司出钱，让员工购买礼物送给自己要感恩的人；员工结婚，可得到2000元的结婚补助；家庭困难、意外事件、丧事等也可向公司申请补助……

在德胜，你可以几乎免费使用公司的小汽车，只需要提前报备。在德胜，公司为员工提供洗衣机、淋浴房、各种日常用品、劳保用品，你还可以免费给家里打长途电话。当你工作累了，你可以去物业中心喝一杯咖啡……

生活中的这些点点滴滴，看似不起眼，却方方面面为员工考虑得非常周全，为员工贴心地解决了生活中的诸多困顿，让他们生活得更有尊严，从而内心对德胜有了更坚定的忠诚。

管理上的别样规则：在德胜，规矩很多，你必须遵守。不遵守制度与规矩的人，在德胜是不受欢迎的。德胜在管理规矩上的人性化让我们觉得，德胜是一个大度的"谦谦君子"。在德胜，如果你想离职，好，随时可以离开，公司不会挽留，这并不稀奇，让人感动的是，德胜还为你开了一道回来的门。你可以去外面闯荡一年，一年后对自己有了重新的认识，觉得还是在德胜好，愿意认同德胜的价值观，那么德胜欢迎你回来，职位仍替你保留着，这就叫"吃一年苦工程"。为了警醒那些触碰公司管理制度的人，德胜有一项专门的"解聘预警"制度，让你提前知道自己已经处于危险区，如果不及时悬崖勒马，就将被解聘，当然，你若及时改正，公司将取消解聘。

德胜不认为员工是企业的主人，但德胜奉行"生命第一"的原则，绝不认同员工冒着生命危险去抢救公司财产以及他人财产，也不允许员工带病坚持工作。公司要求员工满负荷地工作，但从不要求员工打卡。公司坚决反对腐败，但对收到的礼物，又以拍卖的形式优惠于员工，并将拍卖款转变成爱心捐助。

听证会制度是绝对的德胜特色。为了合理合法、公平公正地处罚违规员工，协调与正确处理同事之间因工作关系发生的矛盾与纠纷，辩明和表决有争议的重大事情等。听证会程序给当事人或矛盾方提供充分表达意见及建议的机会，让员工充分地参与到公司的日常管理之中来。

德胜的《同事关系法则》在企业中也是独一份，估计没有第二家企业将同事之间的关系细致明确地写进公司的制度中，但这正是基于德胜对人性的洞悉，未雨绸缪，将人性中劣根性的部分提前扼杀，以确保公司健康发展。《同事关系法则》明确规定：与同事聚餐每月不得超过一次；不可与同事与他人在任何时候(春节前后三天除外)打麻将、打牌及打电子游戏；不提倡将钱借给同事，也不提倡向同事借钱；不得打探同事隐私、工资及奖金数目；等等。

多方位的学习资助：德胜鼓励员工外出学习，甚至向员工提供无息贷款支持他们完成学业。在德胜，每一个员工都有机会出国，包括工地上的施工人员。员工愿意学开车，公司会支付一半的驾车培训费，员工学习期间工资照发。公司还鼓励员工报考各类资格证，每获得一个证书，公司都会有相应的奖励。公司还采取师傅带徒弟的方法，让每一个新员工加入公司后都能得到全面的学习，为此，特意控制老员工与新员工的比例，实行"9+1"，即9个老员工，1个新员工，以老员工来影响、带动并同化新员工。

安全与健康是前提：德胜认为，安全与健康是工作的前提。德胜对安全与健康方面的重视尤为突出，对生命怀着一种尊重与敬畏，因而从方方面面都做足了工作，让每一个员工都能尽量地保障自己的生命安全与健康。

(1) 爱心撑起安全与健康

德胜公司目前员工人数约1000人。首先，公司在工作区域内设立了一个医务门诊室，这个医务室是为广大员工和来访的客人"义务"服务的。而坐诊医务室的医生，曾任某人民医院的院长，是一位有着多年实战经验的离休老医生，被公司员工们亲切地称为"有求必应佛"。他说，德胜公司是最尊重员工生命安全和最具有良知的企业，在这样的企业里工作，感受到的是企业浓浓的人文情谊、职业的道德感和自身劳动的价值感。所以我要尽我所能减轻患者的痛苦，让员工和公司尽量减少开支。凡是员工在医务室检查身体，只要他能医治的，公司都一律免费，而且不附带任何附加条件。而且，公司还在全国各地较大的施工工地，都设有应急救助门诊部。

"希望大家每天多喝水。"

"每天锻炼身体最好到刚出了汗为止。"

"春季来临要多喝水,勤洗手。"

"餐厅供应晚餐时,最好有酸辣汤,大伙喝了后,可以出汗。通过排除汗水,可以防止体温上升过高,使身体经常处在恒温状态;还可以排泄废物,调整体液;又可以使皮肤表面保持酸性,防止细菌侵袭,减少疾病。"

"适当的体育锻炼可以使人出汗,能够使体内的热量散发,加快新陈代谢,使人体保持体内能量和水的平衡。"

"运动后出汗,能使人感到舒服,也会使睡眠的质量提高。"

这是德胜公司医务室医生在为员工讲解医疗保健知识。

在每月两次的5~10分钟养生保健会议中,按照公司的程序,有时是医务室医生在讲解,有时是员工们从媒体上获得保健知识,与大家分享。职工也早已把听讲这样的养生保健知识变成了一种习惯。通过这样的宣讲,职工才知道原来饭后剔牙有那么多的危害;原来牛奶并不是国际上认可的保健品,而绿茶、葡萄酒、豆浆、酸奶、骨头汤和蘑菇汤则是理想的保健食品;原来大人和小孩子吃了东西被呛住时,可以用简单易行、完全不需要其他工具的"海姆立克急救法"进行自救;H1N1新型流感与一般感冒症状的区别;办公室上班长时间坐着要注意的事项,建议久坐的人,一次不要连续超过8小时,工作中每隔2小时应进行一次约10分钟的活动,或自由走动、做做保健操等等。医疗保健知识介绍的时间虽然很短,却事关每位员工的身心健康。在关心员工的身体健康方面,德胜公司历来提倡的观点就是"多讲解总比少讲解好""多做一些事总比少做一些事好""少一件事不如多一件事""多友情提醒总比麻木不仁强百倍""多提倡总比不提倡好"。

德胜公司体现爱心的小程序很多,细想起来用一句话来点题,就是"何乐而不为"。德胜人认为:体现爱心往往是做与不做的事,而不是可有可无的事。

公司还与四川大学苏州研究院合作,成立华西口腔门诊。从韩国进口了一套目前国内特别先进的牙科设备。让员工定期对牙齿进行保健或治疗，许多项目收费优惠或免费。比如说，公司每年都会派一批人出国考察，出国前这些人都可以到公司开设的牙科门诊免费洗牙，公司强行让他们要做的一件事居然是洗牙，这让许多人开始是一头雾水。后来才明白，这一方面是公司对大家的关怀，另一方面，出国人员如果不注意一些起码的细节，可能会给其他国家的人带来不好的印象，严重影响了公司和国家的形象。

(2) 管理保障安全与健康

德胜员工入职时，公司要求每位员工必须向公司提交一份个人的血型检测报告。每个人的血型要登记得清清楚楚。考虑到德胜公司是一家建造公司，谁也无法保证或完全控制各施工地不会发生高空摔落、车祸、坍塌等事故的可能，更为关键的是需要输血时，医院的血库没有配对血型怎么办？那么，从管理的角度来说，如何对待与解决这些问题，就是我们的第一任务。于是，每个员工的胸牌上就印上了各人的血型，遇到紧急情况时，相配血型的员工可以第一时间停下手头的工作，陪受伤者去医院，随时准备输血给受伤人员，争取更多有效抢救员工宝贵生命的时间。胸牌上标明血型这个举动，在无事时看来是多余的一件事，但特殊情况下，血型符号就是与员工生命息息相关的大事。

如果哪位职工有了较大疾病，也就是公司的医务室没有条件治疗的前提下，医务室医生首先建议患者到可靠的医院或者公司长久合作的信誉度非常好的医院去就诊，医务室医生会亲自陪同患者一起去医院。到了医院后，医务室医生就像患者的家人一样鞍前马后地挂号，排队拿药，伺候员工进餐，观察职工病情，及时与主任医生商量救治计划等。陪护的差旅费全在公司报销，绝不沾员工一分钱的光。患者可以在完全没有家人照看的情况下去医院就医。这种真切的关怀让员工的心里暖洋洋的，比说一万句安慰或甜蜜的话都要让人温暖。

公司早已为每位职工在每年年初都额外购买了一份商业医疗保险，患者医治好疾病后，将票据和清单整理好，随同门诊病历卡一起递交给公司，公司会找保险公司进行理赔。

有一年，公司有一位烧伤面积达97.5%的员工，怎么也没有想到自己会得到一种特别的"国际大抢救"。在他烧伤时，公司其他员工轮番去医院看望他，公司财务人员提着沉甸甸的现金，准备支付医疗费用……那抢救场面让所有医护人员都感动，医护人员特别使用了从德国进口的优质皮肤来为烧伤者植皮，使这场本来国内治疗的烧伤手术变成了国际大抢救。通过抢救，患者被抢救了过来。在德胜公司，员工的生命比任何钱财、任何东西都宝贵！

治疗好这位患者后，公司还对他进行了医疗美容。当然他已经不能像从前那样去工作了。公司给他办理了退休手续，每个月发退休工资给他，还为他的妈妈发了一份特别补助，以弥补照顾他的常用开支和付出。公司还特别为患者装修了房子，安装了空调和电脑。

(3) 细节成就安全与健康

在德胜公司，人性关怀做到了极致。在公司的工作区和生活区，你可以看到水龙头旁边，总有两种肥皂为大家免费提供：一种是药皂，是为了有效地防止真菌的产生或流行；另外一种是普通肥皂。这看来并不起眼的细节，却能体现出公司对每位员工细微的关怀。

公司还专门设立了美容美发吧。无论是员工，还是来自四面八方的中外友好人士，在美容美发前必须得与美发师预约，预约好时间后才能去理发，否则理发师有权拒绝为他服务。这种预约一方面体现在对理发服务的尊重，另一方面是为了安全，这里的理发师可不是见人来就拿起剃刀为你服务的，他需要严格按照他的程序来操作，比如说提前准备好一切可能需要的理发设备，所有设备要严格消毒等。

公司的户外游泳池是员工和员工的孩子最喜欢的场所之一。这就有一个明显的问题摆在面前：如何确保游泳池的水在开放时都是最安全和最健康的？自然，制定一套科学的泳池清洗程序就至关重要了。程序规定如下：

① 每天早晨必须用PH值试纸测量水的PH值，PH值在7~7.2之间为最合适。若PH值小于7，则加入适量药丸，PH值大于7.2则洒入适量明矾。

② 检查排污泵运行情况，关闭两个循环阀，看压力表的数值是否正常。

③ 检查氯气丸桶内的氯气丸，使用完后向其内加三到四粒即可。氯气可以有效地处理水中的一些病原菌，许多自来水厂、游泳池等地方都常使用氯气做消毒剂，可以使水质更健康。

这个维护程序每天可以掌握游泳池的水质问题，从而有效地为游泳爱好者提供最安全和最健康的游泳环境，确保了游泳人的眼睛和皮肤不受到伤害。

总之，德胜的人性化管理是全面的，涵盖整个公司运营的管理全过程，它的意义不仅在于激发员工的劳动积极性，更重要的价值在于提升员工生命的存在意义和幸福指数。因为人性的真善美是生命的价值判断，是超现实主义的。企业对员工的人性化就是对员工的忠诚，但是员工对企业的忠诚是怎么体现的呢？在此，我们可以把员工的忠诚度分为4个层级：

第一层级(最低层级)——完全是看在企业的薪酬福利待遇上的忠诚，这种忠诚是最不牢靠的。

第二层级(次低忠诚)——跟管理层中某个高管，尤其是自己的上司是铁杆兄弟，很可能是同进退、共荣辱的跟随型忠诚。

第三层级(次高忠诚)——跟老板有特别关系(或发小或同学或战友或朋友或亲戚等)，这是一种情感追随型的忠诚，情况比较复杂，正如电视剧《一代枭雄》中的何辅堂手下三个生死弟兄老乌、黑娃、来运在主人何辅堂落难下狱被终身监禁而多次营救无望之后的表现，充分证明人性之复杂、人心之叵测。

第四层级(最高忠诚)——认可、追随老板的管理理念和企业文化，并在服务组织中以身作则践行它、完善它、发展它，最终与老板的价值观、信仰一致，成为志同道合的同行者，是任何力量也拆散不了的钢铁战友。

聂圣哲曾说过："就是要让员工有自豪感，做人有尊严感，对自己的职业有荣耀感！"德胜说到并且做到了。因为这种忠诚的人性化管理，德胜成为一家具有强大凝聚力的团队，他们赢得了客户与社会的尊重，他们是企业发展最强大的生命力与竞争力。

> **资料链接**

1. 德胜是如何让员工忠诚的

当下，普遍存在企业员工跳槽频繁，流动加剧的情况，其工作没有主动性，对企业责任心差，有的到处兼职赚外快，有的甚至出卖所在公司情报，收受回扣。如何使员工更加忠诚于企业，是不少企业主希望解决而又不得要领的一个问题。德胜又是如何让员工忠诚于企业的？

首先是把好入口关。 德胜的技术工人从2005年以后都是由自己的鲁班木工学校培养的。学校招生把关很严，对每个报名的学生都要进行登门家访。学生不仅是农村出身长大，而且本人和家庭成员都要诚实、勤劳，没有好吃懒做、赌博等恶习。同时，学生之所以自愿报名，都是因为喜欢木工工艺，家长认可这一行当。学校通过一个学期的试读，有些吃不了苦的或不适合学木工的就自然被淘汰。两年的在校有效教育让学生不仅掌握了木工手艺，更使学生认可并在他们心田里种植了"诚实、勤劳、有爱心、不走捷径"的价值观。毕业之后通过双向选择，绝大多数工匠都选择了适合他们成长的德胜公司。德胜的行政、管家中心的员工都是通过老员工介绍担保进来的，通过至少三个月的岗前保洁工作培训，认同德胜的价值观、能遵守德胜的制度程序的才能留在德胜。

其次是德胜尽量对员工实实在在地好，并创造出使员工忠诚于企业的内部环境。 德胜比较注重情感艺术管理，老聂一直提倡关爱员工，对员工要好。公司从生活、生产、工资福利、养老等各个方面关爱员工，重视员工的身心健康，尽量为员工解除后顾之忧，使员工安心地在企业工作，这样的企业必将使员工的满意度上升。

人的一生，工作这段时间是成熟独立以后真正实现自我生命意义的重要时期。因此，员工自然对企业有了一种期望，不仅期望能靠企业薪水使家庭衣食无忧，而且能实现自我价值，实现自己的职业发展规划。

德胜营造了一个公平竞争的企业环境，提高员工满意度。公平体现在企业管理的各个方面，如无论职务高低，员工一律平等，必须互相尊重；德胜坚持同工同酬，奖金测算公式公开；有的岗位做到推荐、自荐与公开选拔结合，职务晋升通过民主选举；这样可使员工踏实地工作，相信付出多少就会有多少回报，只要心无杂念地专心、努力工作就能获得职业发展机会，实现自己的人生价值。

德胜创建自由开放的企业氛围是员工快乐工作、幸福生活的重要保障。现代社会中，人们对于自由的渴望越来越强烈，员工普遍希望企业是一个自由开放的系统，能给予足够的信任，同时能在企业里自由平等地沟通。所以，企业必须给予员工足够的信任与授权，让他们自主地完成工作任务，尽情地把工作才能发挥出来。德胜的《同事关系法则》规范同事关系既要简单又要友爱互助，上下平等沟通交流；《权力制约规则》防止权力滥用和腐败滋生；德胜的听证会制度保障员工人权；德胜的自主休假、上班不打卡、报销无需签字等都体现了对员工的信任、尊重和自由；德胜的《请求协助制度》促进了员工间的关系融洽、精诚合作、快乐工作，使公司工作任务更有效地完成。

第三，德胜实行薪酬福利递进制，提高员工的忠诚度。在德胜公司工作5年及以上的员工可以申请到美国考察、游览，费用全部由公司承担；工作10年就可成为德胜的终身员工，公司从此不仅不解聘，而且到龄退休可以享受德胜的退休补助养老金，还可以住进德胜的养老公寓。德胜的工作和年终奖金也是随着工龄的增加而不断增长的。

第四，德胜的"1855规则"即10%的优秀员工得到重奖和重用，80%的员工予以肯定，5%的员工要受到批评，最后5%的员工要被解聘或出去到别的企业实施"吃一年苦工程"。这样既淘汰了一个又一个忠诚度低的员工，又锤炼验证了员工的忠诚度。一些员工在外闯荡、吃苦一年回到德胜后更加珍惜回归的机会，倍加热爱德胜。

最后，老板的精神世界和他创建的德胜文化感召员工。德胜老板聂圣哲先生既是一个平民又是一个不一般的平民。他的精神世界中的思想体系、情感世界、意志系统和心灵信仰是自成体系的。且不说老聂在木结构住宅学、企业管理、教育思想和文学艺术方面的成就，单就他的人格魅力(一种人品、能力、情感的综合体现)而言就能令人对他产生一种认同、信服、尊敬、拥戴的凝聚力。他粗中有细，对细节十分敏感；他很真诚，喜怒哀乐形于色，敢于拍案切中时弊；谈吐演讲，却幽默风趣；把玩文字，妙笔又能生花。你和他相处时间长了更懂得怎样为人：你和他相处不需提防，不怕穿小鞋；他有睿智敏锐的洞察力；你的小肚鸡肠他能宽容，你的虚情假意他洞察入微，你要小聪明，他眼睛望着你，你便浑身不自在；他的大爱使你不能、不敢、最后是不想对他有二心，只有真诚才能赢得他真正的友谊。

老聂的人格魅力表现在如下方面：

第一，在对待财富的态度上。他认为："把物质财富全部留给子女是可耻的。"他常说："要把优秀的精神财富传给子女继承，把全部物质财富留给子女是祸害他们。子女若没本事，有了钱，他们就会贪图享受，懒惰，最终会坐吃山空；子女有本事，他们靠自己总能生活得很好，何须要父母的钱财？因此，他决定留下一点创业基金给女儿外，其余财产都用于员工身上和社会公益事业；为此还专门成立了长江平民教育基金会、员工养老基金管理使用委员会和基金使用监督委员会，确保教育公益基金和养老基金安全保管、接续使用。

第二，在处理与员工关系上，表现为对员工的真诚。他在《德胜员工守则》中写道："我始终不认为职工是企业的主人，企业主和职工之间永远是一种雇用和被雇用的关系，是一种健康文明的劳资关系。否则，企业就应该放弃对职工的解聘权。"同时他又明确：除了劳资关系这一点之外，其他都是平等的，只是分工不同而已。他对待员工一贯热情、友善、富于同情心，乐于助人和交往，关心和积极参加员工集体活动；对待自己严格要求，要求职工做到的，自己带头做到。

第三，在识人察物上，表现为感知敏锐，具备洞幽烛微的洞察力；在思维上有较强的逻辑性和批判性；在创作上具有丰富的想象能力，视野开阔，具有前瞻性和国际眼光，尤其是富有创新意识和创造能力。

第四，在情绪上是性情中人，保持乐观开朗，振奋豁达的心境，情绪稳定而平衡，与人相处时能给人带来不断的欢乐笑声，令人精神舒畅。

第五，在意志上，他的意志品质——自觉性、果断性、自制性、坚持性是长期磨炼修为的结果。他的意志行动——决策谨慎、雷厉风行、沉着果敢、坚强不屈、坚持不懈等一系列积极行动是熟悉他的人有目共睹的。

具有上述人格魅力的人，往往是在群体中受欢迎和受倾慕的人。何况，老聂创造的德胜文化更能促使职工成长为"诚实、勤劳、有爱心、不走捷径"的真君子。

这样的老板、这样的企业当然能得到员工的"耿耿此心不易灰"了。

2. 德胜的人性化管理

络绎不绝来德胜公司参观的企业界人士为德胜的"人性化管理"所吸引，那么德胜人性化管理到底是什么？它在企业管理中的作用又有哪些？要弄清这些首先要弄清什么是人性化管理？人性是什么？

所谓人性化管理，在我看来，就是在整个企业管理过程中在员工心田里铲除人性"假恶丑"，种植培育人性的"真善美"；充分挖掘人的潜能，促进员工成长，让员工快乐工作、幸福生活。人性化管理是将人类学中的人性理论应用于组织管理，按照人性基本属性进行管理的管理哲学。因此，必须对人性有所了解，纵观人性学说发展历程，可将其分为4类。

第一是性善论。我国最先主张"性善论"的是孟子。孟子认为人生来就具有天然的"善端"，这是人异于禽兽的本质的特征。孟子的性善论作为儒家的正统思想，传播广泛，影响深远，以致宋代启蒙读物《三字经》开篇就云："人之初，性本善。"

国外持这种观点的代表人物有古希腊的斯多葛学派和法国哲学家卢梭。古希腊斯多葛学派认为人虽然有自利要求，但人具有理性，能把自身利益与他人利益按照理性的原则进行协调，从而取得和谐。18世纪法国思想家卢梭则认为人性原来都是善的，原始社会的人都是生活在自由平等之中，快乐、天真而自由，只是由于历史发展与社会制度等原因才变恶。

第二是性恶论。我国最先主张"性恶论"的是战国中期的荀子。他认为，人一生下来时性就是恶的，后天教育可以由恶变善。他认为由于人人都有欲望追求，这是人性天生本能，这种对物质利益的追求天性就决定了人性的罪恶。荀子的两个著名的门徒李斯、韩非子是性恶说的铁杆粉丝。尤其韩非子，更是坚定地认为人性本恶，并由此不遗余力地主张用严刑峻法来安邦定国。

国外持这种观点的代表人物有欧洲思想家奥古斯丁、马基雅弗利、霍布士、叔本华等。基督教的原罪说也是一种典型的性恶论。它认为人类的祖先亚当和夏娃因违背了上帝的意愿犯了"原罪",亚当和夏娃的子孙们,自从来到这个世界即负有深重的罪恶——"原罪"。因此,人要用忏悔和良好的工作以及服从某种禁忌、戒律等来获得全能全知上帝的救赎。否则,人的灵魂就不能进入美丽的天堂,而只能沦落于苦难的地狱。

第三是无善无恶论。我国最先主张"无善无恶论"的是墨子,他认为人性如素色的丝,"染于青则青,染于黄则黄",这是由于所染的颜色不同。人的本性原没有善恶的分别,完全由于交友的影响和教育作用而产生善恶之别。如果所交的朋友都是好、仁、义而遵守法令的人,那么他的身、家、名誉以及担任的工作,都能有好的结果。如果所交的朋友都是好大喜功不守法度甚至是相互作恶的人,那么他的身、家、名誉与工作,就不会有好的结果。因此,墨子主张必须审慎交友与选择环境。这种人性所染论,肯定了环境与教育对人性改造的重要性。曾受教墨子之门的战国中期思想家告子(告不害)认为:"性无善与无不善也……性犹湍水也,决诸东方则东流,决诸西方则西流。人性之无分于善不善,犹水之无分于东西也。"

国外持这种观点的代表人物首推英国近代思想家洛克的人心白纸说。该说认为人之初始,人心都是空如白纸的,根本不存在善与恶的问题。他认为,善与恶的心理观念和道德品质,都是后天的因素造成的,尤其是教育因素造成的。此外,后来的美国哲学家詹姆士和杜威,也可以说是性无善恶论者。杜威认为善绝不是什么玄而又玄的东西,它仅是能满足人们的需要的事物而已,是相对的价值判断。而人性都有发展成善的可能性,只要有适当的教育,人是能养成善良的品性的。

第四是有善有恶论。我国最先主张"有善有恶论"的代表人物是周代的世硕。后世赞成这个观点的代表人物有汉代的董仲舒、扬雄、王充,唐代的韩愈,宋朝的"程朱理学"等。王充在《论衡》一书中记载:"周人世硕,以为'人性有善有恶,举人之善性,养而致之则善长;恶性,养而致之则恶长'。"儒学发展到宋代理学阶段以后,已带有浓厚的禁欲主义色彩。二程(程颢、程颐)强调人性本善,"性即理也",由于气禀不同,因而人性有善有恶。所以浊气和恶性,其实都是人欲。人欲蒙蔽了本心,便会损害天理。他们认为"无人欲即皆天理",因此教人"存天理、灭人欲"。朱熹用饮食为例阐述:"饮食者,天理也,要求美味,人欲也。"在人性论上,程颢、程颐和朱熹都主张人性有善也有恶论,必须存善灭恶,即"存天理,灭人欲"。他们认为人性中的善自然是其"天理"的本质特征,恶则表现为人的不合节度的欲望,称之为"人欲"或"私欲","人欲"是"天理"的对立面,二者具有不相容性,"天理"盛则"人欲"灭,"人欲"盛则"天理"衰。由此可见宋代理学家所提出的"存天理,灭人欲"这一命题,实际上对抑制物欲横流、奢侈腐败之风的确是有其一定的积极意义,只不过把人欲中的"恶"扩大化了,把人的合理欲望(如寡妇再嫁合理的感情和"性"福生活追求)也打入失节之道,用"饿死事小,失节事大"伦理道德禁锢人欲,扼杀人性,这才是需要批判的。

  国外持这种观点的代表人物有柏拉图、亚里士多德、康德。柏拉图认为人有欲望、意志和理性。当理性能驾驭欲望和意志时,就能获得善。反之,就是恶。亚里士多德也认为人有理性和情欲。人生的目的在于用理性节制情欲于一个合理的状态,恰到好处,以获得人生的幸福。康德则认为人有两个我,一个是"实我",一个是"真我"。"真我"是理性主导的我,"实我"是情感主导的我,"真我"因为善性的约束而高于恶性欲望的"实我"。

  其实,一方面,人类历史考古早已发现,人的原始本性是恶的,人类原始社会的初民的野蛮、强暴、相互残杀足以证明人性的罪恶;另一方面,一出生小孩的表现如没吃没喝就大哭大闹,如果奶水不足就不顾一切地使劲狠咬妈妈奶头等都说明了人之初始性本恶,只不过受到后天的环境、教育等因素影响而改变。良好的环境和有效的教育使人变得文明,变得人性美了;反之,人退化到野蛮人,变得人性更恶了。

  德胜的人性化管理就是对员工进行扬善惩恶的人性教育、改造过程。社会发展到如今,我认为,人性中可分为生理需求、心理欲望和精神追求。食欲、性欲是动物也是人的最低需求也是最大生存需要。就连一贯瞧不起女人——"唯女子与小人难养也"——的孔子在《礼记》里也不得不承认:"饮食男女,人之大欲存焉。"告子与孟子为人性善恶辩论时说:"食色性也。"

首先,德胜根据人性中的最大特性——食欲、性欲需求,做出满足人的合理需求的人性化安排。食欲是生命体生存的第一需要。德胜不仅在总部建有食堂,而且工地在哪里,食堂就建在哪里,工程未开工,食堂就开伙了,做到"兵马未动,粮草先行"。同时专门建立一支厨师班子,为提高职工伙食质量,每位厨师都要轮流到专业酒店实习;还制定一套食品采购、加工及管理原则,保证食品安全和营养周全。公司为考虑职工"性"福生活需要,一是允许任何职工家属到各工地去探亲,可在工地入住、就餐,但时间不能超过5天(6个晚上);二是休假自主安排调休,每半年可以休1次21天的长假。

第二,人性中的暴力性是所有动物共同具有的一种本性,这是人性中的罪恶。人类的祖先们,从在地球上诞生那天起,作为一个物种,就不由自主地加入了弱肉强食的永不停息的生物战争中。亘古至今,国家与国家之间的战争从来就没有停止过,古今中外的漫长的专制社会的朝代更替都是通过暴力实现的。从一个新王朝通过暴力夺取政权那天起,就有人想通过暴力取而代之,所以历朝历代都有暴力革命。当一个封建集团腐朽到彻底丧失了民心的程度,于是最终被暴力革命推翻……即使在一个封建集团的内部,也通常是通过暴力的方式夺取最高统治权——皇位。为了夺取最高统治权,父子之间、兄弟之间、母子之间,都可以展开五花八门的暴力残杀。在民间暴力行为从来就没有停止过。所以,任何社会都有通过暴力获取不义之财的人——强盗。有时当一个人被激怒的时候,当理智不能约束感情的冲动的时候,就会暴露出暴力的原始本能,于是生活中常发生打架斗殴事件,甚至是流血事件。

在现代的社会,绝大多数的人的暴力本性则表现在用语言攻击——说别人的坏话。事实上在任何国家,任何人都爱说别人的坏话,没有不说别人坏话的人。不论是从含有轻微恶意的坏话,还是当着本人的面谩骂的坏话,只是激烈的程度不同而已。用语言攻击——说别人的坏话的表现形式很多，但可以大致分为如下三类：一般情况下，若一个人的人格、尊严受到他人的无辜伤害，若条件允许，这个人就会对当事者进行口头攻击——谩骂，于是生活中常发生的是吵架现象，严重的还会演变成泼妇骂街等。有涵养的人即使当面不对当事者进行口头攻击，那么也会在私下向其他人说那个当事人的坏话。另一种情况是，被上司无端训斥的部下，因为害怕遭到上司的报复，表面上用笑脸接受训斥，但心里窝了一肚子气，下班以后则会对亲人或者朋友说那个上司的坏话，以此达到发泄愤怒的目的。还有一种情况是，有目的、有策略地散布恶意的流言蜚语，以形成对被议论者不利的社会环境或局面。

德胜针对上述人性中的恶性，在《职工守则》中规定："禁止对公司的职工品头论足。禁止对公司的制度及公司处理问题的方法和其他一切与公司有关的事宜进行议论。如对某些问题不理解或不认同，可通过书面的形式反映或要求公司召开专门的会议倾听你的陈述，以便公司做出判断。不得谈论其他职工的工作表现，更不得打听其他职工的报酬及隐私。更不得散布流言蜚语。说风凉话及冷言冷语的，罚款100~200元/次。"同时还规定每个职工都要"遵纪守法，坚决服从有关上级(包括执行长、值班长及领班)的管理，杜绝与上级顶撞；上级也不能以命令口吻要求下属。管理人员如对采用正确的手段指出自己的缺点、错误及提出批评的职工采取不理智的态度、泄私愤或打击报复，罚款100~1000元/次，并免职同时解聘，情节严重者开除。职工之间的关系要简单化，不得钩心斗角，互不买账。不得经常与同事一起聚餐(原则上每月不得超过1次)"。员工之间发生矛盾，关系不协调时，任何一方可以随时向公司申请召开听证会来决断是非。这样公司就避免了许多矛盾，消除了耗费正能量的窝里斗。

第三，凡动物都有猜疑的天性，普通动物一般猜疑天敌，"惊弓之鸟"和"雁哨"安排就表现出了鸟的猜疑性和警惕性。在高级群居哺乳动物人的身上猜疑性体现得更加突出、更加广泛。疑心、疑心病、疑兵、疑阵、疑忌、半信半疑、疑神疑鬼等词语表现出的正是人的猜疑本性。古往今来"疑人不用，用人不疑"的人之所以很少，就是因为始终坚持"疑人不用"有时使英才埋没；若始终坚持"用人不疑"有时又给自己酿成大祸。德胜在《同事关系法则》中规定:"不得从同事的表情及眼色或无意的话语中猜测同事的内心想法。因为实践证明,猜测一般都是错误的(错误率高达99%以上),而且猜测会使同事之间的关系变得复杂与紧张。"历代帝王将相因猜疑残害忠臣、滥杀无辜的血案证明了同事之间凭猜疑行事危害极大。

第四,人性中有想得到尊重、平等和自由的精神需要。德胜努力成为一家君子公司,非常尊重员工,平等对待每个人,让员工充分享有言论自由和行动自由。在德胜上班永远不用打卡,可以根据自己需要安排休假,每个职工报销无需领导签字,但如有欺诈骗报行为,一旦查出,将受到严厉惩罚。按照员工自己的说法就是:"公司对我这样信任、尊重,我绝不能做出给脸不要脸的丑事!"员工的言论自由是随时都能通过正常渠道发表自己对公司、对同事、对领导的意见,但不能私下议论,更不能瞎说胡乱议论。

第五,亲情是所有哺乳动物的一种天性,正所谓"虎毒不食子"。作为大脑特别发达的人类,亲情的表现形式更是丰富多彩。父子、母子之间的亲情表现为无私的、神圣的父爱和母爱。夫妻之间的亲情表现为爱情。亲戚之间的感情通常情况下要亲密于一般同事。所以,德胜一方面让职工自主随心调休,让员工与家人多团聚,享受天伦亲情之乐;另一方面又规定:"为了体现公平,夫妻两人绝对不能在一个公司工作。在公司里恋爱以后结婚的,不能在同一部门工作,否则夫妻两人就会结成一个小团体。""禁止有血缘关系的人形成小团体。因为这样的小团体必定会损坏只身一人在公司工作的职工的利益,有悖'公平'原则,必将影响公司的发展。在同等条件下应优先提拔与上级无血缘关系的职工。实践证明,只有这样才对所有员工(包括与上级有血缘关系的员工)公平。在你有权力处理下级职工所犯的错误的时候,处罚最严重的一个必须是与你有血缘关系或是从你家乡来的人。否则就作违规处理,并要受到相应的处罚。这是树立管理人员威信且符合现代文明的举措。"

第六,抑制人的欺诈本性,培养诚实人品。欺骗性是所有动物为了生存而必须具备的自然本性,每一类动物都有不同的欺骗天敌的本领和手段,正所谓"狡兔三窟"。

欺骗性在人身上的体现形式就是撒谎、不诚实。思维能力发达的高级动物人在欺骗手段方面要比普通的群居哺乳动物高明得多,瞒天过海、声东击西、暗度陈仓、偷梁换柱、假痴不癫等计策就体现了人的欺骗手段的高明。人的欺骗性从动机上分,可以分为两类,即主动性欺骗和被动性欺骗。主动性欺骗是人为了满足自己或团体一定的利益而进行的欺骗;被动性欺骗是为了自我保护而显示出来的一种本能。比如说,皇帝明知自己不能活一万岁,但他还是让臣民高呼他万岁,目的是为了显示他的皇威,这就是主动性欺骗;如果臣民不高呼万岁就有杀头之罪,所以明知皇帝不能活一万岁,但为了活命,就必须说假话,就必须高呼万岁,这就属于被动性欺骗。从欺骗的性质上分,可分为善意性欺骗和恶意性欺骗。撒谎是人的一种动物性的原始本能,美国马萨诸塞大学的心理学家罗伯特·费尔德曼对成人做过一个试验,请参加实验者携带一个微型录音机,记录一天的谈话。他分析的结果是,每10分钟的谈话,就会出现三句谎言。因此,德胜把诚实作为核心价值观的首条,又把撒谎作假证作为"德胜员工人生六诫"的一条戒律,不仅经常教育,还在德胜制度程序体系中的许多条款里反复要求做诚实的人,不许撒谎。同时还建立了相应的督察机制和欺诈预防与查处机制。如今的德胜正如聂圣哲先生在2003年8月28日公司第六次战略会议上所讲的:"我们特别要让员工形成一种风气,做错事了,主动承认的诚实之人不仅不会受到处罚,还应该受到一定的表扬,对那种掩盖错误真相的一定要惩罚。要让德胜形成一个诚实人的天下。"

第七,需要休息、娱乐是绝大多数人的本性。德胜一方面遵循人的这一本性需要,制定了"强制休息法"和"因公睡眠法"。前者是针对公司工地上的建筑工人都是选择德胜公司"自主调休方案"的,他们平时不愿休息,积累休假时间回老家休假。为此,德胜规定:"在正常调休前提下,现场工作人员,包括执行长、现场管理人员及员工等,在每年的4月1日至10月1日期间,每周强制休息时间不得少于一个下午;10月2日至3月31日之间,每10天强制休息时间不得少于一个上午。强制休息时间享受强制休息补助。"德胜的"因公睡眠法"规定:从事驾驶、施工等具有一定危险性工作的员工,从事采购、售后服务的部分员工以及无法完全按照公司统一作息,特别是因工作特点很难及时下班,无法保证睡眠时间和质量的员工,每周可自主安排半天的因公睡眠,照样享有全额工资及其他待遇。在娱乐方面,公司除动员员工参加感恩节、圣诞节的自导自演的文娱活动外,休息时间,员工可以自发组织篮球、乒乓球、棋类等娱乐活动。但公司规定:"工作时谈论与工作无关的话题或哼小曲、吹口哨的,第一次罚款100元,并给予警告处分;第二次罚款300元,并通报批评;第三次解聘。"

第八,消除人的懒惰天性,倡导勤劳人性。人与动物一样是天生的贪图享受种类,如猫被喂养,它就不会去自讨苦吃去抓老鼠进食;小孩贪玩天性;大人怕劳动等。德胜把勤劳作为企业核心价值观之一,一直努力反击惰性,消除懒惰;一贯提倡褒奖培养勤劳员工。早在2005年,德胜公司就搞了一个"敬业与心态"建设年活动。其中一项内容就是"大家一起反击惰性"。聂先生认为:"惰性有很多种:一是懒惰,这是惰性;二是拨一下动一下,这是一种显而易见的惰性;第三是一项工作干的时间长了,就开始牛哄哄了,这也是一种惰性。还有一种惰性就是对制度的习以为常。这都表现在慢慢地对制度的威严、对执行制度的人不尊重上。"为此,采取了清醒工程即"吃一年苦工程"(到别的公司干一年)举措反击上述4种惰性员工,以此切身感受教育其他员工。同时从制度程序上敦促员工养成勤劳的习惯。公司规定:作为君子公司,我们永远不实行打卡制度,员工可以随意调休,但上班时间必须满负荷地工作,要自觉做到不迟到、不早退。对有意怠慢工作或工作不努力的,解聘;对未能完全履行自己职责的,解聘。聂先生认为:赌博就是不诚实、不勤劳、爱走捷径、没有爱心和最懒惰的表现,是完全反德胜的行为,是反人类文明的行为。民间也有俗话说:"万恶赌为首";还有"赌坑深陷,万恶皆生"的说法。为此,公司制度多处都规定:"不可与同事(包括其他人)在任何时间(包括在家休假,但春节前后三天除外)打麻将、玩纸牌或在游戏机上玩(无论是赌钱还是娱乐性质的)。一经发现,公司将做自动辞职处理。"

第九,克制私欲,奉献爱心。人生来就有许多私心,总是为自己着想,总是想得到更多更好的物质享受。这是人性万恶之源,切不可让私欲蔓延膨胀；否则，人类就会蜕化到弱肉强食的动物世界里厮杀。所以，德胜传播爱心文化，倡导感恩理念。德胜认为：心中有爱，才会时时在意他人的存在，处处在意他人的感受，才不会伤害别人，才会尊重、体谅别人；心中有爱，就不忍心撒谎欺骗人；心中有爱，就不会遵循"多一事不如少一事"传统的处事原则，而是奉行"少一事不如多一事"的爱心助人，就会不怕麻烦地热情帮助同事；心中有爱，就会时刻牢记别人对自己的帮助和恩情，就会感恩并把别人对自己的爱传递给更多需要帮助的人。

第十，反对耍小聪明和投机取巧，坚决不走捷径而走程序。企业中的职工耍小聪明和投机取巧的表现五花八门，诸如利用职务之便或工作之便去占公司或客户的小便宜，当面一套背后一套，好大喜功牛逼哄哄，表面老实暗地狡黠，善于恭维拍马溜须和观风使舵，擅长笼络人心拉帮结派，等等。所以，德胜以教育为先，要求每个员工："我们每天都要扪心自问：我是否又耍小聪明了？一定要坚信：耍小聪明损人不利己，降低自己的人格有百害而无一益。"并从制度上建立全面的程序管理防止小人走捷径谋利。

第三章 | 自然生长

"追逐利润是企业天生的使命,最大限度地不断地追逐利润成了很多商人们毕生的追求。于是,疯狂的扩张成了中国企业经营的一种常态,这种野蛮生长透支着企业的能量。德胜不走寻常路,淡定地居于一隅,自然生长。在德胜看来,强,不是摊子铺得有多大,而是在某一个领域你是否做到了极致。"

第三章 自然生长

一、永远不搞股份制，永远不上市

有人曾经问聂圣哲："为什么不迅速扩张做大，然后上市呢？这不是理所当然的事情吗？"

"谁说一定要上市？我们只要做强，做精，不想做大。"公司董事长聂圣哲说，"我要做瑞士名表那样的企业。"

"即使不想做大，也要尽可能多地盈利。你们一直不涨价，福利又这么好，难道不考虑利润？"

"你错了。公司没有副总裁之类的高管，只有一个销售员，没有营销费用，管理成本很低。至于福利，那都是花小钱办'收买人心'的大事。而且我们一直在进行技术革新，压低成本。"聂圣哲坦承道："公司保持20%～25%的毛利润就可以了，没必要赚太多。活得快乐最重要。"

他进而举例说，即使在美国，上市公司也只是特例，更普遍的企业形态是中小企业，固守本分，自得其乐。海洋生态圈中有庞大的鲨鱼，也有很多快乐的小鱼。"我就

聂圣哲在书房

想做一条乐在其中、体魄强健的小鱼。"

聂圣哲坚持"不搞股份制，永远不上市"的观点，自有其道理。环球雅思上市失败案例就可以给我们一些深刻的启示：

环球雅思是在2010年10月上市的，但是股价下跌，到2011年12月21日宣布以2.94亿美元卖给英国上市公司培生集团，并从纳斯达克退市，其后又被SEC调查内幕交易。这家中国雅思教育排名第一的机构被曝光总是带着一点不和谐。而它的内部机制、用人以及很多细小问题，则在赶赴上市途中，就为今天退市之后的一切埋下了深深的伏笔。

这家在美国上市的中国教育机构，从家族化经营起家，在短期内用家庭管理方式和狼性扩张积累了财富，在2006年接受了来自VC——软银赛富的投资后，就马不停蹄地奔向美国资本市场。直至内部实行了规范的数字化管理等正规模式，却还是无法抹杀传统家庭管理的痕迹，家族化的思想导致很多管理层对环球雅思的"家庭完整"有一种依赖性的崇尚。最终，在公司被董事会卖掉时，"家破"这种情绪被无限放大。

环球雅思的急速扩张留下后遗症最终使得企业不堪重负。资本加入环球雅思之后，为了上市，环球雅思开始疯狂抢占市场，开始了野蛮生长。在向上市目标大步跃进的同时，埋下了很多祸根，比如盲目扩张、盲目上项目等。而原先的家族管理思路，在引进了现代企业管理后水土不服，没人能替代CEO张永琪，导致他一直很忙，但产品线扩张、裁员、内乱不是一个总裁能管得过来的，因此上市后，很多问题在崩塌的瞬间就爆发了。上市成功后，公司引入现代企业治理制度，财务和行政推行的流程化和数字化管理，让长期积压在环球雅思内部的管理体系弊病暴露出来。

于是，股价大跌也是自然而然的事情。上市的第二天，环球雅思的股票就开始下跌，7天之后，跌破发行价，"神话"戛然而止。这给所有期待上市神话的管理层和员工带来巨大的打击。从管理层到分校校长、教师团队，开始跟着股价萎靡而持续分崩离析。退市成了最后无奈的选择。当时，中国概念股屡遭抛售或做空，股价不断走低，估值大幅下降，严重背离上市目标。财务造假、估值泡沫、VIE信用危机，在做空机构的连番冲击之下，在美上市的中国概念股被搅和得一片狼藉，环球雅思亦未能独善其身。上市的成本已经明显大过了收益，成为一家公众公司却让自己背负了过多来自资本市场的压力。

  德胜是一家"知足""知止"的公司，这在现今中国的环境中十分鲜见。老子的《道德经》说："知足不辱，知止不殆。"持盈保泰，是长生久视之道。德胜"不走捷径"的核心价值观已经上升到了哲学思辨的高度，有了这样的心态，德胜比那些急着想要做大、引资、上市的企业要优雅和从容很多。它在自己的小世界里快乐地运转着，不慌不忙，诚实做事，琢磨着人性和管理的互动，自然而然成了一家高尚的公司。

  永远不搞股份制，永远不上市。德胜想的不是做大，而是如何做强，德胜不想让公司失去控制。大必须是一种坚挺的大，必须是有序的大，必须是有价值的大，且不背离企业的创业初衷。德胜有自己的一套哲学，"聂式管理"正努力打造着"德胜世界"。

  企业文化建设源于要规范企业的思想和行为，它是企业在经营过程中逐渐积淀下来、能保证企业健康成长和持续经营的原则。德胜就是这样践行自己的理念的，它在健康成长、快乐经营、稳步发展。

二、以能定产，绝不认同利润最大化

人们一谈战略，总要讲产量、收入、利润、占有率、主导产业、相关产业等等。更重要的是，谈战略就要讲增长速度，讲业务增长点、增长率，年增长20%是胆子太小放不开，增长百分之一百、翻一番甚至几番才能体现出企业的发展势头。这些企业推崇的经营理念是"以销定产"，能圈占多大的蛋糕就做多大的蛋糕，至于味道做得好不好，则不在最重要的考虑之列。

以销定产，又称"按需定产"，是指企业按照市场的需要组织生产。即一方面对商品的数量、品种、花色、规格、质量、包装等要按照市场的需要来安排生产，另一方面还要瞻前顾后、统筹安排、长远规划，使生产能适应市场需要的发展变化。以销定产是企业处理产销关系的重要原则。生产力的进步与经济体制的变革等因素导致了卖方市场向买方市场的转变，单一品种大批量生产方式向多品种小批量生产方式的转变，所以，当今的质量管理，都在强调企业对于"顾客与市场"的关注。

但是德胜洋楼并不认同时下流行的以销定产的经营方式，他们的原则是：以能定产。德胜洋楼有限公司是1997年注册成立的，到如今已有十多年的发展历史，但公司的规模仍然不大，上千名员工，每年五六亿的产值。德胜在一种从容不迫中，按自己的规矩缓缓发展，从没有眼红过那些扩张快速、大把赚钱的企业。"不走捷径"的价值观指导，意味着德胜就是要脚踏实地、一件一件地做好手边的事，决不盲目扩大规模。德胜冷静、理智地思考和处理理想与生存、发展的问题，能做多少事就做多少事，从不贪多。

当德胜洋楼提出"以能定产"，而不是"以销定产"时，就确定了他们不会将快速发展、追求利润作为企业的经营发展目标了。"当管理和发展发生矛盾的时候，永远牺牲发展而保障管理。"这些年来，德胜也不是没有快速发展过，但当聂圣哲发现快速发展带来的结果是管理失控、质量问题频发时，立马收住扩张的步伐，将销售定在了自己的产能范围内。在德胜，6个亿的销售额只有一个销售员，整个公司只有一位负责销售工作的员工，但这并不意味着公司业务的缩小，而是意味着公司在有意地控制自己的产能，在有意识地拒绝许多的订单。

德胜对于订单是有取舍的，超过公司年建造能力的工程，要谢绝或者推迟到下一年度建造。德胜的指导思想是：从爱心的角度来保护自己的员工，有多少人做多少事，不能为了完成超出能力的产值而把员工累坏；建造房屋要为住户日后的安全考虑，如附近有化工厂、核污染源等的订单必须拒绝；信用不可靠的开发商的项目，坚决不接；在全国范围内，德胜有施工与服务基地的，在其周围300公里内接单，超出这个范围就不接单了；某些项目不适合建造木结构住宅的、在合同期可能无法完成的项目都不能接。德胜奉行一条，确保企业健康生存的前提下才求发展，快乐比赚钱更可贵。

丰田管理大师河田信来德胜参观后称赞说："盲目发展是20世纪旧的认识观。如果仅仅是追求公司的规模、利润和市场占有率，那么人类就会走上与其他生物完全没有关系的一条道路。德胜没有走这条路，德胜考虑得更多的是如何做强。德胜'不着急'的做法是乌龟的哲学，是一点点地积累自己力量的哲学。"

德胜的企业文化是：绝不认同企业要追求利润最大化。因此，德胜的战略没有经济指标。德胜召开的战略会议很少谈及产出、收入、利润等问题，更不会将扩张、多元化发展等问题列入公司的战略发展目标之中。德胜的战略是做强战略，即以做强为目的，以管理为重点，谨慎发展，健康运营。

德胜的战略重点是管理，以管理拉动经营业务，管理为重，经营其次。当业务订单太多，经营发展与管理发生矛盾时，德胜宁愿牺牲发展来保障管理。聂圣哲指出，德胜必须是坚决摒弃"以销定产"的发展思路，绝不能让市场和利益牵着鼻子走。德胜要"以能定产"，即有多少人、有多大能力就做多少事，这样才能确保公司稳定的运营，保证产品的质量，对市场负品德责任，对员工负健康责任。

在企业做强和做大的关系上，聂圣哲有自己独到的见解：

中华民族喜欢把"强"和"大"两个词联系起来用，经常有人说起公司，就说到做强、做大，我反对这种说法，强和大是有本质区别的，比如说瑞士手表公司，都不是很大，但领军表业一两百年，你能说它不强吗？有些牛奶企业虽然很大，但你能说它强吗？类似这样的公司一夜之间倒闭的比比皆是，行业不同，就不能用一个模式……一千头猪虽然数量大，也不可能比一头狮子强，强和大有时候是没有必然联系的。

未来，在木结构建筑行业的发展，德胜仍会秉持谨慎的态度来做企业。在美国，对国民经济起决定作用的是大企业，但搞活美国市场的绝对是大量的中小企业，每个大企业的背后，都是有着无数的中小企业在支撑。事实上，在金融危机的冲击下，能侥幸躲过劫难的都是那些灵活而强健的小企业，相反，摊子越大，一旦遭遇危机就会轰然倒塌。中国的发展需要大量的中小企业，这些中小企业因为规模不大，管理到位，行动敏捷，在整个国民经济链条中起到了不可替代的作用和意义。德胜就是希望做这样一家企业，不求快速成长，但求稳而健，自然地成长，快乐地工作，没有负担地做有价值的事业。

德胜当然想把自己做成一个标本，在市场瞬息变化的环境中既要独善其身，也要兼济天下，悠然南山，做自己想做的事，保持德胜在中国长期的健康的企业存在方式。在这块试验田里，生产出更多有品质、有生命的产品，教育出更多有爱心、知礼仪的社会公民。这是德胜创办的初衷，是聂圣哲一直孜孜追求的目标。

一家企业要如何才能长久存在？德胜不想成为一个大而短命的企业，

第三章 自然生长

只希望保持自己的活力,长久地发挥自己存在的价值。这是一种摸索,是一种实践,这种摸索与实践需要坚持独立的思考,需要坚守自己的规矩与立场。

在这样一个浮躁的年代,每个人都想快速地赚更多的钱,都梦想着一夜暴富。既然天上不会掉馅饼,于是大家急功近利,采取的方法几乎如出一辙:做大!扩张、扩张、再扩张,将战线一再拉长。德胜在这种野蛮生长的年代里,淡定从容,安静思考自己的发展诉求,于是产生了一种与众不同的战略模式——做强,做深,做价值型企业,做一家健康的公司。

这些年来,德胜这样一家"小"企业却越来越引发了社会的关注,越来越受到大众的尊敬,这也是给中国众多的小企业与创业者带来的一个启示:做价值型企业,做强健型企业,坚守自己的创业初衷。

"共同的利益只能让我们暂时走到一起,价值观的认同才能使我们终生相依。"聂圣哲经常说这句话。德胜期待的是有一批有着共同价值观的员工们,永远与德胜站在一起,快乐地工作,快乐地发展。

三、无边界工作

相信许多职场人士都有这种感觉，有时委托同事去办一件事情真的好难，一方面是因为有些事情确实分不清究竟应该由哪个部门来承担；另一方面，则是有的同事效率高，有的同事效率低，可效率高的同事未必愿意来协助你完成工作任务。事实上，因为职责不清楚，很多人觉得我帮你也是白帮，没有人记得这是我的功劳，我为什么要帮你啊？如果帮得不好还得承担责任，多一事不如少一事，拒绝同事之间的协助也就成为理所当然的事情了。在职场，这就是最真实的境况。

但是，在德胜，一切都是无边界的工作状态，这种互相推诿、多一事不如少一事的情况从不会在德胜的员工之间发生。遇到这种事情该怎么办呢？德胜有一套最简单的处理方案。当你需要向同事委托事情的时候必须填写委托单，要写出需要委托他人协助的具体事情、委托的具体原因。如被委托的同事拒绝，则必须写出理由。如果接受，这些委托单都会送到被委托的同事的部门主管那里，作为该员工完成的工作内容被记录下来。而且，主管领导不会因为下属接受别的任务而怪罪于他，在德胜，公司的事情都是分内的事情，只要你有能力承担，就应该去主动承揽。

"只要对公司有好处，我就会做好。"这是德胜员工的口头禅，是德胜员工的工作原则。在德胜，员工们每做一件事情都会首先考虑，这件事对公司是否有好处？一切工作都是为了公司的利益，都从公司的利益出发思考。德胜的员工们都养成了这样的习惯，在做好本职工作的基础上，哪里有需要就去哪里帮忙，从不会抱有对其他事情不管不问的态度，满负荷、多管"闲事"是他们的工作常态。德胜每一个部门的每一道工作程序，都会将责任落实到具体的人员。搞管理的人员绝不能脱产，那种在办公室坐坐、喝喝茶的不叫管理，是官僚，管理人员必须要深入一线，每个月都要去一线代岗。德胜所有程序的制定是大家在一线亲自实践、体会和总结的结果，绝不是凭空而来的。无边界工作是德胜的一大特色。德胜公司的主动补位、无边界工作，是满负荷、有效率工作的一个重要方面，也是提高组织整体效率的重要方式。

德胜要求任何事物都不能处于无人管理的状态，否则，就是管理出大问题了。这些事物大到一个工程、一幢洋楼，小到一颗螺丝钉、一株树苗、一朵小花、一只小狗。聂圣哲已经在许多小事情上为我们树立了很好的榜样，如三脚猫的故事、小狗"阿扁"的故事等。

德胜曾经出现过一个"无人问津的板车"事件：

一辆板车的一个手推把断了很长时间居然无人问津，这在许多地方可能不会成为大问题，因为虽然断了一个手推把，但凑合着还可以用。在中国，只要苟且能用，都会得过且过的，但在德胜，这是不可思议的，也是绝对不可以的。德胜的事物只能是两种状态，要么能正常使用，要么就报废，绝不可以"能用就行"。可悲的是，一个人有错误并不可怕，可怕的是不能认识到自己有错误。公司也一样，盲目的自足而不知反思是肯定要倒闭的。板车的一个手推把断了很久，这并不是大家看不到的细节，而是大家已经到了熟视无睹的地步，这是极其可怕的；更可怕的是，管理人员对这种熟视无睹司空见惯，不以为然了，都麻木了。聂圣哲无不痛心地说："德胜的管理堕落到了什么地步了！"

为此，全公司开始关于"板车事件"的整顿。聂圣哲认为，德胜人都应该保持清醒的头脑，不要被客人的赞美之声淹没了，或在自我陶醉中渐渐堕落，忘乎所以；一定要清楚地认识到我们管理中还存在很多严重的不足，需要不断地改进；要知道我们确实没有太大的本事，只有认真工作的态度，离开了认真，一切都是零。客人的赞美正是来自于德胜人用勤劳的双手认真管理创造的结果。换言之，如果继续持有这种"事不关己，高高挂起"的心态，德胜是肯定要倒闭的，只是时间的迟早问题。

经过了这次整顿，德胜员工将"少一事不如多一事"、"只要对公司有好处"的为人做事规矩装进大脑中，成为日常工作的指导原则。

聂圣哲曾说过：德胜宁可公司不办，也绝不可以得过且过，苟延残喘。都觉得一个破板车不是自己的工作范畴，自己不用管，自然会有人管，完全忘记了德胜公司的无边界工作的原则，难怪聂圣哲会怒不可遏。

如果没有建立起真正的信仰，只是把工作当成任务来做，或是在一种制度的约束力下不得不去工作，那就无法以一种发自内心的敬业态度来对待工作。制度的力量是有限的，且无法持续，我们只有从内心建立起自己的信仰，只有信仰才会照亮人们的心灵，才会注入持续的动力，有信仰地工作才会在工作中不分彼此，互相帮助。

四、企业养生馆:人心、节奏、战略

德胜洋楼一直遵循产业自然发展规律,从不期待"超常规发展"。德胜公司每年最感到为难的事是如何推订单!

在德胜人的眼里,**工作是自然而然的事,员工工作与企业发展的原则很简单,大家都不要有压力,却又需要尽心尽力。满负荷地工作是在能力范围内的全然努力,而非不切实际、好高骛远地突破自己当前的实际能力。**目标需要循序渐进,一步一步来迈进,在走路还不稳时,千万不能跑步前进。企业需要良性运作,所以,企业与人一样,都是需要有适当的养生常识才能保证身体的健康。在企业这座养生馆里,人心需要聚焦,节奏需要平缓,战略需要贴合实际,**只有将员工、企业的节奏放在一个合理的自然生长的节拍上,企业才可能健康地良性发展。**

德胜在休宁办有一所木工学校,办木工学校既有聂圣哲想报效家乡、希望为家乡的子弟提供接受良好教育及顺利就业的动机,还有一个重要原因,那就是德胜需要训练有素的现代产业工人。但是从一个农家子弟成长为一个现代产业工人不是一蹴而就的。首先,产业化的木工技术要求和走街串巷的传统木工手艺有很大的不一样。其次,还有很多基本素质,如职业道德、职业精神、为人处事的态度等,企业员工与自由手艺人的要求也是完全不一样的。木工学校学制两年,毕业后进入企业,踏上社会,到真正成为一名优秀的职业化员工,还需要多年的磨炼。从农民脱胎换骨为产业工人,对大多数农民来说是一个痛苦的蜕变过程。清华大学宋学宝先生说:"解决了农民工的管理问题,也就解决了中国企业管理的难点。"这需要依靠有效的教育来养成，德胜对农民工的教育几乎是从原始开始的："从每天刷牙一次"到"饭前便后必须洗手"，甚至一个星期内洗几次澡、理几次发，都一一规定，其艰难程度可想而知。

如果没有合格的员工，就无法建造合格的别墅。近年来，由于德胜在外的口碑不错，品牌影响力越来越大，每天来这里参观的人络绎不绝，慕名而来要合作的人也是越来越多，因此德胜不发愁没有订单，而是发愁如何处理这么多订单。德胜的产能是有限的，因为德胜员工的培训与教育有一个漫长的过程，在生产别墅之前必须先培养出合格的产业工人来。当订单超出了产能，有些单子德胜就只能"婉拒"了，这听起来有点不可思议，在一个唯利是图、快速扩张的年代，还有人将赚钱的机会拒之门外！但德胜就是这么做的，德胜不要超负荷的成长，德胜要的是健康的企业管理状态。

我们只需要做一个简单的调查就会发现，绝大部分的职场人士都在快节奏、忙碌的工作状态下压力重重，都觉得工作压力过大。有超过半数的企业家都在喊累，欧洲有70%的人不愿当老板，美国也有百分之五六十的人宁愿简简单单地工作。当老板实在太累了，有的人甚至认为企业家的生活质量还不如一般人。国务院发展研究中心曾调查了539位企业领导人，其中90%的人表示工作压力大，76%的人认为工作紧张。另一项对长三角400名企业家的调查表明，40岁以上的有30%的人患有三高(高血糖、高血压、高脂肪)，40%的人头顶严重"水土流失"，70%的人患有失眠症，15%～35%的人身体处于亚健康状态。所以，现在社会上有一种说法：高官不如高薪，高薪不如高寿，高寿不如高兴。

企业家身心健康毁坏或病亡的原因，相当程度上是由于工作紧张、压力、劳累造成的。按说企业家们拥有比一般人更好的经济物资条件与社会地位，为何反而会过度紧张和劳累呢？因为大多数企业家都力图抓住这个经济体制转轨的大好时机，急切地想把企业做大，这种急于做大的迫切心情和盲目扩张的战略，使企业家离开了承担风险和展示能力的平台，给自己施加了巨大的各种甚至无法承受的压力。

如果放弃盲目扩张，采用积极稳健的做强战略，就不会有这么多这么大的压力来困扰着企业家们了。德胜是典型的以做强为战略的企业,主要靠自有资金稳健发展,不搞高负债经营,所以没有负债压力,甚至停产一两年,工人也能发出工资来。德胜从不进行毫无胜算把握的经营活动,更不会在管理基础没打好的情况下盲目扩张,德胜只希望大家开心地工作。

德胜的老板不太累,这是大家公认的。因为企业运转已经程序化了,靠他的管理团队就能把企业打理好,聂圣哲花在企业的时间和精力不到1/3,其他时间可以用在做自己喜欢做的事情上。他把大量的时间用在办平民学校、制作电视剧、话剧等文化教育活动上。他参与拍摄的电影《为奴隶的母亲》,曾获国际奖项;他编导的舞台剧《公司》在北京演出8场,引起巨大的反响,之后《人民文学》全文发表《公司》剧本(《人民文学》自创刊以来只发过几个名家剧本);他参与策划的《徽商》电视剧获得很高的收视率。所有这些,都因为德胜在战略上选择做强,不急于冒险做大,不搞大跃进、大扩张,从而让老板与企业都能从从容容,员工也能平衡好生活与工作。

那些不顾企业实际能力、冒进扩张遭到市场重创的企业不胜枚举,百安居就是这样一个例子:

百安居曾经是中国市场上最大的建材连锁超市,一度所向披靡,对中国传统建材市场造成巨大影响。有专家预测:假以时日,百安居将成长为统领中国建材市场的巨无霸。

这家隶属于世界500强英国翠丰集团的欧洲第一、世界第三大建材零售企业,1999年进入中国,在上海开出了第一家门店。2004年,百安居突然爆发式增长,其销售额为上一年的10倍,甚至超过其他所有建材超市营业额的总和!2005年,销售额超过50亿元人民币,比前一年增长了78.5%,利润更是整整高出3倍。到2008年底,百安居在中国26个城市开了67家大型建材超市。

2008年,在全球金融危机的冲击下,开店投资巨大的百安居终于难以承受重压,开始在中国大规模关店。这一年,其中国销售收入大幅下滑24%,亏损5200万英镑;2009年中国销售额又下降16.9%,再次亏损

2030万英镑。百安居在中国急速扩张，结果店面又急速倒闭，让人唏嘘不已。

德胜是要做一个具备"独立之人格，自由之精神"的完整企业，做自己生命的主人，而不是任市场主宰、支配的奴隶、奴才。德胜需要的是一个有着共同价值观的精诚团队，在这样一个团队里，大家"诚实、勤劳、有爱心、不走捷径"，在德胜的理想国里实实在在地做事，快快乐乐地做人，不仅做好德胜人，做好德胜，还要成为一个优秀的充满正能量的社会公民，力所能及地影响并发挥着积极的社会意义。

第四章　有效教育

> **有**效教育是管理的灵魂，管理者凭着自己巨大的毅力不断重复地向被管理者灌输说教，让其打折扣地接受企业的价值观与行为规则，从而融入企业的文化氛围中。德胜的培训课堂不在教室里，而是在工作实践中。德胜的培训不重技能重规矩，改变了人就改变了事。

第四章 有效教育

一、管理的本质就是教育

德胜现在已经成了中国中小企业的标杆，在管理上可圈可点，成为众多企业争相学习的范本。能将有着浓厚小农意识的农民培养成现代产业化工人，德胜是如何做到的呢？

对于这一点，聂圣哲的解释是：管理的本质就是教育。做好了教育就做好了管理，一个拥有良好品行的公民在哪儿都能全心全意地做好自己的工作，而优秀不是天生的，是教出来的。对员工的教育不仅是学校的责任，企业也有责任教育出合格的社会公民与优秀的员工出来。德胜这样认为，也这样践行，因此，德胜将教育置于管理的本质地位。

德胜有一本小到洗脸刷牙，洗澡换衣服，大到如何要做君子不做小人，如何成为诚实、勤劳、有爱心、不走捷径的合格员工都讲到的，被业内称为现代企业管理圣经的《德胜员工守则》。德胜就是靠不断学习和严格执行这个员工读本才有了今天令各行各业敬仰不已的管理面貌。仔细深究，德胜的管理也并无太多过人之处，关键在于，他们能将自己写进制度里的规矩没有例外地坚决执行下来，并且能够一以贯之，从上至下一视同仁。在德胜，公司最高领导人以自己的博学、才智细心为员工讲解公司的管理规矩，身先士卒模范带领，在要求员工能做到之前自己一定会先做到。如怎样洗马桶，员工说难洗干净，于是聂圣哲亲自示范，洗给员工看，经他洗过的马桶洁净如新，并可用其水漱口，叫在场的员工无不佩服。老总尚且能亲力亲为做到如此细致，员工们当然追随其后，兢兢业业对待每一个工作。

管理就是教育，而教育除了言传还得身教，不断地影响员工们的心态与行为。

聂圣哲倡导所有的管理人员都要在一线代岗，他自己也是如此做的，不仅日常工作他会亲自上阵示范，建洋楼也是如此。从地基开始到整座房子完工，这整个施工过程中的每一个环节，聂圣哲都能了如指掌。在他的细心组织、精细带教下，培养出一批"我首先是一个出色的员工"的骨干力量，再由他们去带另一批员工。这样，一支能严格按照程序操作，注意每个细节的精细化的洋楼建筑队伍就能活跃在全国各工地，给人们带去了优质的生活享受。

德胜员工们正在开制度学习会议

公司还制定了每月一号、十五号制度学习的规定，学习会上，逐条、逐句解读公司的相关制度规定，力求员工理解、熟记，并在日常工作中去执行。为了制度的严肃性和执行到位，公司还成立了相关的督察岗位，以保证制度的完全落实。对那些不认真学习、蔑视公司程序的人，公司会按规定进行严格的处罚，直至解聘。可以这样说，一个合格的德胜员工，不管什么时候他都会按德胜员工读本要求去工作，很少有做出违规事情的。你要问他们为什么会这样用心去做，他会告诉你，员工读本上就是这样要求我们必须仔细地去工作。因为认真才能出精品。

在德胜，学习是最重要的事情，只有学习好了才能工作好。因此，新入职的员工不仅要经过前期的"管家中心"磨炼，还有相应的岗位培训以及让他身边环绕着不少于9个老员工，从而时时处处来影响他的工作行为。当然，教育不是简单的教，除了教还有奖励与处罚。新入职的年轻职工如果无意中犯了重大错误，鉴于其是初犯，公司为了给予他重新做人的机会，会启动再教育和《新入职匠士及年轻职工初犯重错处罚补充条例》。

第四章 | 有效教育

新入职匠士及年轻职工初犯重错处罚补充条例

第一条 适用范围

1. 该条例是针对德胜(苏州)洋楼有限公司的各项规章中部分开除处罚条款的补充。

2. 匠士自毕业之日起3年内(指毕业月份的第一天到三年后的该月份的最后一天)或者年龄在22周岁(以身份证生日为准)以内者,二种计算年限有冲突时,取长限。

3. 仅适合于初次犯(第一次犯)重错者。

第二条 关于赌博处罚的补充条例

1. 属于第一条规定范围内的员工初次赌博被开除,属于"预开除"类型。被预开除的员工名单及事由必须在全公司张贴公告和在公司的网站上公示。

2. 被预开除的员工如仍想回到公司上班,6个月内必须告知公司,并且每周向公司人力资源中心写检查一封(悔过书),可以用微信、短信的形式,内容不能重复。

3. 6个月内没有向公司提出申请的,转为被永久开除。

4. 经人力资源中心会同公平与公正部,在收到第一封检查(悔过书)的第三个月的最后一个星期,经审核所有的检查(悔过书)后,结合该员工过去的表现及认识的态度,做出是否重新聘用该员工的决定,并正式通知该员工是否被重新录用。

5. 经审核同意被重新聘用的员工以前工龄归为零,工资额为被开除前的90%。一年后,工资恢复到预开除前同工龄人员的等额工资。

6. 在重新聘用前,必须要写承诺书,承诺书格式见附件。

7. 如再次赌博,永远开除,公司不得以任何理由重新录用。

8. 如年终获得特殊奖励的,每奖励一次,被免除的工龄恢复一年。

第三条 其他处罚的补充条例

1. 其他处罚的补充条例根据公司运营遇到的情况另行补充。

2. 该条例属于《奖惩条例》的20130718号修正案。

德胜(苏州)洋楼有限公司

2013年7月18日

附件：

重新被聘用承诺书

德胜(苏州)洋楼有限公司：

  非常感谢公司给我这个宝贵的机会，我会倍加珍惜，痛定思痛。

  我已认真阅读《新入职匠士及年轻职工初犯重错处罚补充条例》的每一条款，自愿接受该条例的每一项规定。我将努力工作，做一个诚实、勤劳、有爱心、不走捷径的合格的德胜员工。

  我承诺，如再犯同类的错误，将接受公司永久开除我的决定。

  特此承诺。

姓名(正楷)：_____ 签名：_____

工牌号：_____身份证号_____

年　月　日

(请用正楷字填写)手机号码：_____家庭电话号码：_____
家庭住址：_____

  早在2003年，聂圣哲创办德胜-鲁班(休宁)木工学校，旨在实施有效教育。聂圣哲的有效教育理论要求：

  第一，安排大量的培养学生生存能力的教育教学内容。平民学校的学生从一进校门首先就要学会自己的事情自己做，从洗刷缝补到打扫卫生到后来的种菜养猪、插秧收割等生存生活能力的教育实践内容都有。同时安排生活科学知识和文化知识课程。木工学校除了生活自理培养之外，每天安排三成时间学习必要的文化知识，七成时间都是木工技术实训教学，扎实学好传统木工技艺，毕业作品就是要能熟练制作出徽州传统古典家具——八仙桌和太师椅，掌握了这样的木工手艺，不论是好年岁还是饥荒岁月，都饿不死木工。老话说得好：丰年打家具，荒年辦棺材，饿不死木匠。

第二是自己编写学生品德修养教材，培养学生的公民意识(包括做人价值观与养成教育)和公民行为能力。主要有：了解公民特别是儿童拥有哪些权利和义务；如何做一个诚实、勤劳、有爱心、不走捷径的好孩子(在家)、好学生(在校)、好公民(在社会)；如何与人沟通交往(与父母长辈等家庭成员、亲戚、朋友、老师、同学及社会上的人)；如何开会(如何主持，如何发言，如何记录及整理会议纪要等)；如何参与班级、学校的活动；如何参与管理班级如共同制订班规、选举班干部、管理班级事务；如何成立社团、管理社团事务及开展社团活动等；如何举行听证会等；如何到社区、农村开展调查民情社意等。

第三是培养学生的学习能力，让他们学会学习。首先要学会在生活中发现问题、寻求知识，日常的生活就是他们学习的对象，考虑到学生在校生活的单调性，我们的老师要经常带学生到大自然、大社会去上课，引导学生热爱自然、观察事物；其次要学会如何思考问题，培养学生的思维力、批判力、想象力和创造力；再次是学会收集信息，筛选信息，创新信息。学会从工具书、图书资料、音像资料和计算机网络上筛选、收集、存贮信息，学会从科学试验、生活实践中采集信息，选择、存贮信息；学会对各种有价值的信息进行加工、提炼、排列、重组，组合(创造)出新的信息。这就是一个学习创造的过程。

第四是为实现教育目标采取了许多有效教育方式。实践证明，"在做上学，在学上做"是有效教学方式，它既是木工学校、平民学校的主要教学形式，也是德胜公司职工培训模式。德胜无论是培训新员工还是复训老员工，都是通过教官(师傅)的边讲边做(示范)程序转化为新职工的边记(开始记录后来复述)边做的程序。正如聂圣哲对复训的要求，"尽量让受训者再做一遍，一面复述一面做可以记住90%"。如此有效的教学，促使动脑与动手、知识与能力、做人与做事紧密配合、相互促进、共同提升。从做事中养成做人诚实本分、勤劳敬业、不走捷径、在意他人、关爱他人的习惯，不断提高自己的干事能力和手艺水平；从做人中领悟到把事情做好不仅需要能力，更需要道德修养和职业精神。

聂圣哲通过自己在德胜培养员工的亲身实践，认为有效教育带来的洋楼建造质量效果和效率值得推广，深感有效教育对一个国家的重要性。因此，他内心深处的教育情怀开始燃烧了："至于办教育，其实和我的总体思想是吻合的，就是要试验，怎样的教育才是有效的教育，怎样的教育最适合中国，前人给我们留下的资料太少，有的也不适合，得自己试验摸索。我办教育的另一个原因就是，我信奉一个真理，那就是优秀是教出来的。"

管理的本质就是教育，优秀是教出来的。这不是一句空话，是实践验证了的实理。一个公司办得好与坏，与员工的素质高低是分不开的。德胜公司培训员工，首先注重的是品德，从诚实做人开始，怎样使自己做君子不做小人，怎样使自己符合德胜的价值观：诚实、勤劳、有爱心、不走捷径，有一套可执行的制度保障。在日常工作中，员工们都会自觉地、认真地从思想上、工作中严格按照员工守则的要求去做。有时候，个别员工出了点差错，其他同事都会友善地提出纠错建议。常年的严格要求，德胜员工们不仅能身体力行地按照程序办事，还能将这种做事的态度影响到客户、合作伙伴，甚至家中的亲人，从而让德胜君子团的影响力越来越大，让周围的人都能以高标准严要求的"优秀"来要求自己。每两个月一次的训导，每月两次的学习会议，让员工们的潜意识里形成了按程序办事就不会有差错，认真执行程序就是敬业的观念。所以，公司的员工不管是在工地上还是在业主家，不管是人多还是人少，干起事来都会认真按程序操作，从不违规。工作交到了德胜员工的手上，你就放心地等着工期结束，他们会比你自己更认真地对待每一个细节。

　　在有效教育的管理之下，德胜成了客户与合作者最信赖的企业，其价值不仅在于公司得以平稳发展，更在于他们创造了一种全新的管理模式，对社会信仰重建、对众多管理遭遇困境的企业都是一面旗帜。

　　(注：匠士是对从德胜鲁班木工学校毕业的学生的称呼。)

二、优秀是教出来的

古希腊哲学家亚里士多德说:"优秀是一种习惯。"很多人把这句话当成座右铭。德胜公司有一条类似的座右铭——"优秀是教出来的"。从古至今,荀子、庄子等学术大家一直在"人性本恶"和"人性本善"的问题上有分歧,他们没有分歧的是"只有通过后天教化才能'化性起伪'"。孟子主张通过教化来扶植和培养善的萌芽,使善性得以发扬光大;荀子主张通过教化,限制恶的趋势,使人性之恶向善转化。所以,德

2007年1月,哈尔滨工业大学土木工程学院院长邹超英教授代表王树国校长向聂圣哲先生颁发聘书

胜的"优秀是教出来的"也是对中华五千年文化的传承与领悟。

"优秀是教出来的",7个大字被镌刻在德胜公司办公室的一块匾上,这是公司文化的一部分,属于德胜的又一原创文化。同时,这也是在德胜推广价值观"诚实、勤劳、有爱心、不走捷径"的途径与方法。

德胜的员工大部分来自木工学校,这些来自农村的孩子在进入木工学校之前,都是有着浓厚的小农意识的农家子弟,德胜究竟是如何将他们培养成现代产业化工人的呢?

我们首先来看看木工学校的"十五不准":

不准蒙骗说谎。

不准拉帮结派。

不准打骂偷窃。

不准随地吐痰。

不准谈情说爱。

不准油腔滑调。

不准赌博酗酒。

不准私出校门。

不准游手好闲。

不准损坏公物。

不准乱扔工具。

不准乱涂乱写。

不准自以为是。

不准着奇装异服。

不准不敬师长。

十五个不准,看起来似乎并不"高大上",但细一看,反映的都是社会上那些不文明的现象,而且对于初中毕业的农村孩子来说,他们几乎多多少少都有一点这方面的陋习。德胜从源头开始抓起,不仅要考察学生的家庭情况,选取那些品行良好、愿意吃苦的孩子让他们免费来学校学习,而且让他们在正当青春盛年时接受"爱"与"善"的教育，从点滴细节开始学做人、学做事。事实上，在木工学校，学习是分为两部分的，一部分是品德教育，一部分是技能教育，两部分都很重要，缺了任何一部分都成不了一个优秀的工匠，任何一部分得了差评，都毕不了业。

除了这"十五不准"，木工学校还有严格的日常行为规范必须执行，并且制订了相应的考核办法：

木工班学生日常行为考核办法

1. 每天晚自习下课前，如实填写学生日常行为规范记录卡。

2. 学生日常行为规范记录卡次日在教室公示一天。

3. 若发现他人有弄虚作假的行为，任何人都可以通过书面意见(投入意见箱)或其他形式反映，但不得在记录卡上乱涂乱写。

4. 学生违反"十五不准"属严重违纪行为，由纪检员将此行为填入违规记录卡，并由当事人签名。

5. 学生有立功行为，由纪检员将此行为填入立功表彰卡，学校根据情况给以表彰或奖励。

6. 学生日常行为规范的考核，是评定学生道德修养课成绩和奖学金的重要依据。

在这样严格的教育之下，木工学校的学生在毕业进入德胜工作之后，都成了优秀的工匠、谦谦之君子，他们能自然地融入公司的管理氛围中，让德胜的管理变得简单而有效。

德胜要求所有的管理干部首先必须是优秀的员工，然后才是管理者。聂圣哲说："我们从来不会提拔那些光说不练的人，因为他们当了领导会伤害勤劳诚实的人，一旦大家都懒惰起来，公司还怎么发展？"首先，优秀员工出身的干部，最了解一线的实情、最内行、最有经验，其管理一定更有针对性和实效性，更能及时敏锐地发现问题，及时纠偏，管理到位。其次，管理者只有自己首先是优秀的员工，才能承担起当下属老师和秘书的角色。最后，管理者如果能够认识到自己首先是优秀的员工，才会时时不忘深入一线，时时提醒自己不犯官僚主义作风问题。

干部首先是优秀的员工，或者说他曾经是优秀的被管理者。海尔的张瑞敏也有类似的观点："我绝不比那些失败了的企业家更聪明，但在我身上有两大财富：一是我自己当过许多年的被管理者，而且是一个平时爱琢磨的被管理者。因此，我清楚地知道，一个企业内部的管理机制漏洞在哪里，如何避免；有的企业家没有当过被管理者，因此，他不知道公司内部的漏洞在哪里。"

优秀是教出来的。你首先是优秀员工出身，你才能教会下属优秀。干部的主要角色之一，就是当下属的老师，教会下属成为优秀的员工。其次还要成为下属的秘书，及时地发现下属的问题，引导他去及时改正自己的坏毛病。

那些农村出身的孩子，没有深厚的家庭背景，没有优越的家庭条件，也没有天才儿童们的聪明才智，他们在德胜式教育下慢慢地褪去了本身的劣根性，慢慢地靠近优秀。因此，虽然德胜公司的职工实际上学历高的并不多，但几乎每一个员工都可以用优秀来形容，绝对不会有愧于这个词。这一点是很多声名在外的企业都难以企及的。

德胜公司的教育理念和学习精神还不仅仅是这些。

有一次，聂圣哲从美国发来帖子，并做成小册子更名为《日本孩子给我们补课》，小册子图文并茂，要求在德胜公司内部开始学习。小册子共有图画27幅(不算封面两幅)，下面有文字说明，还有15段文字，详细介绍日本孩子如何吃午餐。这是2010年，深圳的一位小学老师在日本交流访问期间，与当地一位公立小学的孩子一起吃了顿午餐，她被日本孩子的所作所为深深打动，发出了"输在起跑线上的"的感慨。现在德胜公司把这个真实的故事印成小册子，每个职工手持一本，要求大家开会时学习，平时得闲时再学习，并写出心得，将劳动平等、遵守规则、勤俭节约、在意别人等等的美德和行为深入人心，这也正好印证了德胜公司的座右铭——"优秀是教出来的"。

德胜洋楼凭借十多年的成长磨砺，总结出一套适合于公司的文化体系，并且能够将所有德胜人好的品质加以挖掘发扬。其实，每个人的身上都有闪光点，只是有时被阴霾掩盖住了，只是因为没有伯乐，只是因为折戟沙中而已，如果我们能够像做教育一样去做管理，优秀都能被激发出来。三人行，必有我师。只要抱有一种学习的态度，哪怕是一次点醒，优秀就可以被教出来。

三、复训是有效教育的不二选择

德胜公司再教育体系的实施包括众多内容,如员工的集体学习,岗前、岗中的培训,复训和训导,以及参与木工学校、平民学校的办学、教学活动等,所有这些教育教学活动都始终贯穿着"有效教育"这个灵魂。其中,复训就是有效教育的不二选择。

为实现有效教育的目标,德胜实施复训制度。复训,指的是定期的重复培训。聂圣哲对复训的要求是:"尽量让受训者再做一遍,一面复述一面做可以记住90%。"在不断的重复之下,员工们一遍又一遍地加深了对

全公司每年一次的工程培训,重点学习工程管理、安全管理和质量管理制度

制度与程序的印象，也养成了踏实本分、勤劳敬业的好习惯。因为不断的复训，员工们也慢慢地意识到了，既要做好事情，也要做人好。

德胜的再教育过程是一个正确认知的过程，通过抓员工的制度学习和价值观学习识别错误、认识正确。在一个艰难、反复的纠错修正过程中纠正错误，直到认知正确。例如公司的技术工人们，带领木工学校毕业的匠士通过在工地建造洋楼过程的实习与见习，在老师傅的指导下严格训练、自我磨炼、反复训导以及一年四季的复训，从而达到熟练掌握洋楼建造技术和建造程序，最终成为一个合格工匠。

重复是学习之王，任何知识的掌握都不是一蹴而就的，都需要一个不断重复、不断加深、不断再学习的过程。只有一次又一次地重复学习，规矩才会变成潜移默化的日常行为，技术才能不断得以完善与创新。

为了有效管理，就必须实施有效教育，而要有效教育，除了常规的学习之外，还有一个更为重要的复训制度。德胜将《复训制度》纳入了员工守则之中。

总则

管理有效的公司必须建立一套完整的复训制度，确保公司价值观、规章制度及文化理念能够始终如一贯彻执行；确保专业(技术)人员业务素质的恒定。复训是务实的，不能有任何虚假的成分。复训须本人亲自参加，不能委托别人完成。员工接到公司复训通知后，在安排好自己工作的前提下，然后参加复训。

发现复训需求

复训的需求是从日常管理与工作中自然产生的。管理人员通过分析工作中带有普遍性的问题，根据公司制定的工作目标与现状之间的差距，确定是否需要复训及复训的安排。

行业专业性很强的专业(技术)人员是需要定期复训的。经验表明，一个飞行人员在训练结束时可以掌握80%的技能，之后逐日递减，半年以后只能掌握全部技能的60%。因此，一个管理有效的公司必须建立一套完整的复训制度,以确保专业(技术)人员业务素质的恒定。复训体现的是公司对员工的一种爱,它可以使员工能够重新认识公司和自己,同时能够主动、认真、努力地去做好每一件事。

专业技术人员原则上每年复训一次,但以下情况也需进行例行复训:
① 新工地开工时;
② 新的设备(工具)、工作程序和管理制度投入使用时;
③ 员工从事一项新工作时;
④ 管理者想帮助员工在事业上取得发展时;
⑤ 工作效率降低时;
⑥ 工作中不断出现差错时;
⑦ 部门之间经常出现摩擦时;
⑧ 公司制定的工作目标与现状之间有较大差距时;
⑨ 工作缺乏激情时;
⑩ 新员工首次培训后经考核不合格,主动提出复训时。

制定复训计划

确定复训需求后,要制定复训计划。一个完整的复训计划应该包括以下内容:

(1) 复训目标

目标着眼于提高员工的品德、素质及实际工作能力。

(2) 复训时间

根据复训需求,可以进行立即复训、随时复训和定期复训等。

① 工程部门的复训时间,应该安排在新工地开工前一星期,或业务淡季,或因天气原因不能正常工作时进行,以尽量不影响工作为原则。

② 物业部门的复训时间,应安排在年中或接待重要客人之前。

(3) 复训地点

① 工程部门的复训地点可以安排在工地或车间内。

② 物业管理部门的复训地点可以安排在现场。

(4) 复训内容

复训内容概括起来可以分为两类：一是公司的价值观、规章制度及企业文化理念；二是操作流程和基本的专业技能。专业技能的复训，要编写复训教材，要有详细的复训科目，比如：电锯的正确使用步骤、电工布线的方法等。

① 工程部门：原来成熟的工作流程、即将实施的新工艺流程、劳动工具的使用步骤等。

② 物业管理部门：重新熟记工作流程和作业方法。

(5) 复训对象

工程部门、物业管理部门及应掌握工作技能的全体员工。

(6) 复训方式

相关理念的学习，规章制度、操作流程、工作流程的重温及模拟实际作业。

增强复训效果

复训的关键是提高复训效果。要使复训工作卓有成效，必须做到以下几点：

(1) 每个员工都要认识到复训的重要性。

(2) 做好复训前的组织和管理工作。

(3) 讲究复训艺术：

① 频繁短时授课比偶尔长时授课效果好。

② 授课内容要适合受训者的知识和业务水平。

③ 尽量让受训者做一遍。研究表明：通过阅读，可以记住10%；通过听课，可以记住20%；听看结合，可以记住50%；自己复述一遍，可以记住80%；一面复述一面做，可以记住90%。

(4) 增强复训者的信心。

复训后的考核工作

人力资源中心要把复训作为一个考核指标，员工每年至少复训一次。督察人员要全程参与复训和督察复训效果。程序中心对每个人的复训情况

要进行跟踪和及时提醒。考核复训效果时要做到以下几点:
① 复训者是否做笔记;
② 是否能全部听懂;
③ 是否能全部运用;
④ 是否认识到复训的重要性。

《复训制度》对复训进行了全面的规范,以确保复训能达到有效教育的效果,让全体员工时刻保持在最佳的工作状态。

管家中心经理蔡女士,因为生孩子,她休了一年假。产假结束后,她又回到公司上班。根据公司的复训制度规定,她重新上班后的岗位,不是做经理,而是"复训学员",必须接受再培训。

2007年6月5日,她接受管家中心安排,与同事们一起打扫卫生、擦洗门窗、洗马桶……这是她既熟悉又陌生的工作(毕竟一年了,有的工作内容也有变化),也是新员工3个月的培训内容。

德胜的《复训制度》明确指出,专业人员是需要复训的,一个飞行员受训后,可以掌握80%的技能,之后逐日递减,半年后只剩60%。所以德胜必须有一套完整的复训制度,以确保管理和专业人员素质的恒定。

每年全国施工工地开工前培训员工

蔡女士经过复训之后才重新回到经理的岗位上，参加类似这种复训的员工还有很多。

德胜的复训涉及方方面面，任何人都需要复训。每个月两次的制度学习会，不定时的复训，还有随时随地的训导，同事之间的互相砥砺，都让员工保持了最佳的工作面貌。

其中训导会议是让全体职工保持良好的心态、让公司职工懂得严格遵守规矩的会议。训导也是对教育最有效的重复。

训导会议的成功主持，要求主持人要做到以下几点：

(1) 主持训导会首先要有气场，要严肃庄重；其次要具有人文关怀，就是用最简单易懂的话语把道理讲清楚。

(2) 训导会内容分两个板块，一是训，就是重温制度，列举发生的事情；二是导，传达公司新规定、新理念。

(3) 讲解时不要发挥得太多，点到为止，不可以讲猜测性的例子。

下面是一次训导会议的记录，其严肃性让我们真实地看到了德胜对有效教育的重视程度。

2012年第三次训导会

(2012年6月下旬)

一、启动会

1. 召开时间：2012年6月30日 13：30

2. 训导员：苏州、昆山——何国辉；工地——代波、陈志郢

二、彩排

1. 时间：2012年6月18日 16：30

2. 地点：波特兰小街餐厅

三、训导日程安排(代波做计划)

四、训导内容

(一) 公司召开训导会的目的：

(提示：语音清晰、讲道理)

1. 通过重温制度，提醒大家要始终做一个明白的人，做一个清醒的

人,时刻警惕,不要犯错误。

2. 学习公司最新的规定及主张,确保全体德胜人能够在同一个规则下快乐地工作和生活。

3. 训导会就是要把丑话说到位,同时要把爱心和温馨送到位。

(二) 训导条例:

(提示:表情严肃、铿锵有力)

1. 公司不承认你们的贡献,也不会感谢你们,因为公司总是及时地给你们应得的报酬和提供了全国同类企业最好的生活和保障条件,这是一种正常的劳资关系,公司也没有求你来工作,不存在谁感谢谁,公司杜绝这种具有误导性的虚伪的礼貌话语。

2. 在工作场所说与工作无关的话是严重的违规行为。工作时不得发牢骚,也不得在工作期间唱歌哼小曲、聊天、发手机短信,违者按《德胜员工读本(手册)》"奖惩条例"第三款第15、16条处理,直至解聘。

3. 任何时候都不允许议论公司和同事的事情,有问题可通过书面或短信反映,也可申请与任何一个领导见面反映。

4. 什么时候你觉得或事实上你的言行有点牛哄哄了,就离你被公司解聘不远了。

5. 不许你胡说,也不许你乱动,你要是不满意随时可以离开公司,公司可保证随时结账,公司有钱,随时具备支付能力!

6. 你如果对现状有意见可以书面或短信反映,你没有权利讲以下或类似以下的话:"在德胜真不怎么样!还不如在别处干!在这里真没意思,年底我就不干了!"但你有权利宣布辞职,公司可保证随时结账。

7. 随便议论公司的同事、公司的事务、公司业务伙伴的事务均属于违规行为,违者按《德胜员工读本(手册)》"奖惩条例"第三款第4条处理,即解聘,重犯者开除。

8. 执行长、值班长必须严格按照《执行长、值班长制度》的要求工作,履行好自己的职责,杜绝脱产,违者视同为有意怠工,惩罚比一般职工严厉2~5倍。

9. 每上一天班，包括加班，都要满负荷地工作，任何有意怠慢工作或工作不努力者按《德胜员工读本(手册)》"奖惩条例"第三款第11条处理，即解聘。

10. 故意损坏、乱扔工具，不珍惜劳动工具是自私可耻的行为，一经发现，按《德胜员工读本(手册)》"奖惩条例"第三款第6条处理，即解聘。

11. 施工中，因为没有按照《施工责任书》的规定进行操作，造成材料浪费、材料损坏的，一经发现，按《德胜员工读本(手册)》"奖惩条例"第三款第27条处理，即处罚300~500元/次。

12. 你们要时刻铭记：德胜离开了谁都可以照办！德胜决不允许有一个影响和刁难德胜发展的人存在。

(三) 衡量和检验一个工地的标准：

衡量一个工地最重要的标准就是：不能坏了规矩。也就是说要严格按程序办事！具体有：

1. 工地秩序是否井然？(提示：要了解工地宿舍、食堂用餐情况)
2. 公司程序是否在严格执行？
3. 工地是否在弘扬和坚持正义与公正？
4. 工地是否几乎看不到小人，或者小人的日子很难过？
5. 工地人员是否彬彬有礼、和气待人，是否不胡说八道？

五、学习2012年第三届工作例会内容

(提示：表情温和、轻松，类似于促膝长谈的状态)

2012年5月29日，在塞奇工作室，公司召开了今年第三届工作例会。会议内容摘要如下：

1. 现在，我们在工作中遇到了一个问题，这也是每个人的缺点，就是疲劳综合症。很多人开始对自己的工作感到疲劳和厌倦了。我们一定要想办法克服。只要在岗位上，就要充满激情。

2. 德胜公司抓管理，从来没有高高在上的、上级吩咐下级的那种情况，总是心平气和，批评中更多的是表扬。

3. 德胜的员工都是平等的。每个职工的尊严、生命价值都是一样的。

4. 发财是没有上限的，只要挣到了这个生活状态所需的钱就够用了，衣食住行过得去就行。

5. 提醒大家：理财要谨慎，要适可而止，理到自己量力而行，自己不累，没有压力是最好的。不要理得最后变成了罪犯。

6. 德胜是一个讲理的公司，德胜也是一个强悍的公司。公司现在正在制订一个法案，叫《德胜职工养老金条例》。公司会准备一笔资金给退休员工发的，这笔资金与任何保险无关，这笔资金不是发财的，是救命的。

7. 希望大家清醒地认识到：德胜这个平台对自己很重要！如果德胜一直办下去，那么，你现在38岁，在德胜就是一种资历，在外面去应聘就是一个短项，在新的企业里超过35岁就是一个短项。

8. 大家切勿说"我和董事长是什么关系"。董事长和所有人都是平等关系，没有什么特殊关系。

9. 每个人都应该多一些对公司的关注，一定要遵守德胜规则，每讲一句话，都要查一查是否违背了或者破坏了德胜的规则。

10. 要让自己的孩子学会劳动，学会克服困难。要告诉孩子，人一生是需要劳动的，人的一生就是劳动相互交换的过程。

六、提醒大家注意的几个事情

1. 各工地遇到不能解决的事情要立即报告，杜绝不懂装懂和擅自处理。

2. 到了下班的时候，不允许有人喊"下班了"的话语，否则，每天上班前你要给每个人喊"上班了"。

3. 做人不能两面派，人要有知足之心。

4. 大家记住，任何一个有损德胜的事情都不能做。

5. 生病或者受伤后，去医院就诊前，按照公司程序先要打电话给公司医疗保健官傅国明医生进行咨询。受伤后，自己本人或请同事代笔写一份受伤经过传真到公司，因为办理友邦保险理赔时需要提供。

6. 现在大家反映比较突出的一个问题，就是有人在宿舍抽烟，这是公司决不允许的。在室内抽烟很容易引起火灾，更重要的是会影响不吸烟同事的健康，这是损人不利己的事情，请在宿舍吸烟的同事改掉这个毛病。

七、安全提醒

1. 离开宿舍时，一定要把自己的电风扇电源关了。否则，存在安全隐患。

2. 天气炎热，如果您感觉头昏、恶心，或者出现面色潮红、大量出汗等情况，即是中暑症状，立即到阴凉通风处休息，并服用十滴水、藿香正气水。严重者要立即去附近医院就诊。

第四章 有效教育

四、把每一个员工都变成君子

德胜被传为是一家"君子公司",德胜的员工都以君子的标准要求自己。

德胜员工的"君子"表现,在公司举办的一次宴会上可以看出些端倪。

这是一次德胜公司新办公大楼取得房产证后的庆功晚宴。在某酒店,近二百人的宴会厅井然有序。员工进出大厅彬彬有礼,互打招呼。打招呼的方式是:一个手势,一个眼神,或点点头等,决不是大声叫喊对方。这一次庆功宴没有强调正装出席,但德胜洋楼的员工们都穿戴整齐、干净,精神抖擞,完全是绅士派头。晚宴上,员工们都很有礼貌地品尝着各种美食,公司还为员工准备了红酒、白酒、香槟、饮料等,让员工尽情享用。

更大的亮点是,各席面上的员工没有一个人吸烟。德胜的晚宴大厅内,空气流通,气味清新,有人问,有抽烟嗜好的人员想抽烟怎么办?原来,他们都很自觉地走出宴会厅,在外面吸烟区吸烟,吸完烟再进来。

再看看大厅地面,来时什么样,走时还是那么干净。我们的绅士们没有一个向桌下丢垃圾的,更没有一个随地吐痰的。

酒店的服务人员为之感动不已,从没有哪一个公司聚餐能这样井然有序,他们遇到的全都是又吵又闹的狂欢,将整个会场弄成一个噪音与垃圾的生产场,而德胜,让他们大开眼界,居然还有一个如此君子的公司。

德胜对于公司汽车的管理也体现着员工君子的一面。

德胜公司拥有汽车几十辆，驾驶人员一百多名，对于这样一个庞大的数字，德胜的汽车管理方法却非常简单，德胜没有专职的汽车管理人员，员工用车只要在车辆使用登记本上填上用车事由，不需经过任何人批准就可以将车开走。如果私用只需用红笔在备注栏中注明私用就行了。公司的员工会利用工余时间为这些车辆办理车管手续，轮流清洗公用车辆，定期召开驾驶员会议等。

车辆管理，在任何一个公司都会有专人负责，都会有专职司机，是一个需要投入人力物力的复杂工作。但在别人看起来非常复杂的事情，在德胜做起来都会非常简单。为什么其他公司做不到，而德胜轻而易举做到了，并且做得很好呢？那是因为德胜的驾驶员们在日常用车中形成了良好的制度和习惯，都用君子行事之气质来用车，每一个人都尽己之能按程序处理好汽车的相关事宜，德胜的汽车管理也就变得容易了。

聂圣哲说过这样一句话：“我不认为一个平庸的博士比一个敬业出色的木匠对社会更有贡献。”鼓励踏实、认真、负责工作，不投机取巧、偷工减料，即不走捷径，被明确写进了德胜公司的价值观。在这样的"君子"公司，员工上班不用打卡，可以随时调休，报销完全凭个人信用。无论是员工之间，还是员工与企业之间的关系都和谐融洽。作为一家建筑公司，德胜大部分的工人都来自农村，如何才能将这些农民工转变成为专业的产业工人，并使他们成为"君子"？

精细的制度管理造就"规范"员工。德胜的精细化管理，将管理对象逐一分解、量化为具体的数字、程序、责任，使每一项工作内容都能看得见、摸得着、说得准，使每一个问题都有专人负责，而不是打乱仗。德胜公司员工读本是德胜精细化管理的具体体现，包括职工守则、奖惩条例、同事关系、权力制约、财务报销、采购原则、复训制度、质量监督、工程管理、仓库管理、安全管理、售后服务、申明承诺、反腐公函、用车规定等数十个管理细则。比如，职工守则中明确规定，"讲究卫生，勤洗澡(争取每天一次)、刷牙(每天至少一次)、理发(每月至少一次)"，"工作时谈论与工作无关的话题或哼小曲、吹口哨，第一次罚款100元"，等等。德胜的精细化管理体现在各个环节之中，每一个环节都不能松懈、疏忽，应该做到环环紧扣、道道把关。小到个人卫生,大到工程流程、质量监督,都一一作了明确规定,这些事无巨细的工作流程、奖惩标准被精细地确定并予以执行。

例如,德胜洋楼通过制定施工工序流程来使工艺规范化,员工有标准可循。员工在旋空调塑料螺丝的时候,用旋铁螺丝的方法来旋是不行的,这些工作流程都有具体的规定。在工地上,一栋房子3寸的L型弯头计划用5个,结果只用了3个,那员工就一定要写出理由来,公司绝不会因为节省了材料而奖励员工。

德胜就是依靠这种精细化的流程控制来培养员工施工过程中认真、严谨的态度,提高员工素质,克服惰性、控制施工纰漏,强化链接,协作管理,从而保证工程质量,培养出一批批"规范"的德胜员工。

德胜公司认为所有的制度都只对君子有效。而对于小人,任何制度都将大打折扣,或者是无效的。因此,德胜公司的员工都努力使自己变成君子。例如,德胜公司要求员工都要做诚信的人,公司对员工出差的差旅费从来不实行审批制,而是由员工自己去财务室报销,从不需要领导签字,只要员工承诺会遵守公司的财务管理规定即可。这些年来,德胜公司真的没有出现过故意欺骗行为,因为德胜的员工都知道欺骗行为会给自己带来非常严重的后果,德胜的员工因此不断地提高对自己的要求,将自己塑造成诚实的君子。德胜就是靠这些人性化的制度来引导员工成为君子,公司以君子的氛围塑造员工,员工自然而然地也就成了君子。

再教育塑造"君子"员工。除制度这一举措外,德胜公司还采用教育举措,通过文化的渗透来完成员工素质、修养的提升。

2003年,德胜成立鲁班(休宁)木工学校,每年都会从周边农村选录一批农民子弟,经过两年的免费学习后可以进入德胜工作。进入德胜的每一个员工都会进管家中心进行"回炉改造",培训的内容多是打扫卫生之类的,如扫大街、擦玻璃、洗马桶和帮厨等工作。这些看似简单的工作却要求非常严格，比如擦玻璃要擦5遍以上，洗马桶的干净程度必须洗得要超过5星级酒店的标准。

德胜大力推崇这种"回炉改造"，目的是想利用这样的培训打掉很多人身上好逸恶劳、眼高手低、敷衍了事的习惯，从琐碎的小事做起，逐步养成认真、踏实的工作作风。

除了针对新员工有这样的改造学习，德胜还规定，管理人员每个月必须到基层代岗，代岗工作均为油漆工、砖瓦工这样的基层工作。无论是管家中心的培训，还是代岗制度，德胜都在潜移默化中将员工慢慢地改造成了真正的"君子"。

公平相待打造"君子"氛围。在德胜，领导的手机、邮箱都是公开的，任何职工对公司有看法或建议，都可以以短信、邮件的形式发给公司决策层。员工的任何提问都会得到反馈，公司对于员工的意见反馈会专门召开会议讨论，给反映情况的职工一个满意的答复。德胜公司对员工一再强调，公司与员工是一种契约关系，是一种健康的雇佣关系，只有做好本职工作，做出色的好员工，才可能行使更多权利，获得更好的报酬。此外，德胜还创造性地建立了听证会制度。当职工之间因为工作而发生了矛盾，关系得不到协调时，任何一方有权利申请召开听证会，双方来申述原由，由大家给予问题解决的建议。公司所有员工都在公开、公平、公正的企业文化下工作生活，长期的以诚相待也换来了员工对企业的忠诚。

德胜营造一种老实人赢天下的气氛，赋予有诚信的员工更大的实惠。鼓励先进，批评落后，淘汰不合格，逐层的考核标准为员工树立了努力的标准和方向，也约束、限制了偷懒、投机的行为。德胜的员工都努力做好本职工作，保证工程质量，朴实敬业的工作态度成为德胜的标志。

如此塑造成的"君子"员工，工作中有这样一种信念——"我实在没有大的本事，我只有认真工作的态度"，这样的员工不仅提升了个人自身素质及职业素养，同时提升了企业文化层次，提高了工作质量，加强了企业凝聚力，构成了不可复制的企业竞争力。

德胜的很多产业工人，甚至是白领，都是从农民工转变而来的。毫不

第四章 有效教育

夸张地说,他们都是经过了重重考验,才发生了脱胎换骨的蜕变。

公司为把员工打造成"君子",为大家提供了一个良好的改造环境。86页的员工手册是硬性的行为规范,除此之外,公司还营造出了有利于员工改变的软性环境。比如说,三餐的费用靠大家自觉投币,储藏间的物品不上锁,免费电话由员工自觉控制时间长短……公司对这些行为有明确的规定,但从不监督,而让员工自觉去选择。当然,一旦被发现违规,将会给予严厉的惩处。

诸如此类的选择在德胜有很多:办公楼、餐厅等地方有冰柜,里面的饮料可以随意拿来喝,没人向你收钱,全靠你自觉投币;宿舍、办公室的餐巾纸、洗衣粉、香皂等等免费提供给员工使用,但不可以私自拿回家;报销发票不用上级签字,全凭你个人的诚信。

德胜员工在这许许多多的小事情上,都会面临是做君子还是做小人的选择和考验,这种考验的结果怎么样?从德胜长期的实践结果来看,效果的确令人满意。德胜将所有员工塑造成了高素养、高品德的君子,他们坚持但不固执,温和但不软弱。

五、9个老员工与1个新员工

管理风格能够被划分为"理性"一类的中国企业，目前来看应该还不算多，而能够把"理性"和"人性"结合起来的企业，则可能更少。聂圣哲是把握人性的高手。9个"老人"带一个"新人"，而不是一个"老人"带9个"新人"，这个让人印象深刻的细节可以帮助我们对聂圣哲的管理哲学窥见一斑。

德胜洋楼公司实施师傅带徒弟的学徒制，聂圣哲不仅为自己公司培养后备手艺人，永葆洋楼制造出精品而殚精竭虑，也为中国制造业变粗制滥造为精雕细刻探索出一条传承传统手艺、创新现代制造的路径。

传统技艺传授是伴随着人类起源而产生的。原始社会的"原始群"阶段，由于自然环境荒蛮、劳动技术简单，技艺只能依赖族群的全体抱团边干边学边相传给后人。到了"氏族公社"时期的父系氏族内部，以父系为中心分裂成为若干个大家庭，各大家庭内部又分裂为若干个小家庭。至此，以血缘为纽带的氏族公社瓦解，代之以地缘为纽带的农村公社开始形成。以家庭为单位的私有制产生之后，生产技术和财产一起也就紧随家族世袭相传。随着劳动分工而积累的不同工种的技术及经验需要由父传给子。家庭如没有儿子，就会过继一个养子，养父会把技术传给为其家族传宗接代的养子。古巴比伦的《汉谟拉比法典》是迄今发现最早记载工匠收养儿子须向其传授技艺的法规，如果养父不传授，则又必须把养子还给亲生父母。这是学徒制的前身。我国也一直有"一日为师终生为父"的古训，现在还有师父与师傅两个词语在混用着。

第四章 有效教育

真正意义上的学徒制,是从必须有拜师学艺的契约规定开始的。从夏商到西周,由于手工业开始繁荣,各种手工作坊的分工已开始细化,形成了分门别类的手工业。春秋战国时期,社会发生了剧烈的动荡,各诸侯国心怀称霸之宏愿,铆足干劲图谋强大以便有经济、技术基础来厉兵秣马。所以,市场鼓励自由创业,形成经济上"百工竞兴"、思想上"百家争鸣"的壮观局面。诸如陶器、青铜器、木器、漆器工艺都达到很高水平。自由制造激活市场需求,从而催生工匠培养,引致各种手工技艺就由主要通过家庭世传逐渐演变、扩展为设学收徒、以师带徒的形式传承了。如鲁班、墨子等出身于木工家庭的工匠们以师徒制传授木工制作手艺。

我国几千年的历史长河中,手工艺精品层出不穷,学徒制在为其提供手艺人保障上功不可没!然而,古老的中国一路徘徊至今,伴随着老艺人原汁原味传承,而后靠新艺人继承之后千锤百炼、静心揣摩参悟才能有所创新。如果仅靠现在职业学校的办学理念和教学模式,离开了实践证明行之有效的师傅带徒弟的传授方式,要想培养出合格的工匠来,难之又难。

当然,学徒制也要吸收德国、日本职业技术学校培育技工的长处,按照陶行知的生活教育理念,在传授的过程中,做到做人与学艺并举,知行合一,这样才能培养出德艺双馨的手艺人。唯有大批产业大军绵延不断出现,中国制造才有希望屹立于世界制造强国之林!而德胜洋楼的学徒制度,吸收了中西学徒制度的精华:

学徒制学徒学艺试行条例

一、总则

为了在本公司恢复工业发达国家延续了几百年的、包括中国改革开放前的工业学徒制的做法,公司决定在细木工部等岗位有限地招收学徒学艺,渐渐恢复学徒制,以试图通过这样的方式,拓开一条培养合格新员工的渠道。

二、基本条件

希望在德胜公司从当学徒开始学一门手艺者,首先需向公司人力资源中心提出书面申请,经公司认可的员工考核通过及所申请部门经理的同意，在两位终身员工的担保下，方可按计划进入学徒岗位，同时必须具备以下条件：

1. 年龄在16~20周岁；

2. 没有吸烟、嗜酒、赌博、吸食毒品等不良嗜好；

3. 没有精神病史；

4. 没有接触性传染疾病；

5. 能吃苦耐劳。

三、纪律与约束

学徒在学艺期间，除要遵守德胜(苏州)洋楼有限公司的一切规章制度外，还要遵守：

1. 上班期间不得使用手机；

2. 离开学艺场所要向师傅报告；

3. 尽可能地为师傅提供勤务：端茶递水、洗衣叠被、打饭热菜等；

4. 对师傅要做到"打不还手，骂不还口"(人体伤害及违法的除外)；

5. 休息、休假时要提前告知师傅，并经过师傅的同意后方可离开；

6. 爱护劳动工具，下班前将所用的工具整理好并放回原位；

7. 每天工作结束时，把现场卫生打扫干净。

四、学徒期补助与发放标准

当学徒期间，公司按照其出勤天数给予学徒补助。学徒期为3年，出师以后学徒期的1/3时间计入工龄。

1. 第一年按照匠士实习及格标准发放；

2. 第二年按照匠士实习良好标准发放；

3. 第三年按照匠士实习优秀标准发放，但必须得到师傅的同意，且需要得到公司总督学的考核；

4. 以上三类标准以公司财务部门上一年度公布的标准执行，但年终采取补差的方式来补足当年新标准所产生的差额。

五、拜师、劝退与出师

1. 学徒学艺申请经公司审核同意后，由公司指定师傅，并举行一个简单的拜师仪式；

第四章 有效教育

2. 拜师后的前三个月为学徒犹豫期，在犹豫期内学徒可以根据自己的兴趣爱好改学其他手艺，但仅限调整一次。两次以上提出申请要换部门学其他手艺的(或提出换师傅的)，立即劝退；

3. 师傅认为此徒不可教的，立即劝退；

4. 辱骂顶撞师傅的，立即劝退；

5. 有两名同岗位的正式员工书面提出劝退建议时，立即劝退；

6. 撒谎三次以上(含三次)，立即劝退；

7. 经公司总督学全面考核，师傅同意，履行谢师仪式后即可出师；

8. 出师以后，即可转为正式职工，享受德胜公司正式员工的一切待遇。

六、试行与终止

该条例自发布之日起试行，直到新条例公布之日起终止。

学徒制确保了每一个学徒都有自己的师傅，从品行与技术上都有人来管教与引导，他们会因为尊重师长而能认真对待自己的工作。在师傅的言传身教下，学徒们能快速融入公司的管理氛围中来。但在德胜，并不是简单的师徒制而已。

9个老员工带1个新员工，这是德胜为推动管理的有效教育采取的最为有实效的措施。为了确保每一个员工都能在德胜的价值观下按德胜的规矩行事，公司必须采取措施让新员工们能时时处处了解到公司的文化氛围。制度的硬性规定相对面对面的教授有些强硬，那么集体的同化则如细水长流，不断地渗进新员工的心灵，不断地感染并影响着新员工的行为。

如何才能让新员工、新学徒被一种集体氛围笼罩包围呢？那一定是老员工的能量场要强过新员工，正能量要覆盖负能量，因此，老员工的数量要多于新员工。德胜经过仔细的研究与考虑，得出9个老员工带1个新员工的比例。只要有新员工加入，公司便会有意识地把新、老员工穿插在一起，确保新员工周围有不少于9个老员工，相当于一下子有了9个老师来带一个新生，在老员工队伍的同化与引领下，新员工很快就被打磨成了合格的优秀员工。

孟母三迁的故事告诉我们，处于一个什么样的环境将影响人的品性与

2011年10月,《教育家》杂志报道了聂圣哲办教育的历程

成长。为了确保老员工与新员工的比例,德胜严格控制公司的发展速度,以确保新员工的比例。公司牺牲发展,为的就是企业的稳定,员工队伍的精干。**速度慢并不可怕,关键在于公司始终在朝着一个方向不断地探索与前进。**

第五章　简单管理不简单

> **德**胜的成功，是因为永远面对现实，永远尊重事实。管理很简单，按制度办事，按程序执行，按计划行动。所以，德胜只考核过程，不考核结果；德胜只重品行，不重学历。简单管理并不简单，因为所有的制度、程序、计划都是在实践中不断验证与打磨出来的，所以，德胜规矩就是一种管理的艺术。

第五章 简单管理不简单

一、制度就是死规矩

德胜员工手册的封面上有这样的一句话:"一个不遵守制度的人是一个不可靠的人!一个不遵循制度的民族是一个不可靠的民族!"可见德胜对制度执行的力度之严。德胜在制度化管理方面,要求非常严格,规章制度很详细,小到刷牙、理发的次数都有规定。德胜要求每一个员工都要严格按照规定的程序及规章制度来办事,绝对不能有例外,制度就是死规矩。只要存在例外,那你就是德胜的敌人,就是德胜不欢迎的人。

有很多公司,制度规定得很详细,但执行起来就有差距了,要么不切实际,要么不执行或执行有偏差,因人而异,流于形式。这是中国企业管理最常见的问题。制度执行率与企业管理水平存在着正相关的规律,如果一个企业制度都执行到位了,那管理水平也一定不错。王石曾说:"企业最缺的不是制度,而是制度的执行。"张瑞敏也说:"制定一项好的制度不易,能够坚决执行则更重要。"

中国很多优秀的企业,制度执行率都非常高。有一个现象值得注意,即管理得比较好的企业当中,有很大比例的领导人是军人出身。在一次调查中发现,中国500强企业中有军人背景的总裁、副总裁就有200人之多。军人为什么会比一般人更容易管好企业,军人管企业有哪些独特的优势呢?因为军人有军令如山的纪律意识(制度就是命令),军人极其重视制度的执行,军人有抓制度执行的经验。

为了管理有序,提高工作效率,每个企业都有形形色色的各种制度,甚至于很多企业提出了向制度要效益的口号,实行制度化管理,但最终都无法落到实处。制定制度文件，并不等于制度化管理，制度没执行，等于一纸空文。企业制定制度一般有两种情况，一种是发现问题立马写制度，于是制度写得多，似乎面面俱到，而实际上却没有实效。因为制度的设计考虑得不周全，想一出是一出，拍着脑袋写出来的制度是无法得以执行的。另一种情况则是，制度的编制必须慢慢来，一项一项经过实践验证，经过大家讨论，将所有的死角都考虑周全，以简单易操作为标准，一旦制度出炉，就必须上下一致坚决拥护、执行。就算大家对制度有异议，也必须在先执行的基础上，大家再行探讨论证，在新的规矩没有出来之前，老规矩就是行动指南。对于德胜洋楼来说，制度就是死规矩，没有例外和通融的余地。如果你不能按公司的制度执行，那你的行为就得不到认可，你就会被同事们边缘化。

　　在制度执行方面，德胜公司欣赏傻帽精神，痛恨耍小聪明，制度一旦确定下来，就要求全体员工机械地、呆板地、僵化地、不折不扣地执行，一个字也不能改，要100%地执行。

　　实际上，定了制度如果没做到，这也是一种不诚信，是公司对员工的不诚信。说到做不到，制度的权威性就丧失殆尽，朝令夕改，员工对公司的制度就没有了敬畏之心，对公司也就没有了信任感。有制度没执行，这可能就是一家公司走向衰败的开始。

　　有位吕先生，虽是外面公司派来接受德胜培训的，但违反制度了，也照样受到了处罚。这位外来的吕先生屡次有随意离岗、擅自更改工作内容、上班时间躲起来吸烟、帮厨时看电视、工作态度不端正等不良表现，经管理人员与其谈话后，仍不思悔改。为严格执行制度，根除恶习，公司决定立即终止吕先生的培训工作。

　　2006年6月，一位干部因孩子突然发病，开车急着赶往医院，而他的驾驶证正在年检期间，属于无证驾驶，被交警处罚了。这还没完，公司还要对他再作一次处罚：

　　① 责成该干部认真学习《中华人民共和国道路交通安全法》及公司有

第五章 简单管理不简单

关驾驶的制度规定；

② 在公司对此事通报批评；

③ 罚款100元并写书面检讨。

在德胜，不管是否是公司员工，违反制度的行为一经发现、查实，就按奖惩条例100%执行，无一例外，甚至对管理干部的处罚，要比普通员工重10%。

以"禁止赌博"为例，这既是法律规定的，也是企业制度规定的，可是人们为什么会说"10亿人民9亿赌呢"？可见很少有人会因为打牌赌博被举报、被处罚。德胜员工除了春节三天允许打牌、打麻将外，其余时间不管是上班时间还是业余时间都不允许打牌、玩麻将、打电玩之类的。打牌、打麻将会被视同赌博，一经发现，立即开除或解聘，知情不报者也将受罚。

再以"禁止在工作时讲方言"这一条款来说，国内许多商业、服务单位都有这样的制度规定，但真正能做到这一点的非常少，在工作时讲方言被追究被处罚的就更少了。所以，你可以从中看出一般单位的制度执行率有多么的低。德胜禁止工作时讲方言的制度规定是说到做到，曾经发生过员工因在工作时间讲方言被处罚的先例。

为了工作的有序化运转，也为了制度的有效执行落地，德胜成立专门的程序运转中心，用来发布程序指令并监督各项制度和程序的执行情况。以时间为标点，早上7点的晨会雷打不动，可能6点58分会议室里的人还不足5个，但7点钟，员工们总能到齐，会议必定伴着负责人的热情问候准时开始，接下来是唱晨歌、分配任务、交流工作等。会议简洁高效，结束之后大家立刻奔赴工作现场。所有流程干净利落，没有人迟到，没有人废话，没有人对工作安排提出异议，没有人滞留议论，每个人都按原定的程序执行，效率之高，让人钦佩。

德胜公司也有违反制度的现象，但总的来说非常少。德胜公司所有的经济处罚的款项，都作为奖励基金，全部奖给遵守德胜理念、制度，表现出色的人。奖金通常比罚金高得多，公司每年年底都会公布全年经济处罚和奖励的金额。曾经有两位受奖励的人员中，一位是拒收合作单位的好处费，受公司表彰，并奖励1000元；另一位是在超市购物时对方计错，他主动将多出货物的款项退还给对方，也受到公司的奖励。

处罚方式最轻的是经济处罚，上班忘了带工号牌或笔记本，罚款20元，这种违规被处罚的人最多(其中新员工、实习生较多)，占被处罚人数的60%。更严重一点的违规，如未参加制度学习，违反安全规定者，除了经济处罚外，还责令违规者学习有关制度条款(并要求汇报学习情况)，在德胜公告栏通报批评，向全公司做出深刻的书面检讨。

处罚最重的是赌博、有意怠慢工作或工作不努力、不服从或顶撞上级等行为，处罚方式只有解聘或开除两种。

德胜员工守则强调制度化管理的不可替代性，同时坚决捍卫制度的不可侵犯。守则所制定的规章制度，详尽到了刷牙、洗澡、理发等日常生活细节、不得出入网吧等条文，要求每一个员工甚至管理层都要严格按照规章制度办事，初看之下，让人觉得十分苛刻而繁琐，似乎少了点人情味。但这正是基于对人性的深刻把握制定出来的，直击人性的劣根性。这些严格而琐碎的规定，是为了让员工们形成一种习惯，一种认真负责的习惯，从而慢慢地将优秀当成一种习惯，摈弃那些阻碍成长发展的劣根性。暂时的约束是为了更长远的发展，当这些约束变成一种日常行为规范时，最朴实的农民工就脱胎成了谦谦之君子了。这些详尽的条文绝不是可有可无的，德胜公司"长着民工的脸庞，却有着白领素质"的员工，就是这些"繁文缛节"合理性的有力佐证。**当制度的约束形成了一种良性循环，习惯成自然，自然成文化，文化就变成了一种战无不胜的力量。**德胜公司的文化认为，制度就是死规矩，只要制度规定的都必须严格遵守执行，在这样的文化氛围中，德胜员工为众多的企业树立了一个标杆式的德胜世界。

国有国法，家有家规。大到一个国家、一个民族，小到一个单位、一个企业，都必须有一个与形势发展相适应的制度。世间没有天生的君子，君子都是后天有效教育的培养结果。如果没有了制度与规矩的约束和警醒，人心就会涣散，行为就可能走偏，团队就会如同一盘散沙。德胜的坚守与崛起，正是坚持执行制度的佐证。**制度对于一个不自觉的人而言，或许是一种制约、一种束缚；而对于一个自觉的人来说，则是一种品德，一种修养。**

遵守制度是一个简单的管理举措，然而高效地落地执行却并不简单。

二、程序执行没有例外

程序对德胜来说,意味着全盘的指挥体系,意味着日常运转的中枢,意味着质量与品质的保障。聂圣哲说:"藐视程序的人就是德胜的敌人!"

程序运转中心是记录德胜全面、透明、公开、公平运营的一本活的记事本,它使得公司的工作正规化、有序化和标准化。编制程序,是程序中心的主要工作内容之一。程序中心还把诸如听证会、工程启动方案、工地训导会议、维修服务、接待访问等一些需要重复做的事情,都进行了总结、提炼,把它固化为操作程序。德胜程序中心是德胜公司为推行程序化管理而专门设立的创新管理机构。

程序管理是中国企业管理的一大突破,是提高工作质量最有力的切入点,而程序中心则是闻所未闻的管理创新机构。

程序相当于准制度,但又有别于制度。程序是对应每个工序的,程序是对一个或多个工序所规定的操作标准、方法、条件、规则、工具等作业方式,简单地说,程序就是对工序的操作方式的规定。对德胜来说,每一件工作都可以纳入程序,程序是工作效率与质量的保障,只要你严格按程序办事,你就不会出错,所以,程序绝无例外,只能一丝不苟地执行。无论多么优秀的员工,任何事你都必须按程序做,脱离了程序,再漂亮的结果都得不到公司的认同。

程序作业方式的规定,因不同的工序而异,但归纳起来有以下几种:

作业标准

这是对工序操作的时间、尺寸、距离、次数、数量、程度等的规定。

如沃尔玛的微笑接待的作业标准是"3米之内露8颗牙齿",德胜公司钉木板的作业标准是"每6寸钉一个钉子"。

作业方法

这是对工序操作的步骤、操作点、位置、力度、节奏、方向、辅助物、语言、态度等的规定。比如德胜摆梯子应该怎样摆才安全,关门时应该怎么关才不会闹出大响声影响别人(应先旋开门扣,轻轻拉上后再松开门扣)。

作业规则

如"红灯停,绿灯行";又如德胜同事见面要打招呼;办事之前要预约;给树打农药时,食叶类虫子(叶子有洞),要打"敌杀死",食汁类虫子(叶子枯黄),就喷"绿叶通"等。

作业工具、设备

什么作业用什么样的工具,旋空调里的塑料螺丝必须用专门的工具,不能随便用一把螺丝刀来旋;洗私人衣服,要用私用洗衣机,不能用洗公物的洗衣机;办公电话只能用于公务,打私人电话要用专为员工免费打私话设置的电话打,等等。这在德胜都有严格规定,违者会受到重罚。

约束条件

有些工序操作必须与另一操作联动,或以另一行动为前提,有些工序则以时间为操作前提。如空中跳伞,在离地面800米时,必须把右边的降落伞阀门用劲拉开,否则落到地上就变成一堆肉;驾车时,在启动之前,必须系安全带;处理煤气泄漏时,必须先开窗,严禁带手机和穿有铁钉的鞋子;汽车加油时不准吸烟和接打电话等。在德胜公司还有很多这种约束条件的程序规定,如程序中心每天晚上要汇总并通报管理人员和车辆明日动向;维修服务人员,在作业前必须读一遍操作规程;管理人员每天早上要读一遍本部门的周计划、月计划……

程序对每一个工序的操作标准、方法、条件、规则、工具等都进行明确的规定,就像一个详尽的指令书一样,按照程序一步步执行,你就能完美地将一件工作处理好。

第五章 简单管理不简单

许多企业都有自己的流程管理，但是只是流于环节而已，对于每一个环节的工作标准、具体做法却没有细致的规定，因而结果大相径庭，最后的结局就变得与计划的效果面目全非了。

德胜是一家严谨的企业，任何工作都来不得半点弄虚作假，因而对程序执行得更加严格，对程序的执行已经被列入公司是与非的管理高度上。

比如说，在门环，有一排"十字"螺丝，凹纹的指向都相同，排列得整齐划一。所有插座上的"一字"螺丝，凹纹也都整齐地一字排列。按理说，螺丝只要拧紧就行了，根本没必要在凹纹对齐上做表面文章，搞形式主义。但聂圣哲显然是要借此培养员工像德国工人那样，精细化地、严格地按程序、按标准做事的习惯，形成习惯才能保持工作质量的恒定和精益求精。

再比如钉木板，要求每隔6寸钉一个钉子，就不能在6寸半或7寸的地方钉。其实6寸半、7寸跟6寸，在牢固性上并没有什么区别，不会影响受力强度。但是，如果允许6寸半、7寸钉钉子，那以后就会8寸、9寸，慢慢地工作程序和标准就会被践踏，形同虚设，公司的生存就会受到影响。

木工学校的学生在做课堂作业

张瑞敏说过，中国企业里最麻烦的一个问题就是，对某规章制度或标准的要求，今天领导正盯着员工们、正重视时，每个人都能达到要求，一旦管理层的眼睛没往这儿盯了，立马有人松懈下来，于是规矩不再，大家各行其是，制度有如虚设。这不仅是中国企业遭遇的最麻烦的管理问题，事实上是每个企业都正在头疼的日常问题，中国人太喜欢自作聪明了。如果你训练一个日本人，让他每天把桌子擦6遍，他一定会日复一日坚持这样做，而一个中国人最开始会擦6遍，慢慢地觉得5遍、4遍也可以，最后索性不擦了，于是桌子布满尘埃而没人管理。

德胜对程序的执行态度是始终如一的，对程序化的热衷是不断推进的，德胜恨不得将每一件事都纳入程序管理之中，这样一来，标准化、精细化就会融入进程序之中，对员工与产品的管理就变得相对简单了，只要根据程序要求就可以检查出一个员工的工作是否合格，员工自己也能判断出自己做的工作情况如何。

程序化最大的好处是让工作质量保持了一种恒定，而德胜对程序执行的严格监管，又让程序化管理发挥了持续的作用，慢慢地变成了员工的一种行为习惯，并影响着日常的工作行为。这种影响丝丝入扣，每一件小事都能体现出程序化的魅力来。

《德胜管理》的作者有这样一段回忆：

波特兰小街的门卫，对每辆进入小区的车辆驾驶员，都要说一句"你好！请慢点开，里面有孩子。"这是规定的程序，德胜人十几年来一直坚持不懈地执行。我好几次坐赵雷的车去波特兰小街。赵雷已是入职多年的老员工了，我想门卫对他说过上千次那句话，可每当我们开车到门口时，门卫还是要对赵雷说一遍，而且每次都像是第一次说的时候那样认真，有底气，一点儿也不觉得可笑和多余。

还有一次，我跟程序中心的一位员工到波特兰小街，门卫走过来对驾驶员友好提示："你好！请慢点开。"同行的员工马上说："还有后半句怎么不说了？"门卫笑着回答："今天里面没有孩子。"原来，门卫值班员已经登记过，当天所有的孩子都外出上学去了。

第五章 简单管理不简单

有一次，房屋里的空调出了一点小问题，员工以为是产品本身的质量有问题，聂圣哲亲自进行检查后说："我不能同意任何人对GOODMAN的产品质量提出任何异议。因为我查过了，它已经连续三年被美国评为最受欢迎的空调。你在旋塑料螺丝时，如果用旋铁螺丝的方法来旋是不行的，什么样的材料要用什么样的工具，这是有严格规定的。不是想当然地去旋一个ABS的螺丝。那个塑料螺丝要用专门的工具去旋，而不是随便用一个工具去旋的。这个工具是要加工的。"

这就是德胜追求的过程合格，按程序做事。连旋螺丝的工具，都要如此讲究，如此严格，如此注重过程和细节。

对于程序管理的严格，不只是对于在公司工作的员工进行了如此标准化、细致化、精准化、制度化的强制规定。聂圣哲还对木工学校的学生强调，工地上是按8小时工作计算的，把一块烂木板钉到墙上，跟钉一块好木板到墙上并没有工作时间上的差别，但是你把烂木板钉上，你就是一个懒惰的人。没有按程序做事，你就是一个黑心的人，没有对客户负责任。不走程序，不选择好木板，就是想走捷径，就是想偷懒。所以，你违反了程序，你必须接受公司最严厉的惩罚，直至解聘。

对于程序的执行，没有例外，没有法外开恩，也不容许任何人以任何理由来阻碍程序的执行。上司不能要求下属不按程序做事，客户不能要求公司不按程序做事，员工更不能不按程序做事。德胜宁愿牺牲工期、多花材料费用、多耗工时，也一定要按程序做好每一道工序。在程序的管理上一旦松开了一个口子，就算是容忍了某一个螺丝钉的偏离，就会带来千千万万个螺丝钉的不合格，那一幢房子就会毁在这些对程序的藐视上。对产品的轻视意味着做人价值观的偏离，这样的员工，这样的企业，怎么可能托举起德胜价值型企业长远发展的目标呢？

德胜建造的是房屋，不是精密行业，但聂圣哲怀着一颗要打造精品的心。对聂圣哲来说，做企业就是做人，必须堂堂正正地做人，不仅如此，还要坚决地消灭中国人性格中的劣根性，为社会生产出精致的木质别墅的同时，生产出更多的谦谦君子，这才是一家企业对社会最大的担当，也是德胜的创业初衷。

这是在德胜真实地发生过的一件事，小中可见大，让我们看看一位德胜员工是如何严格按程序办事的：

1月24日一上班，石娟小姐(英文名J.J.)跑步来到我的办公室，这位心直口快的人此时以比平常快两倍的语速告诉我说："一位租住户问我们一个问题，为什么他们回欧洲过圣诞节期间，12月份的账单上却有比以往更高的电费存在？并且还怀疑，是不是他们不在时公司安排有其他人居住在他们的房间里。"

这可是一个非常严肃的问题。因为它不单单是电费的问题，更重要的是它关系到公司的声誉问题。住户不在时，公司怎么可能会有其他人员去住宿呢？这一传闻让别的租住户听到了那还了得！

波特兰小街的洋楼自出租以来，一直有外国住户主动登门求租，而且始终处于供不应求的态势，这样良好的口碑是靠公司长时间地对租住户提供优质的服务树立起来的，但有损波特兰小街声誉的言行我们时刻都要加以提防，往往一些恶语会像瘟疫一样不胫而走的。本来住户的问题在任何时候都是不能马虎或当做小事去处理的，何况这么严肃的问题摆在我们面前，我们更应理所当然地认真对待和处理。

按照提前做好的调休计划，石小姐开始休年假。临走之前，她委托我处理这件事。事不宜迟，我赶紧拟写好了一份回函稿。但写好后，我总觉得自己写出的是蹩脚英语，于是在28日大年除夕上午一上班，我利用MSN，急忙将草稿发给了远在美国的韩董，请求她帮我修改一下。

二十多分钟后，韩董就修改好了文稿，并发给了我。收到后，我立即打印出来签上名字，并装入提前打印好的信封里。

回函的内容如下：

Jan.28, 2006
Dear Alice:
Happy Chinese Lunar New Year!

第五章　简单管理不简单

Ms J.J. had me answer the question you mentioned earlier about the usage of the electrical power for the bill of Dec., 2005. I have specially asked our colleagues in Tecsun about it. After investigation, I understand the situation. Here I'd like to explain to you why there still is an amount of electrical power listed on the bill.

1. We have made sure that the air conditioning system in your house was still switched on at rather low temperatures while you were on your trip.

2. While you were gone, we found that the out-door machine of the air-condition system of your house got frozen, so our technicians checked the air conditioning system twice according to our General Maintenance Guide.

3. It is absolutely impossible that we allow somebody else to live in your house while you were gone. We guaranty that nobody ever lived in it when your family was in Europe. We only allow our security-guards and technicians to enter in your house if there are any security issues or work to be done. Allowing other people to enter your house to live in is illegal and we have never done that and we will never do.

For any further questions, please feel free to call me.

Best regards,

BUDDY ZHAO 138××××××××

Housekeeping Center

SIP Best Eastern Property Management Co., Ltd.

全文的大意如下：

尊敬的爱丽丝太太：您好！

　　春节快乐！

　　J.J.小姐委托我答复您早些时候提出的有关2005年12月份电费账单的问题。就此情况，我专门询问了一下我们波特兰小街的同事们。我已经查明是什么原因了。在这里，我想向您解释一下为什么账单上仍然还有电费的问题。

1. 在你们返回欧洲期间，我们确信您房屋里的中央空调始终以较低的温度开启着。

2. 你们不在家时，我们发现户外空调机器设备有结冰现象，按照空调维护指南的要求，我们的技术人员先后两次对其进行了正常的维护。

3. 你们不在家期间，我们绝对不可能允许别人入住在你们的房间里，这一点我们向您保证。如果有安全事故或需要紧急处理的工作程序时，我们仅允许我们的保安人员或专业技术人员进入您的房间。允许别人入住您的房间是违法行为，我们从来都不会这样做，我们也将永远不会这样做。

您诚挚的

赵雷 138××××××××

管家中心

苏州工业园区好东客栈物业管理有限公司

2006年01月28日

除夕这一天，恰好程甜忠先生要给这家租住户安装他们自己从欧洲带到中国来的灯具，与这家住户的太太事先约定好后，我带着这封信函，与程甜忠先生一起去了这户人家。

我首先郑重其事地把这封信交给了房子的女主人，其他一句多余的话也没有说。我也懒得向她说什么，因为我觉得她太伤我们的自尊心了——她居然会对我们有这样的猜测。但我仍与平常一样，一如既往地为他们一家做好一切服务工作。经过我鞍前马后的协助，程先生终于为他们安装好了灯，我还为他们家做好了其他相应的服务工作后才回到了家。

因为这位太太一直没有再向我们打来任何有关电费的咨询电话，我有一种快刀斩乱麻的感觉。也因为澄清了一桩压在我们心底的无端猜测，我过了一个非常舒心的年。

2006年2月28日，我们正在参加战略发展会议时，石娟又悄悄地告诉我说，爱丽丝生气了，原因是她说我们的清洁人员没有按照她制定的工作

第五章 简单管理不简单

计划清洁卫生。

石小姐明显有些着急。我告诉她说，她生气是出于她个人的感情，按照我们的工作程序做是永远没有错的，公司制定的做事原则我们是永远不能改变的，我们要始终如一地坚持我们公司的原则。我们处理问题不光是她一个人的问题，我们的原则是针对所有租住户的，任何时候我们都不能抛弃我们的做事原则。

两个小时后，我和石娟打电话向爱丽丝太太询问此事时，令我们感到万分惊讶的是她竟然一反常态，反复向我们表示十分的歉意。

原来，问题的症结出在这位太太几天前给了我们一个计划表，是她一厢情愿地做了一份仅适用于他们一家人的洋楼清洁计划表，这种完全有别于其他住户的做法我们当然不可能随便就答应她。

收到这份自行制定的计划表后，石小姐很快就给她回复了一封函，明确告诉她我们公司不可能按照她的计划全部做事，但同时在尽量满足她的要求的情况下，专门为她一家人重新制定了一份卫生清洁计划，迅速就交给了她，并且请她尽快回复我们。但没有想到的是她竟然贵人多忘事，把我们的回信放置到一边，压根儿忘得一干二净，始终没有给我们任何回复。按照公司的规定，在没有以任何形式接到客户的回音之前，我们仍然按照以前的工作程序安排员工的工作。因此，本次失误完全是由爱丽丝太太自己引起的，而要说我们有工作疏漏的话，至多是我们应该事先问一问她是否同意我们修改过的计划表后再来安排员工的工作而已。

这两件数年前发生在住户身上的事，后来有些德胜员工也碰到过，但大家都妥善地解决好了问题。事实上，在实际工作中我们无需为怀疑和误解而裹足不前，只要我们时时保持我们一贯的、固有的做事原则，一切都按照我们既定的工作程序去办，哪怕别人有怀疑或产生些许误解，那也是暂时的，更何况我们做得有理有据，怀疑和误解的人终究自会无话可说。

三、所有的计划都能实现

德胜公司的职能部门，在工作过程中会制订很多的计划，如果每周都制订一次计划，一年就有50多个周计划。相比之下，一般的企业可能只制订年、季、月的计划，更关键的是，那些月、季、年度计划极有可能毫无进展，拖至下一个计划周期，甚或就此搁置，不了了之。但德胜不一样，**德胜从不打无准备之仗，每一项工作都要纳入计划，每一个计划都经过前期的研究与调查，都仔细进行分析，只有能完成的工作且必须完成的计划才会被纳入工作计划之中。所以，在德胜，所有的计划都能实现。**这在全中国，恐怕只有德胜这一家企业敢说这句话。为了确保计划的实现，除了提前的演练，德胜还要求管理人员每天早上要读一遍本部门的周计划、月计划，目的是督促大家按计划行事。

程序中心是最具德胜特色的部门，在程序中心，你会发现三面墙上都挂着各种周、月计划、各工地动态，干部、司机明日动态和其他信息，靠边的一张大板桌上，放着一堆堆工作记录、计划和各种表格。以前各工地是执行长上、下午各停工检查一小时，值班长每天巡检一小时，工地每晚开总结会，然后各工地将每日总结会上的情况传真给程序中心。但现在改了，只需要将存在的问题或不正常的情况传给程序中心就可以了。这种情况的变化是因为大家都明白了，在德胜，计划制定了就必须实现。所以，在计划制定之前大家都做足了前期准备工作，后期只需要按程序及计划节点执行即可，其间没有例外也就无需情况汇报与总结了，相关部门与领导只要看到计划就能了解到工作的进展情况，**一个程序中心就解决了上通下**

第五章 简单管理不简单

达的所有问题。只有当存在突发问题或不正常情况时，才需要马上反馈到程序中心来，反馈的目的是为了解决问题，所以当日一定要及时上传，程序中心收到异常信息就会传达到相关人员处，所有人会为此第一时间了解到情况从而第一时间解决问题，确保计划按时保质保量实现。

在每个计划执行的过程中，各部门可以根据其他部门的周、月计划，以及各工地执行动态来安排协调工作，可以不需要指挥调度中心提前进行衔接配合。另一方面，监督检查部门、公司决策层也可以借此掌握全公司计划执行状态的反馈信息，从而对执行偏差进行反馈调节和纠偏，保障计划执行的每一道程序都顺利进行。

以下是在德胜实习的吴春兰记录下的督察长姚百灵的工作状况，我们可以从中看出德胜员工对待计划的工作是怎么做的。

在与姚督察长一起工作的几天里，我被他的认真、专业所折服，无论哪个房型的洋楼，他都能掌握得很准确，每天穿梭在房子之间，手上始终拿着一把卷尺和一个装满图纸的文件袋。他的工作方法是当天就计划好次日的检查内容，分为重要部分、主要部分和次要部分，思路很清晰。我每天跟他到工作现场，从制度、质量、安全方面进行检查，不放过任何一个细节。

比如垫层浇好后要依图纸划线，并绑钢筋，这看似简单的工作也容易经常出错。门、空调口、管道口要与图纸上的数据分毫不差，否则就会影响主体工程。在检查中发现3#、14#、35#的线都划错了，是姚督察长仔细检查出来并重新划线矫正的。

我不无感慨地问姚督察长："假如这些问题你没有查出来，那将会是什么样的结果？"他满怀自信地回答："没有什么问题我查不出来，做督察工作有四个要求：第一要业务熟悉；第二要认真负责，坚持不懈；第三要坐镇第一线，按计划不停地查，获得信息；第四，出现问题及时找相关负责人来解决，在质量问题上没有商量的余地。在德胜，没有工作是不能完成的。"

姚督察长朴实的话语把德胜人的工作心态表达得淋漓尽致，这也是德胜所有员工工作态度的印证。在德胜，所有的工作都按程序执行，所有的计划都能实现。

2004年8月22日，第7次战略发展会议上，聂圣哲首次提出要搞程序化管理，公司要成立程序管理机构——程序中心，以便于及时掌握程序执行情况，及时发现问题、解决问题。经过多年的努力，程序中心不仅使德胜的工作趋于规范化、标准化，同时更对每一个工作计划进行了监督，促进了所有计划的按时完成。通过程序中心，我们能知道全公司第二天所有人员的动态、车辆的动向、第二天的天气情况等最为实用的信息。

除了程序中心的监督和规范，在德胜的咖啡屋里，有这样两个表，一个是"管理人员明日动向表"，一个是"公司汽车明日动向表"，这两个表的存在意义非同一般。首先，高层领导可以从表中一目了然地掌握所有管理干部的工作动态、所在位置、返回时间，既有利于干部工作的计划性和协调性，也有利于快速有效地调度使用干部，把握全局。其次，这个表对于中基层干部和员工，也很有用。知道了有关干部的动向，有些需要衔接配合的工作事项可以得到及时的、经济的对接，或者可以事先作出妥善安排，这会给工作联系和衔接带来很多方便，保障工作的顺利进行。

首问制是很多公司都在推行的管理制度，德胜对此要求更为严格。德胜还要求每个员工随身携带笔记本，同事之间的信息反馈、顾客意见反馈，要求100%记录、传报、解答或落实解决。就算接到的是与自己无关的电话，也必须确保第一时间通知到相关人员，并确定对方已经处理了相关事宜。这样做的好处是培养了每一个员工的责任心，让大家对于与公司有关的事都不会置之不理，都会当成分内的事，从而能自主自发地热爱自己的工作，积极促成工作计划的实现。

所有的计划都能实现！这不是大话，是实实在在的承诺。是员工对工作的承诺，是德胜对客户的承诺。为了这一承诺，德胜不仅采取了诸多措施来推动计划的执行，更重要的是，培养了一批将计划当成责任的员工，他们的行动力确保了计划的圆满落地。

四、认真，是考核的唯一标准

比别人认真一点，这就是德胜的竞争力！

德胜要求员工们要"诚实、勤劳、有爱心、不走捷径"，如何才能实现对这一核心价值观的认同呢？"认真"是让这一价值观落实的唯一方法。公司提倡做老实人，要求每天都默念这句话："我实在没有什么大的本事，我只有认真做事的精神。""认真"成为德胜对员工进行岗前培训的唯一内容，也成为德胜考核员工的唯一标准。**德胜认为，勤劳、敬业的工作态度远比丰富的工作知识、出色的能力更为重要，而勤劳的最佳状况，就是"认真"二字。**

对于每一个新入职的员工，德胜都会安排他们进行3~6个月的岗前培训。与众不同的是，德胜的岗前培训并非与本职工作有关的制度、程序、技能训练与学习，而是接受管家中心安排的清洁、帮厨、园林绿化等杂务工作，这些看起来不起眼的杂事，似乎人人都会做，但把这些工作做好、做到位却并不简单，有人敷衍了事，有人细致认真，每个人都会将自己的处事态度表现得淋漓尽致。在德胜看来，这些事最能考验一个人的品性与工作态度。所有的技能都可以经过后天的教育获得，每个人在德胜都可以找到适合自己的岗位，所以，能否进入德胜的门槛，不是你的学历、技能、外表，而是你的品行与工作态度。你是否能认真地对待所有的事情？这是培训的唯一考核内容。**拥有了认真的态度，没有做不好的事情。**

岗前培训工作标准极高，以室内清洁来说，它要达到5星级标准，甚至还高。没人住的房子，也要清扫得一尘不染。卫生间镜子和水龙头上不能有水迹，要发亮。卫生间里不能有一根头发丝(五星级酒店也难达到此标准)。马桶要清洁得里面的水可以喝(有一次聂圣哲叫人将马桶里的水装一杯去化验，看和自来水是不是一样干净。后来，化验结果果然和自来水一模一样)。

擦灰尘的，除了每天擦门窗外，还要把每一住户的信箱、路牌、广告牌、园内每把座椅、桌子都至少擦一遍，即使没灰尘，也要天天擦。先用湿布擦一遍，然后再用干布擦干净。

清除垃圾的，连垃圾袋怎么换，垃圾桶怎么摆好看，都有教官一一细致的指导。

认真等于按程序做事。在德胜每做一件事，教官都要求受训者严格按程序做，就连洗个马桶也有程序。清洗马桶有6个步骤：

一倒——在马桶内上沿均匀地倒一圈"威猛"洗洁剂。

二泡——让洗洁剂浸泡10分钟，此时可先擦马桶的隔离门、洗手池等。

三刷——用毛刷刷干净马桶。

四冲——放水把马桶冲干净。

五湿擦——用湿布将马桶内外及踏脚处擦一遍，放刷子的底座内的水也要擦干净。

六干擦——用干布把马桶外围及桶内水线以上部分的水迹擦干。

一屋不扫何以扫天下？当一个人能将清扫这样的小事做到极致时，他就能以更加认真的态度来对待其他工作了。岗位培训的认真繁琐，是为了上岗以后能同样认真地、一丝不苟地执行程序、推动计划、做好工作。

以下是两个德胜员工的培训日记：

"忙碌的一天就这么开始了，教官先带着我们去检查109号样板房。样板房很干净，我觉得一切都很好，但教官却告诉了我们很多细节和问题，有些甚至小到一颗钉子的朝向，检查完后我们便去取工具开始学习擦凉亭、长椅、广告牌等等。教官一边仔细地擦，一边告诉我们很多要注意

第五章 简单管理不简单

的地方,说得很仔细,有很多平时我觉得不需要打扫的地方,其实都要擦的。总之,比我想象的要繁琐得多,但教官还是很仔细地擦着,我们只是在笔记本上记着,都流了好多汗。原来不大的一块地方,有那么多东西要擦,有那么多细节要注意,一圈下来,我们的脚都走痛了。后来我们又去看教官打扫样板房的厕所,知道了如何擦马桶,教官说,即使是马桶也要一丝不苟地擦干净,要比五星级饭店的马桶更干净。只是一上午,我就觉得快累趴了,我开始佩服教官和德胜员工们了。"

"今天是6月2日,不知不觉,在紧张而忙碌的工作中,来德胜的日子已过去了三天。昨天,也就是6月1日,中午午休后,我按时来到车库等待教官分配下午的工作,教官让我用室内专用的小毛巾去擦健身房,然后叮嘱我不要拿错了,室内外的抹布一定要分开,于是我将擦室外广告牌的毛巾拿出来,不注意将其遗落在了车库的钢架上,就去健身房打扫了。

所有的工作完毕,在清理清洁用具时,我发现那条破了个洞的室外专用毛巾不见了,我如实报告了教官,教官听了后,很认真地详细询问我,曾去过什么地方,做过哪些事情,能不能回想可能遗落在什么地方,我一一做了回答,教官亲自跑到116号楼我们刚刚打扫的房子,可能在的地方、宿舍、旧岗亭、西餐厅都找了一遍。我心里想:一块已经破了的抹布,至于吗?值得费这么大的劲吗?就算丢了,再拿一块就是,真是小题大做。

后来,教官耐心地告诉我,一块小毛巾并不重要,但如果随便落在显眼的地方,被客人看见了,客人就会感觉我们的工作不认真,影响不好,这时,我才恍然大悟,教官要这么努力去把小毛巾找回来,这是一种认真工作的态度。

所以今天早上晨会时,我主动在会上说明我的小毛巾丢了,如果有人看到,请帮我找回来,一位热心的管家中心的职工急忙回答我,她在车库里捡到一块小毛巾,并让我确认,果然是我那块破了一个洞的小毛巾。它的失而复得,让我如获至宝,因为它说明了德胜人认真工作的态度。"

德胜的培训,就是通过这么细致的工作,培养新员工认真按程序做事的态度。德胜的培训，表面上看起来简单、重复，没有多少技术含量，也拿不上台面，因此，有些来实习的大学生不能理解其中的微妙之处，认为这种培训学不到什么东西，体现不出大学生的价值，干这种简单劳动，枉费了大学四年的教育，对此嗤之以鼻，很不以为然，对于这一类自大的实习生，他们一般很难认真地做好岗前培训的工作，大部分提前丢盔弃甲自己跑了，这样的人德胜从不挽留，德胜只欢迎能认真按程序做好自己手中事的员工，能认同德胜价值观的员工。

德胜的培训在国内是别具特色的，没有第二家公司愿意把时间浪费在与专业无关的培训上。但德胜自有一套理论，"磨刀不误砍柴工"，态度认真了，什么样的专业技能都能攻克。今天的德胜能在本行业做到无人匹敌，能让那些美国人、德国人都由衷地表示佩服，并非德胜有先进的技术，而是因为德胜有"认真"的精神。人只要一认真，就会严格地执行标准、程序，就能将每一个细节都做完美，这样认真的员工造出来的别墅能不让人钦佩吗？

"世上无难事，只怕有心人。"这是中国老话，德胜深谙此道。何为有心？有心就是对一件事情的持续专注，就是对一件事情的完全投入，也就是一种"认真"的态度，一种"不走捷径"的态度。在物欲膨胀的今日，人们早已抛弃了中国文化传承之中的"认真"二字，这正是劣质产品横飞的原因，利欲让人们蒙蔽了心门，德胜就是希望重启这一美好人性，让"认真"重新回到员工们的身上。事实上，"认真"不只是一种美好品德的回归，更是德胜能够坚挺地发展的关键因素，是德胜品质的保障。

比别人认真一点，这是德胜的核心竞争力。比别人认真一点，让德胜员工脱颖而出，让德胜品质无与伦比。**态度决定一切，认真了+尽力了=客户满意了**。认真对待每一个细节，尽力做好每一项工作，你没有做不成的事。人是要有点精神的，不管做什么事，都需要认真负责，德胜始终把这一点作为座右铭。

第五章 | 简单管理不简单

五、这里没有腐败与官僚

人类群集的地方，就容易滋生腐败与官僚。国家不断地加大力度反腐，企业也在内部反腐反官僚，但是，千百年来，腐败屡禁不止。三年清知县，十万雪花银。人们追逐权欲，为的都是利欲。有没有哪一家企业敢理直气壮地说，我们这里没有腐败与官僚？我们的员工从不接受贿赂？我们这里一切按君子之交淡如水来处理人际关系？有，就有一家，那就是德胜。

有这样一个故事：

欧尚超市是苏州工业园区一家外资大超市，德胜公司是这家超市的采购大户。有一次，超市管理人员发现有一笔资金去向不明，于是开始追查。部门业务员说，这笔钱作为回扣给了德胜的采购人员。超市老总当即肯定地说："你这是撒谎，如果你说是别的公司收了回扣我会信，但你说给了德胜的采购人员，我无法相信！德胜的采购人员不可能会收回扣的。"

经过事后的调查发现，果然是这个业务员自己贪污了这笔钱。超市开除了这名员工，给德胜的采购员程桂林还回了清白。

在德胜，这样的事情不胜枚举：

近日，我在公司附近的加油站加油。因为常来这儿加油，都知道我们一般要加几号油，加油要开发票的习惯。

这一次，我加100元的汽油。一位女工正给我加油时，另一位新来的男工拿来了一张发票给我,说:"这是120元的,你拿去报销吧。"这时,那位女工急忙抢着说:"你搞错了,他是不会要你多开的发票的。他们公司的人来加油都是一个样,从来不会多开发票的。"那位男工只好重开了一张100元的发票给我。

加油站女工的一番话,使我心里暖洋洋的。我为我们公司的员工在他们心中树立的良好信誉感到由衷的高兴和自豪。

德胜将"诚实"列入了价值观的第一位,对员工要求绝对的诚实,做对公司有好处的事,坚决拒绝一切贿赂行为。**德胜坚守自己的立场,不仅教育员工不能收受贿赂,作为一个独立的经济体,德胜也坚决拒绝行贿行为。**对于那些要靠行贿才能取得的项目,就算利润再多,德胜从不染指,对于那些有此行为的企业与个人,德胜也会坚决地拒绝与他们的合作。

在《员工基本职规》中,第18、19条明确规定:

员工须与客户保持一定的距离。未经上级批准,不得宴请客户,不得给客户送礼(包括敬烟)。公司只以认真的工作作风及向客户提供高品质的产品和服务获得客户的尊重。

员工不得接受客户的礼品和宴请。具体规定为:不得接受20支香烟以上、100克酒以上的礼品及20元以上的工作餐。

《奖惩条例》与《采购规则》中亦有类似规定:"私做交易而谋求非法收入的,开除。""在采购过程中,坚决禁止向供货商索要钱物,不准接受宴请。"

德胜将拒绝腐败明确地写进了自己的规章制度中。为了确保拒绝收受贿赂,德胜将《与主合同不可分割的反腐加押附件》作为主合同的必须同时签署的条款,对构成腐败的行为做出了明确的规定,对腐败的具体惩罚高达合同金额的30%,其威慑力不可小觑。除此之外,德胜每年都会给供应商、客户发反腐公函,以将腐败的任何萌芽提前掐灭。

第五章 简单管理不简单

致供应商的反腐公函

尊敬的_____供应商：

我公司是美国联邦德胜公司(Federal Tecsun, Inc.)在中国设立的独资企业。现因生产需要：①已经②决定从贵单位采购_____，为了更好地保持我们的合作伙伴关系，现将我公司的有关规定通知如下，请协助并遵守。

(1) 不得向我公司人员回扣现金；

(2) 不得向我公司人员赠送礼物；

(3) 不得宴请我公司人员(工作餐除外)，更不得请我公司人员参加任何形式的娱乐活动；

(4) 如我公司人员索取回扣或物品，请立即通知我们。如调查属实，我公司将给予举报人员适当的奖励。

请贵单位在处理与我公司人员的关系时，以简单、透明为原则。在与我公司的商业关系中不可夹杂有任何形式的腐败行为，否则：

(1) 我公司将取消贵单位的供应资格；

(2) 我公司保留追究贵单位法律责任的权利。

让我们相互协作，为建立健康、公平的商业秩序而努力！

特此致函

德胜(苏州)洋楼有限公司法规部

年 月 日

如贵单位能将以下表格填好并寄回我公司，我们将不胜感激！

姓名	职务	时间段	是否索取过回扣及物品	是否收取过回扣及礼物	表现		
					优	良	差

单位公章：　　　　　填表人姓名：　　　　　填表时间：　年　月　日

德胜不厌其烦，每年都会定期向客户、供应商寄发《反腐公函》，时时警醒员工和供应商，不要违规，否则后果很严重。德胜要的是一种简单的、纯净的商业合作关系。

对于一些实在无法拒绝的礼物,德胜该怎么处理呢?下面是一则关于礼品处理的简报:

礼品收受情况简报(简:2014第XX号)

2014年X月XX日,公司XXX先生去上海某单位办理业务,事情办完后该单位业务经理热情地赠送了1个水晶玻璃杯,表达新年祝福。XXX先生婉言拒绝,但盛情难却,收到礼品后遵守德胜反腐程序,将礼品上交公司统一处理。处理办法:公司择日召开礼品拍卖会,公开处理该礼品,成交价款将全部捐给某教育基金会,支持中国平民教育事业。

程序中心
2014年X月XX日

在德胜,这样的《礼品收受情况简报》每个月都有,公司利用礼品拍卖会的方式,既让送礼人有了面子,也让员工们得到一些实惠,最后将礼品变成了爱心基金,让更多的贫困儿童受益,一举多得,这是德胜独创的反腐模式。

一般来说,腐败都是来自权力,有权力就有了腐败的温床。为彻底反腐,德胜不仅建立了这些反腐制度,还专门设立了法规部、督察部以及奖惩部,牵头来处理涉及腐败的相关事宜。除此之外,德胜还建立了个人信用体系,对于那些诚信的老实人,会在德胜赢得所有人的敬重,德胜从不会亏待诚实的人。

德胜是坚决反对官僚文化的,德胜鲜明地提出:员工不是企业的主人,同事之间是简单纯洁的同事关系,每一个管理者都要成为下属的好秘书。这就意味着,在德胜,同事之间是平等而单纯的,没有权威,没有专制,只需要按程序与制度做好对公司有好处的事情就对了。

对于官僚主义,聂圣哲深恶痛绝,他多次在公司会议上强调"彻底地反对公司官僚文化"。因为官僚主义与腐败是一对孪生兄弟,放任官僚文化的滋生就等于给腐败铺就了一张温床,就没有人愿意脚踏实地、不走捷径地做事了。因此,德胜的每一个人都要行动起来反对官僚主义,只有如此,企业才能健康发展。

第五章 | 简单管理不简单

为了防止官僚主义的产生，德胜在所有管理人员的工牌上都标刻有一句"我首先是一名出色的员工"，让管理人员时刻不要忘记自己也是一名员工，和大家都是平等的；公司要求管理者每个月都要去一

聂圣哲在位于咖啡屋的办公桌前办公

线代岗，亲自体验一线的工作；在公司，员工们不用叫老板"聂总"，可称呼他为"聂先生"、"老聂"；公司没有总经理办公室，领导们都在公司的咖啡屋办公，和员工之间零距离接触；任何人都可以随时给老板打电话，汇报工作、提建议、反馈问题，并且都会得到及时的反馈；在千余员工的德胜，脱产的高管只有13人，公司没有副总，只有负责各项事务的经理们，省去了诸多管理的环节；在德胜，运营总监等关键岗位不能连任，每年都要实行选举；听证会制度有效地防止了权力的泛滥；公司极力推崇平民教育等，这些都是公司采取的防止官僚主义的有效措施。

公司制订了诸如《权力制约》《同事关系法则》《年度运营总监选举制度》等文件，配合公司的具体反腐反官僚主义的动作。

我们来看一看德胜的《权力制约制度》，看看德胜是如何约束官僚行为的：

权力制约制度

1. 总则

没有监督及制约的权力必定是腐败的权力。一个公司的管理者包括最高决策者的权力如果没有相应的制约，而只靠道德或觉悟制约，最终必将导致公司的破产。实践证明，没有哪一个人的道德是永恒的。

在日常管理及运营中，德胜公司结合部门设置和工作特点，强调法规部门、程序与督察部门、行政部门的地位平等并相互制约。法规部门、

程序与督察部门对违背公司价值观和程序的行为，有严格监督和调查的权力，但不干涉公司运营中的具体事务。各职能部门在运营中不能违背公司的制度和程序。

2. 制度督察与质量督察

公司是否能完全按照国家的法规、公司的章程及其他规章制度办事，督察人员起着至关重要的作用。督察人员的工作难度很大，因为他们的工作是在冲突和抵触中完成的。在督察人员的心目中，员工永远没有等级之分，只有遵守与不遵守制度之别。

制度督察与质量督察由公司最高决策层直接管理，其他任何人不得干涉其工作。否则，作为严重违规处理。

3. 督察工作人员的权力

督察人员在履行督察职责时具有崇高的权力。身兼两职或两职以上的人员，首先要履行督察职责。履行不同岗位的工作时须佩戴相应的工牌。

制度督察官与质量督察长在履行督察职能时，被督察的员工必须主动配合，不得有任何消极与抵触情绪。但是督察工作人员不得以督察工作为名泄私愤，否则，一经查实，立即调离督察工作岗位。

督察工作人员因为工作的特殊性，如果违规，公司不得做出立即开除的决定。应视其错误的严重程度，在其做出书面检查后，给予降低个人信用等级或调离督察岗位的处罚。在其有悔过表现的前提下，可再次为其提供督察工作的机会。如实践证明其不适合从事督察工作，立即调离督察岗位，让其从事其他工作或将其解聘。解聘时，发足2年工资。

4. 督察工作人员的最后权力

督察工作人员在履行督察职能时，有时会与自己的上级甚至公司的最高决策层发生冲突。此时，督察人员的权力及利益保护尤其重要。特别是质量督察长在履行质量督察职能时，如因发现工程质量隐患、材料伪劣及工艺粗糙等问题，在上级违背"质量问题不可商量"宗旨的前提下，坚持原则，拒不执行上级错误的指令，遭到解聘或开除时：

① 质量督察长应立即将质量隐患通报客户；
② 质量督察长应立即将质量隐患通报国家有关权威部门；

③ 质量督察长应立即向媒体披露质量隐患及自己所遭受的不平等待遇；
④ 公司应给被开除的质量督察长一次性发足5年的工资。

质量督察长只有完成①②③条后，才能得到第④条规定的条件。

5. 权力制约制度的永恒及严肃性

权力制约制度被视为公司章程的一个组成部分，与公司章程具有同等的效力。一般情况下，董事会不得对此做任何修改。如果此规则因不适应形势需要修改，则必须经过董事会连续3年做出决议，并连续3年且每年不得少于一次在报纸等媒体上同时刊登"未修改规则"的全文及"已修改规则"的全文后，方可确认修改。如董事会放弃"质量问题不可商量"这一永恒宗旨，即被视为公司董事会宣布解散公司。

《权力制约制度》赋予了督察人员至高的权力，目的就是为了保护督察人员严格督察员工行为，防止官僚主义的滋生与漫溢。

没有腐败与官僚，员工才能以平等、平和的心态投入工作；没有腐败与官僚，企业才能放心地发展壮大，为社会作出更大的贡献。德胜不只是在倡议，而是在脚踏实地地践行。

六、只要对公司有好处

德胜人喜欢说这样一句话:"只要对公司有好处。"德胜人是这么说的,也是这么做的。

遵守德胜规矩,认同德胜文化,让德胜员工赢得越来越多社会的敬重,慢慢体会到了一种荣誉感,这种荣誉感驱使员工们都形成了一种主动承揽工作的敬业心态,"少一事不如多一事",因为多一事"对公司有好处"。"只要对公司有好处",员工们便愿意主动地来处理事情解决问题,让事情处理得更加完美。

管家中心总经理傅玉珍有一段回忆:我在上海招待客人时,冰水中没有加柠檬片。当时聂总只是看了一下我,没说什么。事后聂总对我说,冰水中加上柠檬片,又好喝又能起到一个美观的作用。当时我正在忙着打扫卫生,如果再仔细一些,就会意识到要加柠檬片的。加不加柠檬片,本是小事,但对德胜员工来说,就是大事,因为多一事会让事情更完美,会让客户对公司印象更好,这对公司有好处。

驶入波特兰小街的车辆,都会听到值班保安礼貌友好地提醒:"您好!请慢点开,里面有孩子。"这话看起来实在是多此一举,但保安们坚持对每一辆进门的车辆重复这句话,哪怕你是公司的老员工,是小区的老住户,都会重复地提醒你这句话,这不仅是制度与程序的规定,更重要的是因为这样做对公司有好处,所以必须坚持。木工学生招生,招生前一定要进行家访,这在中国也是独此一家。为什么要做家访呢?因为只有了解了学生的背景、家教,才能确保孩子能认同德胜的文化与价值观,提前将

第五章 简单管理不简单

那些不合格的学生拒之门外。

公司为何要大力反腐？为何要坚持"质量问题不可商量"？为何要确保制度与程序的执行？员工们为何会自主自发地工作？原因很简单，企业对员工付出了忠诚，正能量在公司内部流转，员工们自然会回馈认真、敬业工作的平和心态。

总督察官姚百灵的感悟让我们明白了德胜是如何感动员工的：

12月24日，财务叫我去领奖金，当我见到这么多奖金时，我的心里一点喜悦之情都没有。这一个月里我从没有为这么多奖金而喜悦过，有的只是感激之情和心虚，我在心里问自己是不是应该拿这么多。我想，拿得多就应该要比别人付出得多，这样才对得起公司，对得起所拿的这份奖金，用起来心里才会踏实。

在德胜公司，管理人员和普通员工的相处就像平级一样的关系，两者只有职位上的高低，没有等级的划分与人格上的不平等，公司提倡"简单、纯洁、友好"的同事关系，同吃同住同劳动，享受同样的生活待遇。员工们都自觉遵守这个原则，这使得整个公司人与人之间的气氛相当和谐。由于同事关系都简单了，大家更多的精力就放在了工作上。不管是管理者还是基层员工，每个人做事情都会首先考虑是否对公司有好处，一切的工作都是为了公司的利益，在做好本职工作的基础上，哪里有需要就要去哪里帮忙，不能抱有对其他人的工作不管不问的态度。

"只要对公司有好处"，这句话已深入到德胜每个员工的心里，因而工作中从不会有抱怨。例如，某天晚上，工地上浇灌混凝土时，发现用于上面紧固的丝杆数量不够了，材料保障员打电话联系采供部工作人员，采供部某经理竟亲自用车运送过来了，并脱口而出：个人耽搁点时间算什么，只要为公司好。

只要对公司有好处，不仅仅在一定程度上约束员工对工作认真负责，也促进了员工本身职业技能和个人素养的提升。德胜公司某个部门的一位员工，在刚进入公司时走路都是踱着小步子的，但经过入职初期一个月打扫卫生的培训与锻炼，走路姿势就完全不一样了，三步并作两步，工作起来也是雷厉风行，这就是德胜企业文化影响的结果。

德胜员工在"只要对公司有好处"这样的企业文化的影响下，以乐干的心态满负荷地工作着。德胜员工每天都会对自己说："我实在没有什么大的本事，我只有认真做事的精神。"德胜的员工将工作看成自己生活中的一部分，处处为公司着想，因此对工作的态度非常认真负责，从来没有偷懒、磨洋工之类的事情发生。在大多数公司，部门与部门，岗位与岗位间的衔接配合上，很容易出现配合不好、互相推诿等现象。但是在德胜公司，员工任何时候都从公司的角度考虑问题，某个岗位出现问题大家会主动补位，多管闲事，德胜员工推崇少一事不如多一事的工作原则。

在公司第八次战略会议上，聂圣哲以"敬业与心态"为主题发表了这样一次讲话：

"It's good for the company."这句话要成为公司上下的口头禅。

我们在美国的一个员工，是联邦德胜的一个员工，在美国开车，美国白人，很强壮。头天晚上他把货装好，第二天早上5点他就开始送货了。结果这个小伙子从圣地亚哥到洛杉矶一圈跑下来，大概跑了800公里，甚至于1000公里，后来他临时知道那个地方又要货，他车上正好有货，他就又跑了200公里，回来后人坐在那儿都瘫掉了。我就问他：你这么累干吗呢？你明天送不就行了吗？他说正好我离得也很近，客人要货要得急，然后他就来了个口头禅："It's good for the company."

德胜也要提倡讲这句话，"这样对公司有好处"，我们一定要在国内第一个推广这句话。这句话在欧美国家是经常被员工挂在嘴边的。

也有些事情是很感人的。我跟王中亚聊天，我说："中亚，你这个办法太愚蠢了，天天敲字，这多辛苦啊！现在有个尚书系统，一扫描就进去了。"中亚说："我一天敲的也不多，敲了以后，我的打字速度比以前提高了很多，这样的话正好也可以练练打字速度。"人啊，总是有所失有所得，这就是勤劳付出后的报答。如果你反思一下，在这次战略会议以前，如果你的灵魂还有一些肮脏的事情，我们就既往不咎了。从今天开始，很

第五章　简单管理不简单

人力资源中心总经理于苗正在清理公司会客厅的吊灯

多事情就不会像原来那样,你说"那我不愿意干",那你马上就到于苗那里去登记,立即办理你不愿意干的一切手续。

我大事小事都抓,有人讲我不懂管理。我以前讲过一段话:一个中小型公司就是一个天才带领一群傻帽的公司。你讲那我有才华怎么办?那你等到积累了一点钱,你有基础了到其他地方当老板,你就用得着了。你不要"呀,我才华横溢,我怀才不遇",那你就赶快走呀,我并没有说:"来给德胜做事吧,求求你!"没这个事,所以说在德胜公司就简单得很,老老实实做事,清清白白做人,做到敬业。所以,"这样对公司有好处",如果深入到你的灵魂,它就会指导你的一些行为。

只要对公司有好处,这不仅是一句口头禅,更重要的是,它变成了德胜人行事的规矩,这正是德胜管理的独特之处。因着"只要对公司有好处"这一共同理念,员工们被自然地凝聚在了一起,目标只有一个:只要对公司有好处。

第六章　质量问题不可商量

> **质**量是一家企业的生命，质量问题不可商量，这是德胜永远的宗旨，如果放弃这一原则，则意味着公司的解散。在德胜，质量督察人员具有崇高的权力，任何人不得消极抵触，德胜还给督察人员做好了抵制权威、保护自己的预案。而这，正是德胜品质的保障。

一、权力至上的质量督察官

为了充分保证洋楼的施工质量,德胜要求施工人员在每一个细节、每一道工序上都坚持着公司的原则和理念。"质量是道德,质量是修养,质量是对客户的尊重",德胜的质量督察人员时刻都在监督着施工质量,他们对质量近乎苛刻的要求赢得了客户们一致的赞誉。

质量督察官是德胜管理体系中的独特之处,是德胜设立的两种督察官中的一种,其职责是保障德胜产品的质量,确保"质量问题不可商量",确保德胜品牌不可玷污。在德胜,质量督察官在履行督察职责时有着至高无上的权利,他不必听命于任何上司,包括自己的老板。作为德胜的质量督察官,他们是绝对独立的,且有相关的制度对他们的权益进行保护,他们只需要按照制度行事即可。

德胜的质量督察人员享有施工总监的待遇和地位,在督察人员检查工作时,被督察的人必须主动配合,不能有任何消极行为与抵触情绪。如果不听从督察员的指正、批评,以及有任何不服从或与之对抗的行为,都将被视为严重违反公司制度,会被立即解聘或开除。督察官们非常厉害,他们几乎无处不在,一点点瑕疵都逃不过他们的眼睛,没人敢不买他们的账。除了公司明文任命的督察官,公司还有神秘访客,在神不知鬼不觉中,随时随处来到工地或办公场所,检查员工的工作状态,以警醒员工们时刻以饱满的精神认真对待工作。

质量是企业的生命,德胜将质量视为他们存在的绝对条件。在《权力制约制度》中,德胜明确规定:如果公司放弃了"质量问题不可商量"

施工现场

这一永恒宗旨,就意味着董事会宣告了公司的解散。"千里之堤,溃于蚁穴。"任何一丝一毫的质量松懈都会给公司带来灭顶之灾,除了"认真、敬业"的员工,德胜必须保障铁面无私的质量督察官拥有执法的权力与空间,所以,他们的专业技能是首屈一指的,他们的权力是独一无二的。

质量督察人员制度

1. 质量督察人员的必备条件

(1) 熟练工人出身,对施工及管理的各个环节与细节、对《施工责任书》各项条款非常熟悉。

(2) 有良好的家庭教育和个人修养,对质量的要求近乎苛求。

(3) 做事客观,处理事情死板。遇到事情很难有商量的余地。

(4) 不会溜须拍马,不蒙上欺下。

(5) 有很强的责任心,为了工程质量和公司信誉敢于得罪人。

2. 质量督察人员的预选和任命

督察工作是富有挑战性的工作,督察人员往往会与违章发生矛盾甚至严重冲突,造成不愉快;同时,督察工作又是非常荣耀、崇高的工作,受到广泛的敬重。

第六章 | 质量问题不可商量

公司选用督察人员的办法是：愿意从事督察工作的员工自己报名，然后由公司全面考核后任命，每次任期为一年。身兼两职的人员，首先要履行督察工作。履行不同岗位的工作时，必须佩戴相应的工牌。

3. 质量督察人员的职责

(1) 掌握工程进度计划及工地实际进度，及时向施工总监通报，每日一次。

(2) 每次材料到达工地时，应及时检查，发现材料质量和技术要求与合同不符时，拒绝签收，并及时向相关部门反映。但不要在工地现场与送货人员发生争执，以免造成不良影响。

(3) 每天检查施工作业顺序的正确性，坚决制止违规行为。

(4) 按照《施工安全及劳动保护措施》，检查员工的作业是否符合劳动保护要求，同时检查工地作业措施是否符合安全要求、强制休息制度是否落实。

(5) 认真详细地做好质量督察记录。做到问题不过夜，该通报的通报，该总结的总结。

(6) "质量问题不可商量"是公司的永恒宗旨。质量督察人员在行使职权时，如果自己的尊严及利益受到伤害，可参照《权力制约制度》等处理有关事宜。

(7) 及时提醒施工总监合理安排调度工作人员，避免工地出现闲人，以尽早排除安全隐患。因为工地现场多一个闲人就会多一分危险。

(8) 如因图纸设计或材料问题造成返工或存在质量隐患时，质量督察人员发现后必须立即通报。

(9) 质量督察人员要定期调换工地。质量督察长应对各个工地进行巡视和监督，但不能在一个工地持续留守，规模较大工地每次最多连续留守15天，规模较小工地每次最多连续留守7天。如果因特殊情况需要在一个工地延长留守时，应向公司程序中心说明原因。

(10) 督察人员反映问题时，应准确客观、语气平和，反映内容不可附加个人感情色彩的语言。

督察部总督察官 姚百灵

因为质量督察人员的工作影响着公司的产品，甚至关系着企业的颜面与存活，德胜对质量督察人员的要求极高。《质量督察人员制度》对质量督察人员的任职资格、处理事情的权限、工作方法与行事态度等进行了细致的规定，同时也为他们撑起了一把"保护伞"，用制度告诉员工们，质量督察人员这样严格要求大家不是个人情感原因，而是公司的硬性规定。

每个企业都会有质量检查与督察人员，但是像德胜一样，赋予质量督察工作至高无上的权限却独此一家。在大部分的企业里，质量督察人员常常会因为个人情绪、情感而区别对待工作。有时候，还会受到来自各方的压力，如上司的授意、怕得罪同事等，而放弃原则，瞒天过海，对质量不合格的工作睁一只眼，闭一只眼。德胜的制度建设都是基于对人性的深刻理解，所以，德胜提前做好了预案，只选择那些做事客观、处理事情死板、且不给违规人员任何商量余地的熟练工人来担当此职。这些人做事一板一眼，没有溜须拍马及欺上瞒下的习惯，他们对质量标准和制度执行的要求近乎苛求，对质量督察工作有高度的责任心与发自内心的庄严感，他们用自己的工作捍卫了德胜的品质。

德胜是理智的，没有质量的保障就没有发展的德胜。赋予质量督察官无上的权力，就意味着质量是德胜的经营之本。德胜要打造的，除了高品质的洋楼，还要孜孜不倦地打造着高品质的社会公民。

第六章 | 质量问题不可商量

二、无处不在的跟踪督察

德胜一再强调：质量问题不可商量。有三个因素制约着洋楼的质量，一是材料，二是施工能力，三是人员。为此，德胜制定了一个无处不在的跟踪督察体系，向管理要质量。

首先，制度先行。制度让管理有了依据，没有制度的管理就会出现人为的权力制约，使管理失去公平、公正。对材料的要求是什么，对产品的要求是什么，对施工的要求是什么，对员工的要求是什么，这些都不能朝令夕改，必须形成严肃而严格的制度与规矩，变成可执行的可落地的程序。于是，德胜经过不断地总结与提炼，制定出了一部号称为"管理圣经"的《德胜员工守则》，这部守则全面覆盖了德胜管理体系的方方面面。从诸如日常生活小事到权力制约，从员工选拔到福利保障，每一项都作出了详尽的说明。对于许多的工作事项，都被编入程序，员工们都得按程序执行任务。一个员工正在做什么工作，他的工作需要哪些方面的配合，他的财务报销与他的出行及工作是否吻合，只要看一看程序中心的指令就一目了然了。在德胜，**程序中心就是一本活着的工作日历，程序是指令，制度就是规范，员工的行动尽在其中**，你做得对不对，不用别人指出，你自己心里都能明白。无论你身处何方，做着何事，你都逃不出程序中心的五指山。

其次，督察。人的内心深处都是有惰性的，一件事情做久了，内心就会自然地开始怠慢起来，所以，只有制度还不行，还得有督察，才能确保令行禁止。德胜注重监督的力量，善用监督加强制度的权威性，德胜在

《权力制约制度》的总则中写道:"没有监督及制约的权力必定是腐败的权力。"因此,特别设置"督察官"与"神秘访客",并且在制度上保障督察官的职责可以得到绝对行使。

督察的含义中:督,就是监督事实;察,就是明察秋毫,分析原因。在督察工作中,如果只有督的结果,不查看原因,处理问题就容易犯主观臆断错误。相反,如果查清了原因,但没有处理结果,往往又是白监督了。督察人员按照原则把工作做好了,公司里员工之间的关系就会正常存在,变得更加简单,公司制度和价值观才能得以践行。督察人员工作的好坏与工作力度关系着公司的形象与声誉,关系着公司最高决策者指示精神的落实程度,关系着公司能否健康发展。

德胜的督察又分成了三个层次,首先是员工之间相互砥砺。因为有制度可依,加之不断地重复学习,员工们对自己该如何对待工作,如何与同事相处,了如指掌。一旦同事不遵守公司的规矩,不按程序办事,同事们便会主动地帮助你纠正错误,真诚地向你提出建议,让你在一个大集体里慢慢地被同化。一个员工犯了错误,同事之间如果知情不报,会受到同样严厉的惩罚。**制度督察官与质量督察官督察是第二个层次**,他们在履行督察职责时具有崇高的权力,任何不服从或与之对抗的行为都将被视为严重违反公司制度,违反者每次罚款50~500元,立即解聘;情节严重者立即开除。德胜一千多名员工,只有一名销售人员,但有十多名督察人员,他们在全国各地巡回检查,铁面无私,不放过任何一个违规的细节。同事与督察官都是在明面上进行监督,**德胜为了将督察进行得严丝合缝,不放过任何的错漏问题,还特意设置了一个"神秘访客"岗位,这是第三个层次。**除了聂圣哲,没有人知道谁是"神秘访客",他在

施工现场

第六章 质量问题不可商量

全国各地的工地进行不定期的检查,从一个客户的角度对公司进行监督。"神秘访客"在员工们没有任何提防的情况下出现在他们的身边,能敏锐地发现潜藏的许多问题,这些发现将被及时反馈给公司决策层。为了防止"神秘访客"不神秘,公司对他的任期仅为两年,两年一过,公司又得另聘他人。

再次,有效教育。制度与督察都是一种外在的管理与制约,只有教育才是一种心态的内化。教育员工遵守制度与程序,培训员工敬业的心态与自律的作风,让员工发自内心地约束自己的行为,成为真正的君子。

德胜员工大多数来自于农村,他们并没有接受过高等教育,德胜对他们展开了最基本的做人与做事的教育,培养他们的敬业精神与严格执行程序的服从态度。员工们因而懂得要为自己的行为负责,抱着一种感恩与诚挚的心意来对待工作、客户,从而自己对自己进行监督。

这是一位实习生写下的感悟:

来到德胜实习的第一天,给我印象最深的,除了那漂亮干净的洋楼和独具匠心的小区布局外,更令我感到惊讶的,是公司里的工人。公司员工据说70%以上来自安徽黄山的农村。看到他们黝黑的脸庞,朴素的衣着,就知道他们并非都市白领。但是,他们的言谈举止又让你觉得他们是白领,因为你能看到他们经常嚼着口香糖,见面就主动问好,他们的热情倒是让我显得有点腼腆。当然,生命的脱胎换骨意味着我们要放弃以前的自我,放弃自己早已养成的生活习惯,也只有这样,才能从本质上由一个农民转变成一名产业工人,甚至白领!不夸张地说,德胜公司为大家的改变提供了一个良好的大环境。86页的员工手册是大家的行为规范,其中有对每个人大到奖金、升迁,小到刷牙洗脸的规定。如果说,这是硬性的规定,那么公司里还有许多软性的环境来帮助大家成为一个君子。比方说,三餐的费用靠自己投币,无人监督,饭菜均为明码标价,打多少饭,自动投多少硬币;储藏间的物品为厨房、洗衣处、洗澡间公用,不允许挪为私用,但是储藏间并不上锁;木工车间里有一部公用电话,可以免费打外线、长途,但是请自觉控制好时间(原则上不超过15分钟)。诸如此类,不胜枚举。员工可以通过这些小事情，在做君子还是做小人上自由选择……

德胜员工用实际行动告诉了世人，他们的选择是做君子，做一个有尊严、有人格、有自制力的君子。所以，德胜员工报销不需要领导签字，德胜员工用车不需要申请，德胜员工上班不需要打卡，德胜员工愿意"少一事不如多一事"地满负荷工作。

在德胜，制度执行状态的反馈系统极其严密。

违规行为的信息反馈来自三个方面：

(1) 各层级管理者的细密检查、监督。

(2) 职能部门(质量督察官、制度督察官、程序中心、神秘访客等)的有效监督检查。

(3) 基层员工、同事的眼睛无处不在，并大都勇于举报违规行为，有时同一违规行为，会有多人举报。在木工学校曾有过20多人报告同一违规行为的事。德胜员工不像一般企业员工那样，事不关己，高高挂起，明知不对，少说为佳，明哲保身，求得一团和气。

很显然，跟踪、督察无处不在。借用德胜员工的话来说，在德胜，违反制度规定的行为是逃不过众人的眼睛的。

三、将质量问题杜绝在程序之外

过程的质量决定结果的品质,如果过程是按程序分毫不差地执行的,那结果一定不会有偏差。在德胜,只要你按程序办事,你就不会犯错,质量问题被杜绝在了程序之外。

程序是什么,聂圣哲形象地比喻道:程序就是上厕所。一切动作都得有先后,走不了捷径。**程序的设置是为了使复杂的工作简单化,使工作细节标准化,工作流程恒定化,从而让质量有保障。**

次品与伪劣产品是如何制造出来的呢?一定是那些耍小聪明、没有按要求办事的人造成的。德胜深谙人性,所以将能够程序化、制度化的工作固化成了程序与制度,让执行有了必须依从的标准。那么,程序的执行为何能确保产品的质量?我们需要先了解一下程序是如何制定的。程序的制定来自一线,聂圣哲回顾很多老程序的制订过程:

我那时候也不是像现在这么忙,公司也没有像现在这么大,每天程序执行员就是我自己。那时候天晴时开哪几盏灯、下雨时开哪几盏灯,都是规定好的,并不是讲电费问题,它是一个人坐在咖啡厅感觉到温馨的问题。太阳照着时开什么灯、太阳不照时开什么灯,那都是我去第一线体验以后才拟定的程序。你只有不断地到第一线工作,才能够学到知识。像我们小区绿化的病虫害问题,问来问去都问不出一个名堂来,因为那些人都不敬业。我第一次碰到一个很敬业的人,他说很简单,你以后就懂得了,病虫害只有两种:一种是像蚕一样地吃叶子,叫食叶类虫子;另外一种像蚊子一样吸汁的，叫食汁类虫子。一般就这两种，食叶类虫子用"敌杀死"就管用了，"敌杀死"是阻止虫子呼吸的，而食汁类虫子只能用另外一种东西使它们的神经麻痹。于是我终于明白了，就把具体的操作告诉了吴海军。那个人很认真，还带我去做实验……

程序的制定相当的复杂，必须在一线亲自操作过、实践过、总结过，并将各类情况都考虑周全，才能成文呈现，而且，程序运转中心还得把这些程序一条一条地拿来检验，只有经过验证的程序才会得到推广与执行。经过了数道把关出炉的程序自然让工序变得简单了，让执行变得高效了，诸多的问题都被程序制定的细致过程筛除了，程序就变成了质量的保障。

在这种情况下，质量还出现问题，那就是执行的偏差了，总有人想要投机取巧，聂圣哲不断地强调：

我给木工学校的学生讲程序的重要性的时候说，我们规定6寸钉一个钉子，就不能在6寸半和7寸处钉钉子。6寸半和7寸其实在效果上并没有什么区别，所以有人说德胜是在浪费。如果我们的质量不能保证，我们不按程序化进行管理，公司的生存都会受到影响，哪还能讲节约！

程序无比重要，重要到关系着公司的存亡，程序就是制度，在执行上容不得半点虚假，在程序执行问题上也容不得小聪明与私自的创新，创新必须是坚持了程序之后的创新，就算你有再多的异议，首先必须执行程序的指令，再按程序去解决疑问。

在德胜公司，如果上级叫你去烧房子，不需要问为什么要烧，而是要问用柴油还是汽油。很多人可能觉得不可思议，一幢好不容易建造出来的房子，为何说烧就烧，且员工竟没有一点疑问还得要照安排的做？这，就是德胜的制度管理。对于那些质量不达标的房子，决不会留着滥竽充数。德胜的质量方针是"质量是道德，质量是修养，质量是对客户的尊重"。

为了确保程序不出偏差，德胜规定：再高级别的人都要去一线顶岗，

第六章 质量问题不可商量

除非你的年龄已经超过了45岁。只有深入一线，才能及时地发现问题、解决问题，不让问题发生在程序执行中。每个月一天，关掉手机在一线亲自动手执行程序，有利于全员时时刻刻地提高警惕，确保质量这根企业的生命线不被破坏。

管理是否到位，就看程序执行是否到位。中国人的随意性太大，太爱发挥个人的主观臆断，经常让事情做得外表光鲜，里子却不堪一击。有了程序，事情一是一，二是二，再有发挥，你就是违反了制度，就变成了德胜的敌人。德胜将程序提高到如此高的重视程度，就是希望程序变成一切工作、一切日常行为的导航。

事实上，程序看起来生硬，但也给了员工一张保护网：工具不合格，可以拒绝工作；工地安全设施不到位，可以拒绝工作。这都是对员工健康与安全最切实的保障，这是其他任何一个工地都不可能做到的人性化。

也许有一千条路可以通往山顶，但德胜只给了你程序指定的这一条路，你必须走这一条路，因为这一条路已被证明完全正确，没有风险。对德胜来说，稳比快更重要。

德胜有自己的观点：认真做事就是按程序做事。一件事即使做成了，但如果不按程序做，也等于没有成功。

德胜有个叫玫瑰园的工地，拟建65幢洋楼，有230多名工人，管理主要以班组为单位，每天的工作安排得井然有序。工地上到处都是人，看到的是红、黄、蓝三色安全帽不停地摆动，机器声、锤子声在工地上空响成一片，工作场面如火如荼。工人从早上上班一直到下午下班，中午吃饭及休息只有一个半小时，有时晚上还要加班。工作时间这么长，按理说应该很疲劳，但是工人们一个个精神饱满，充满热情，这使我感到一个人真正的累是精神上的累，而不是工作忙事情多。班组长每晚6：30在现场办公室召开工作班会，班会的内容主要为：(1)各班组长汇报当天的工程进度，对当日的工作进行总结。(2)布置次日的工作任务以及人员调整。(3)对检查到的问题进行通报与提醒。(4)对急需解决的问题，利用头脑风暴来共同解决。工地负责人周总监通过每晚的班会能获得信息，加上自己到工作现场

聂圣哲与员工在一起解决油漆问题

的检查，对各部位状况及工程进展情况一目了然，所以每天的工作安排都很合理，大大提高了工作效率。

正因为注重对程序执行中每个细小的环节的把控，德胜才打造出了令世人瞩目的精品。

四、养成比别人认真一点的习惯

广东有一个房地产商,和聂圣哲从来没有见过面,但是却带着一个总盘320栋楼的项目来见聂圣哲,希望见面时能谈成合作,把委托建房的合同签下来。他带来的见面礼,就是把甲方签好字的合同交给德胜,让德胜签字。

许多同行竞争公司,都想去抢接这个项目,有五六家公司千里迢迢地赶往这个公司的所在地,有的在那里一待就是一个月,天天去跑关系,最后都无功而返。后来,德胜派了销售部王专员代表公司去了。

去了以后,这家公司的领导班子开着车,陪着王专员到澳门去喝早茶。他们对王专员说了一段话,很耐人深思:"多少家公司找我们,住在这里一个多月了,我们都不见,你来了,我们都要陪你到澳门来喝茶,你们德胜是了不起啊。"

王专员谦虚地笑了笑说:"我们就是认真一点而已。"

比别人认真一点,这是德胜引以为自豪的竞争力。

"认真"是一种发自内心的做事的态度,"认真"让一个人对待工作不掺杂任何的情感,对工作的标准有近乎执著的坚守。认真的人能将程序执行得一丝不差,能发现每一个环节与程序有偏差的问题。有了"认真"的员工,德胜的程序管理就变得简单易行了。为此,德胜必须首先培养出一批"认真"的员工来。

培训是德胜管理的重头戏,为做好员工培训,德胜有一个月两次的制度学习会,有复训制度,有新员工培训要求,有师徒制,还有让老员工身体力行改造新员工的举措。总之,德胜的制度要执行,程序要推进,产品要有保障,必须要有"认真"的员工,"认真"成为德胜培训的唯一考核内容。

德胜把新员工培训当成大事,认真对他们进行心态的培养。新员工入职不需要坐进课堂去受训,受训的方式是去管家中心从事杂务工作,从小事中看看你是否有认真细致的态度,让小事来培训员工们认真做事的心态。三个月说长也不短,能熬得住的人都具备了做事要"认真"的意识。

一个受训人员回忆说:

第一天上班,先到车库开晨会,逐个自我介绍,接着唱晨歌,然后教官安排工作。在这里每一件事情都是按程序进行的,搞清洁时,吴教官先做一遍示范,然后让我们再做一遍,开始总是这不行,那不行,说我们没有认真擦洗,还说如果清洁好了,马桶里的水就像自来水一样干净……

另一位受训人员说:

那里的教官个个都很厉害,对工作非常负责,做事非常认真,细致入微,对我们要求非常高、非常严。他们教我们一定要严格按程序做事,在细节上一丝不苟,要把事情做到最好,简直是超五星级的。他们说得最多的话就是:天很热,但做事必须有做事的样子,认真、细致、注意细节,休息时就好好休息。

一位老员工说:

我们在德胜成长,就是在不停的学习、感悟中改变自己。通过培训,我觉得自己比以前改变了许多,以前懒散做事的习惯得到了彻底的纠正。德胜培训能锻炼一个人的性格和意志,会把一个浮躁的人教育成谦恭的人,再把粗心的人转变成细心的人。

第六章 | 质量问题不可商量

闯过新员工入职培训这一关,培训并没有终止,公司的制度学习会、复训制度、督察制度、师徒制度等,都在对员工进行持续的改进。不然,时间长了,员工们就会松懈下来。

慢慢地,新员工变成了一个"认真"的合格员工,不仅能够认真地对待自己,还能用认真去影响他人。对于德胜来说,不需要你有多大的本事,但你必须有"认真"的敬业精神,必须认真地按制度和程序做好所有的工作。如果你觉得自己本事大,你可以离开德胜,公司绝不挽留。但是,只要你一天在德胜,就不能放弃认真做事的基本规矩,德胜只欢迎有认真做事态度的人。

德胜员工的认真,让人感动:

许多人参观德胜样板房,出来时都会发现,刚才自己脱下随便摆放的鞋子,现在被整齐地摆好,鞋尖朝外,无论多少双,都整齐地摆成一排。客人们通常会很奇怪:是谁把我的鞋子摆得这么整齐?其实,只要有人参观,就会有人把鞋子摆好,这样客人出门时,穿鞋就方便了。一个小小的细节,让客人们感到德胜公司就是与众不同。

德胜的认真,让人感叹:

波特兰小街十分干净整洁,空气清新,很难在地面上看到纸屑和垃圾。小区里有很多长靠背椅子,很干净,你可以放心随便坐。因为每天早上,员工都会把所有户外的椅子擦一遍,差不多是一尘不染。

绿荫浓密的波特兰小街花园

德胜的认真是对不走捷径的贯彻,是对工作的绝对负责。因为德胜员工能确保自己比别人认真一点,所以德胜的洋楼就建得比别家公司的更可靠。**在一个浮躁的社会里,"认真"绝对是一家企业致胜的法宝。**

五、德胜的员工都要做开关电路

质量是一个严肃而严谨的问题，没有情面，也不能疏忽，德胜员工对质量的重视是一以贯之的。

可以这样说，德胜员工都是开关电路板，要么开，要么关，只有两种状态，没有中间地带。因为德胜不容许任何人轻视质量问题。

首先，遇到质量问题绝不能装懂。在德胜，好员工的标准是你严格地执行程序，满负荷地认真对待工作，按制度处理工作、生活与人际关系。只要你品德过关，在德胜，你就会有自己的岗位。至于你的技术暂时不过关，或者你无意犯下了某些错误，不要紧，只要你不懂就问，遇到难题赶紧提出来，全公司的同事都会愿意做你的老师，帮助你提升技能，解决问题。但是，公司绝对不能容许说大话、不懂装懂的行为，这将被视为品德不过关，藐视德胜规矩。因为不懂装懂而被同事发现，或者给公司造成质量问题，将被加重处罚。对于故意不遵守程序与制度、背离了核心价值观的人，立即解聘或开除，没有任何商量的理由。

其次，不能漠视任何问题。德胜倡导"少一事不如多一事"、"只要对公司有好处"的行为管理要求，因此，遇到任何问题，就算这件事不是你的职责范围，你都不能漠视。公司的小板车断了个把手，竟然很长时间没有人解决这个问题，聂圣哲为此召开全员大会。小板车出了问题肯定有人发现了，为什么没人去解决？那是因为责任心的缺失，这种漠视意味着管理出了大问题，公司必须进行严肃的整顿。

最后，不能纵容质量问题的存在。为了保障质量，德胜有完善的质量

第六章 | 质量问题不可商量

督察体系,督察人员严格执行,不放过任何质量漏洞。除此之外,公司鼓励员工们树立起质量意识,不仅要严格要求自己,还不能放过同事们的错误,发现问题就得立即举报,这样的行为在德胜是会得到表扬的。

因为急于赶工程进度,一工地上的材料一时供应不上,需临时采购。这批材料由公司的一位领导按质量标准检验样品合格后签了合同。

但是,材料运到工地后,督察官姚百灵在检查中发现,装在车中间部位的一些材料质量不好,属于不合格材料。

他立即叫大家不要卸车,准备退货。

可工地负责人着急了,害怕无法按时交付。他叫大家把这一车先卸下来用,下一车我们直接派人到供应商那里验货,并监督装车,保证后续材料不再出问题。

姚百灵坚决不同意,说工程期限再紧,也要保证质量,决不能把不合格的材料用上去,就是用上去了,也要拆下来。

这件事很快传到聂圣哲耳里。聂圣哲说姚百灵坚持质量问题不可

姚百灵在工地代岗

商量的原则必须大力表扬。于是,他命人做了一张像"圣旨"一样的奖励公告,特地送到工地表扬姚百灵,并且奖励了姚百灵1000元。

对德胜来说,所有的工作都是标准化的程序,质量是一件是与非绝对分明的事情,你想做一个合格的员工,那你就得像开关电路板一样,要么开要么关,留在中间就会引起短路。所以,员工们要么留在公司敬业工作,认真对待质量问题;要么趁早离开,另觅高枝。

第七章 | 话说透，爱给够

> 无规矩不成方圆,德胜有自己的规矩,德胜用自己的规矩构建了一套独特的管理体系。德胜的规矩从人性出发,制约人们的行为,激发人们的潜能。德胜的规矩很苛刻,话说透,行有度;德胜的规矩很温情,爱给够,善无垠。

第七章 话说透，爱给够

一、员工永远不是企业的主人

德胜的职场规则第一条明确表示："公司始终不认为员工是企业的主人。企业主和员工之间永远是一种雇用和被雇用的关系，是一种健康文明的劳资关系。"

将"员工永远不是企业的主人"明目张胆地提出来的，德胜恐怕前无古人，后无来者。企业为了笼络员工，为了做好员工关系，就算在行为上不把员工当主人，但在言论上，从不会说得这么明白。但这正是德胜的做事风格，关系简单，做事不复杂。

主人是什么？主人意味着是地盘的所有者，意味着我的地盘我来做主，意味着随心所欲没有约束，这些都是企业管理的大忌。德胜提前将这一条作为规矩提出来，为制度化与程序化铺平了道路。事实上，如果员工是主人，主人犯了错，谁来监管呢？没有了监管，企业怎么可能得到正常的发展。在中国，有许许多多的家族企业，制约着他们发展的原因就是家族掌权，管理混乱。据坊间传说：

新东方创办之初，俞敏洪的母亲也在公司任职。随着新东方的不断发展壮大，"外人"越来越多，企业必须靠制度开始管理了。但是，俞母觉得企业是自己儿子的，儿子的企业自己说了算。因此，俞母在公司指手画脚，干涉管理，谁都看不上眼。大家有怨不好说，严重地影响了员工们的士气和日常的经营。俞敏洪意识到了这一点，开始了公司的大整理，将家族亲属全部清理出了管理团队，新东方开始了迅猛的成长。

企业为什么要雇用员工？我们都明白，不是为了让人来指手画脚的，更不是为了让人来好逸恶劳的，而是要求你来企业按规矩工作，实现企业的发展目标。在企业的发展里，员工不能做企业的主人，企业要的是顺从者、助推者，是企业的忠实追随者。

对此，聂圣哲的解释是：

公司里的职工在人格上是平等的，雇佣关系并不排斥人格上的平等，两者是兼容的关系。

作为一个老板，我一定要做个高尚的人。其他在座的人都是分工不同的同事，都不是企业的主人，都是企业的一个零件，我是推动器，你是火花塞，我们把事情做好，我把油供上，你点火，不要早0.1秒，也不要迟0.1秒。

我们在一起是一种缘分，因为有了德胜公司，所以我们在一起成了同事，那么互相之间就变得简单起来了，互相之间也变得平等起来了。除了从资本的角度来讲我们不平等，从雇佣的角度来讲也不平等外，人格上都是平等的，你看看，这么多年来，在这里面有老的同志，已经六七年、七八年、八九年跟我一起工作的，我对任何一个员工都是充分尊重，不仅是要人格上尊重，而且从情感上尊重，而且还有人文关怀。

员工既然不是企业的主人，那么，来到企业，你就得靠自己的本事来挣工资了，这儿绝不会纵容态度不敬业的人。你的一切权利和义务，都是你付出了努力以后的补偿，这就是最简单也最实在的劳资关系。你不能凭人际关系来获得报酬，不能凭权力来取得好处，腐败没有了滋生的土壤，认真做事是唯一的出路。

当然，德胜一方面不认为员工是企业的主人，另一方面却又让员工享受着绝对的尊严。只要你对企业忠诚，那么企业就是员工永远忠诚的"靠山"。

某农民工因自身操作失误导致烧伤，被送至医院抢救。医院大夫曾

第七章 话说透，爱给够

劝企业停止抢救，准备30万死亡补偿是最佳方案。德胜公司却坚持不惜代价，最后抢救费花了200万，随后还有整容费用。该员工现已安顿在农村家乡休养，德胜公司依然每月支付基本工资给他。

健康的契约关系给企业带来的是管理的分明与简单，管理可执行了，企业就能发展得更顺畅，企业发展了，就能对员工尽责任与义务。

二、藐视程序就是德胜的敌人

中国有两句老话，一句是"丑话说在前头"，一句是"亲兄弟明算账"，德胜也是这样做的。规矩和制度提前告诉你，一旦有违，绝不轻饶。

简单地说，程序就是一套科学的、完整的、缜密而又严谨的文件管理系统。以这个系统作为执行标准，对各互相关联的业务和不关联的业务进行有序化的管理，就是程序管理。程序是质量的保障，不按程序办事就意味着工作不能得到认可。所以，你若藐视程序，那你就是德胜的敌人。

对于德胜来说，程序运转中心是记录德胜全面、透明、公开、公平运营的一本活的记事本，它使得公司的工作正规化、有序化和标准化。所以，德胜的一切都离不开程序。

程序有七大作用：

第一，它是用来衡量对与错、好与坏的依据。 比如，公司员工犯了错误后或员工之间发生了矛盾，公司首先要核查他们是否执行了相关程序。如果都执行了相关程序，处罚的力度就会减半，如果是自作聪明，没有按程序办事，则会受到严厉处罚。

第二，程序只有不折不扣地被执行后，管理成本才会降低，工作效率才会提高。 工作按既定的规定和程序进行，就会避免节外生枝的操作，避免因为随意性太大而导致水准降低。

第三，有效地执行程序，可以消除人与人之间的误解和不信任。 当大家都在按程序办事的时候，员工之间的关系就会变得简单了。当然，程序不是固定不变的，但对程序的修改是要经过大家一致同意才能执行的，是基于大家的意见和建议进行修编的，提前让每一个人明白了程序执行的原因和意义，误会自然就不会产生了。

正在施工中的基础

第四，严格执行程序，就是在强调"过程"的重要性，就是对操作过程的有效管控。严格执行程序就能对每一个环节、每一个细枝末节进行有效监控，从而将问题消除在程序之外。

第五，有了执行程序，任何岗位都可以随时替换。一套既定的文字、表格化的操作性文件，只要识字的人按部

程序运营中心总经理 王晓文

就班地去操作，任何人做同样一件事，它最终的结果都是一样的，这为公司的人力资源调配带来了极大的好处。

第六，执行了程序，就可以打破存在于传统观念中根深蒂固的旧思维，取而代之的是新理念、新气象。

第七，执行程序就是遵循规律和法则。

从以上七大作用可以看出，德胜通过程序覆盖了全部管理的细枝末节，通过程序中心的控制在管理着整个企业。那么，如果你藐视程序，就是对德胜的管理体系发起了挑衅，就是在与德胜对抗，就是在做与德胜背道而驰的事，这样的人自然是德胜的敌人。

我们来看看程序中心工作人员一天的工作：

(1) 早晨上班后,每个人自觉打扫公共办公区域的卫生(拖地板,抹桌子、椅子、门、线条,打扫卫生间,倒办公垃圾等)。

(2) 查收全国各施工工地发来的传真、邮件、信息并进行汇总、存档。

(3) 电话询问各施工工地有没有需要公司总部协助解决的事情。如果有,联系对口的部门或个人予以解决。

(4) 更新和维护公司网站(包括采访公司总部、各施工工地及员工个人发生的新闻事件,校对和编辑投稿文章及图片等)。

(5) 查看公司年计划、月计划、周计划,提醒各部门、各工地、各分支机构当日或近期需要做的工作(比如,公司各类证件、专利证书的年检及换证,汽车年检及续交保险费,管理人员落实代岗等)。

(6) 通过"企信通"、"微信群"等信息平台向全公司人员随时发送相关信息或通知,做到事情公开化、透明化运作,以提高工作效率。

(7) 每逢星期五,更新和公布下周计划;每到月末,更新和公布下月计划。

(8) 适时发现和反馈遇到的新问题,参与制订、修改和补充公司管理制度和操作程序。

(9) 积极主动地完成其他部门请求协助或委托的工作。

(10) 下午下班前一个小时,开始电话或者手机短信询问各管理人员次日的工作动向及公司车辆动向,汇总后在公司公共邮箱与公告栏里发布,全公司都能及时掌握这些信息,争取最大限度的资源共享。

(11) 下午下班时,在公司公共邮箱公布自己当天的工作流水记录,以接受全体员工的监督。

程序中心的工作事关公司健康、正常和有序的运转,是对不走捷径的有效保障,因此,程序执行是没有商量余地的,不按程序办事就会让工作的监管变得复杂。所以,在德胜的日常管理中,永远遵从一句话:蔑视程序的人永远都是德胜的敌人。好话与原则已经提前说透了,再不遵从制度与程序的人,自然会受到严厉的惩处。

德胜的程序执行,不仅仅是针对本公司员工,在合同执行过程中,德胜也严格按程序执行。

第七章 话说透，爱给够

在一个建筑工地上，由德胜公司建造的木结构房屋已经封顶了。

按照建筑合同规定，当天中午12点，应该是投资方向施工方德胜公司支付工程款项的最后期限。但是，投资方一直没把德胜公司的催款提示当回事，迟迟没有付清款项。

碰到这种情况，一般公司只能向投资方诉苦、恳求、不断催讨、厚着脸皮说好话，很少有人敢理直气壮地向上家要钱，更不敢把上家告上法庭。

但是，德胜公司视诚信如生命，自己严格遵守合同规定，按程序办事，同时也要求对方和自己一样严格执行合同条款。

如果到时不付钱，就毁掉房子！德胜公司作出最后决定。

这一天，聂圣哲指挥工人在工地入口处，临时搭建一个架子，挂上一块巨大的牌子，上面写着一行十分醒目的大字——"支付工程款倒计时"。

大牌子旁边还挂着一只闹钟，闹铃声的指针拨向12点。

旁边的挖掘机高举着手臂，整装待命。只等12点闹钟铃声响起，聂圣哲一声令下，就将刚建好的房子全部推倒。

德胜公司还计划请媒体记者采访报道。

当时，那场面紧张、揪心，好似千钧一发。

但是，后来这场令人震惊的戏没有继续演下去，投资方妥协了，按时付款了。

事后有人问聂圣哲："当时，你是真的要推倒这些工程，还是吓唬吓唬他们的？"

"怎么是吓唬他们的？那绝对是要推倒的！"聂圣哲的口气不容置疑。

"真推倒了，那你们的损失可不是成百上千万的小事啊！"

"就是损失几千万，也不能开这个口子！必须按合同办事！"

德胜不能容忍藐视程序的任何人，哪怕你是客户，是开发商，这是对德胜规矩尊严的捍卫。先柔而后刚，先教而后管，规矩说在前面，这是程序管理的人性化、公开化；执行与监管在后，这是程序管理的严肃性、公平性。这种对程序的严谨执行，是德胜一贯身体力行维护着商业领域的本来秩序。

三、从不挽留辞职者

员工离职，无外乎几种原因：一是觉得薪酬福利不够好，有了下家；二是觉得此处不适宜自己发展，需要另觅高枝；三是有不得已的个人原因。不管哪一种原因，在德胜，只要你提出辞职申请，德胜从不挽留，也不容许其他任何人去挽留他们，谁挽留，谁违规。

这与一般企业设法控制员工流失，不惜一再让步挽留老员工的做法截然相反，但这与德胜的管理理念息息相关。因为在德胜看来，员工并不是企业的主人，那你要离开，德胜就应该放手。在这一点上，聂圣哲超级自信，他才是企业的主人，是这盘棋局的主导者。所以，一个棋子要走，他会用一个更好的棋子来代替。一方面，他会想方设法提高员工的待遇以期让员工安心工作；另一方面，德胜离开任何人都能照常运转，德胜从不贪图快速发展，只希望有一批志同道合者在一起，坚守着稳稳地往前走着。

德胜从不挽留辞职者，是因为德胜的管理给了公司牛气的机会。德胜实行制度化、程序化管理，这些细致的制度与程序让工作变得简单而明确起来。任何一个人，只要你按制度与程序做事，你就能很快适应德胜的工作，所以，德胜认为培养员工工作是一件并不复杂的事情。德胜不怕任何人离职。

基于人性化的管理，德胜对离职员工仍然给予了足够的宽容。

如果员工觉得公司的工作环境和要求不适合自己的工作，可以愉快地辞职或者选择请长假，公司允许其请1~3年的长假出去闯荡，并为其保留

第七章 话说透，爱给够

公职和工龄。

员工长假结束后想回公司，需先向公司书面申请。公司根据其是否完全认同公司的价值观、是否仍能胜任公司的工作及请长假后是否对公司造成伤害等表现，决定其可否回公司工作，并决定是否需要复训。经公司同意回来继续工作的其重返公司后的实际工龄将按以下原则进行计算：原工作工龄扣除请假时间(请假时间按年计算，不满一年按一年计算，3个月以内的不记)。如假期未满，要求回公司上班的同样按以上规定处理。

如员工确因自己的身体状况或家庭原因请长假，公司将根据情况在允许的范围内特殊解决。

对于那些有梦想，想出去创业的员工，德胜不仅接受他们办理1~3年的长假申请，而且保留公职和工龄，甚至可以为他们提供去新地方、新单位的路费。如果在3年内，该员工想重新回德胜，公司还可以提供相应的岗位。当然，对于一个管理完善的企业来说，员工想来就来想走就走是要付出代价和需要条件的。重返的员工必须接受德胜对其价值观的检验，必须写下复职后自己会更加努力工作的承诺书，待复训后认为他可以重新胜任工作才能正式回归。

德胜用这种管理方法，实实在在地给员工们上了严肃的一课。有不少人通过对比又回到了德胜，从此死心塌地追随德胜，这些人也成为了在职员工的活生生的案例，让大家对公司文化有了更深的认同：我确实不是企业的主人，我只有好好工作才能得到想要的回报，德胜尽管管理严格，但对员工足够有爱、足够忠诚，远胜于那些口是心非的企业。

我们来看一看两位离职员工要求重回德胜的信函。

尊敬的各位领导，你们好！

我是去年8月辞工的。我在外面打了很多工，大大小小的公司都做过，的确没见过德胜这么好的公司，辞了工的人还能拿到公司的奖金，我感到内疚，对不起领导。请领导原谅，再给我一次机会，我想再回公司工作，用我的行动，用踏实的工作来回报公司。

说心里话，在外面太苦了，没活儿做时要去找活儿，有事做还要担心拿不到工钱。德胜多好，只要做好本职工作，什么都不用担心。想一想，比一比就知道。

虽然我已经辞工，但常想起在德胜工作的每一天，想起公司的领导，不管做什么事都一视同仁，对下面的员工不摆官架，非常礼貌……

最后我还要提醒有些工友们，要好好珍惜这份工作，在外面打工不太好过，我是亲身经历的，在德胜就像在自己家里一样，这是我的心里话。

尊敬的聂总，您好！公司各位领导好！

进入德胜公司，让我学会了很多东西，于是自我膨胀，失去理智，冲动地作出一个非常错误的辞职决定，也不听别人的劝告，不知珍惜的我就贸然离开德胜这么好的公司，现在真是后悔莫及。

现在我明白，在外面要找到像德胜一样拿那么多钱，那么好的生活条件，工钱都能兑现，最重要的是德胜的老总，对每一位基层工人见面时都会问一声好的，恐怕在中国找不到第二家了。我跑过不少地方，在外面闯荡了这么久，社会上的复杂，找工作的艰难，让我饱尝艰辛。跟别人说起德胜的情况，他们根本不相信，认为不可能有这么好的公司。

我多么想再回德胜公司。如果能再给我一次机会，我会倍加珍惜，一定会好好做事，重塑自我，争取做一个德胜的好员工。可能公司不再需要我这种不知珍惜的人了，但是我还是写了这封信，因为我要向现在还在德胜工作的、曾经想要离开公司的同事们说一声：珍惜现在的工作，好好干下去。不要像我这样，等失去了才知道什么是最重要的。谢谢！

该走的留不住，强扭的瓜甜不了。当员工重新回到公司来的时候，证明他们已经深入地对比过了在不同企业的感受，他们已经脱胎换骨变成了公司文化的忠实"粉丝"。从不挽留辞职者，这是为了让你更加审慎地对待自己的工作，是让你对自己的行为负起责任来。

那么，什么样的人适合在德胜工作呢？要想在德胜工作，必须掌握以下这些基本的做事与做人的原则：

第七章 话说透，爱给够

(1) 无条件地服从上级的安排。

(2) 做事要一步到位。工作要讲求效果、效益、效率。上班时间内要满负荷工作。

(3) 岗位空缺时其他人要有补位意识。

(4) 做事要有始有终。

(5) 质量是道德，质量是修养，质量是对客户的尊重。

(6) 遵守客户第一原则。

(7) 同事沟通要幽默，员工之间要互相关怀。

(8) 遵从物品使用时重要优先原则。

(9) 个人服从全局。

(10) 遵从物品归位原则。

(11) 人人平等。

(12) 充分挖掘个人潜力，充分发挥个人智慧。

(13) 随机应变，遇事快速反应。

(14) 不达目的不罢休。

(15) 在本职岗位有所创新和突破。

(16) 勇于承担责任。

(17) 个人要融入公司工作氛围。

(18) 换位思考、换位替补工作。

(19) 自动执行书面规定以外的约束。

(20) 工作不仅仅是为了完成任务，而是一个认识公司价值观和理念的过程。

(21) 不钻制度的空子。

(22) 对公司不抱怨。

(23) 讲信用。

四、1855规则、解聘预警与"吃一年苦工程"

德胜一直在秉承一种"话说透,爱给够"的管理原则,**"话说透"**即制度与规矩严明而涵盖全面,不给执行留下空隙;**"爱给够"**则是德胜又从人性化的角度出发,让没有犯原则性错误的员工有改过的机会。

德胜尽管没有明确的绩效考核,但德胜执行"1855"的管理规则,即全公司员工按100%计算,年终时,对其中10%的员工进行重奖,对80%的员工予以肯定,对5%的员工进行批评,对5%的员工予以解聘或实施"吃一年苦工程"。这样的管理规则,一是要让工作尽心尽力的员工能得到肯定,二是对那些不能满负荷工作的员工予以警告。德胜的"1855"规则既不让员工因为绩效考核而产生业绩压力,但同时也不给员工懒散的机会,在德胜,你需要做到的就是,孜孜以求地让自己按程序、按制度做好手边的每一件事。

解聘预警是一项极具德胜特色的管理规定。解聘预警属于黄牌警告,是用来提醒员工违反制度的严重后果。在收到"解聘预警"通知之后,如果仍然一意孤行,那你离被正式解聘的时间也就不远了;如果认错态度端正,并且及时改正了错误,德胜则会给予员工再次回公司工作的机会。

收到了"解聘预警"就介于在职员工与离职员工之间,会走向哪一端则取决于员工的表现。如果被解聘和收到"解聘预警"的员工能够不断写信给公司,并对以往工作表现深刻反省,认识到自己的错误与不足并决心

第七章 话说透，爱给够

改正，保证日后更加努力工作，重新塑造自己，德胜公司将根据解聘预警期间对该员工进行观察和评价，根据员工的具体表现再决定是否真正解聘或取消解聘。

德胜的"解聘预警"通知有两个，我们来看看融汇了爱与规矩的两个"解聘预警"通知。

"解聘预警"通知(一)

_____女士/先生：

因为你近期工作松懈，开始背离公司所倡导的"诚实、勤劳、有爱心、不走捷径"的价值观，并多次违背公司相关制度，按照公司"解聘预警"制度，决定于_____年____月____日对你实行解聘。在解聘《公告》下发之前，请你对自己以往的工作表现进行深刻反思，如果能及时认识并纠正自己的错误与不足，同时能保证日后更加努力地工作和重新塑造自己，公司将在预警期内，对你进行观察与评价，然后决定是否解聘。

特此通知

被通知人签名：

德胜(苏州)洋楼有限公司
年　月　日

"解聘预警"通知(二)

_____女士/先生：

自_____年____月____日你被解聘后，公司收到你的思想认识及申请书____封。从中可以看出，你认识到在公司工作期间与公司要求有较大的差距，请求返回公司，并承诺严格遵守公司制度。

根据你的请求，结合《德胜公司员工读本(手册)》中《_____》第____条第____款之规定，同意你返回公司工作，具体时间另行通知。

郑重提示：请你珍惜第二次工作机会，按照公司规定，严格要求自己。否则,你有可能永远失去在德胜工作的机会。

特此通知

被通知人签名:

德胜(苏州)洋楼有限公司

年 月 日

这两个预警通知再次印证了德胜关于"话说透,爱给够"的管理规矩,让员工自主自发地杜绝一切懒惰、耍小聪明、不遵守规章制度的思想和行为,确保每位员工按公司的要求,在自己的工作岗位上尽职尽责,做好每一项工作。

这是一个收到"解聘预警"员工的反思:

我不怪公司,只怪自己过去经历和所处的环境。但我不能辞职,我辞职是伤害了德胜,像我这样不能改变自己的人只有让德胜开除。

我一直在痛苦地改变自己,可惜年龄大了,有些已经形成了习惯,改起来很困难,但是我在做最后两个月的冲刺。如果还改不了,最后我给德胜所做的贡献,就是你把我当成反面教材——把我开除了。

德胜还有一个名为"**吃一年苦工程**"的规矩,这是德胜反击惰性的一种有效办法。聂圣哲认为:"惰性有很多种:一是懒惰,这是惰性;二是拨一下动一下,这是一种显而易见的惰性;第三是一项工作干的时间长了,就开始牛哄哄了,这也是一种惰性。还有一种惰性就是对制度的习以为常。这都表现在慢慢地对制度的威严、对执行制度的人不尊重上。"为彻底地杜绝惰性的滋生,确保"勤劳"的作风与"满负荷"的工作状态能成为企业员工的行为习惯,德胜制订了繁多的规矩,"**1855原则**"与"**解聘预警**"制度为那些违反公司规矩的人敲响了警钟,而"**吃一年苦工程**"是对这些制度的有益补充,它既是对员工的一种惩处,同时也是对他们的拯救,为他们打开了一扇改正错误观念、重回公司的大门。

第七章 话说透，爱给够

对于那些产生了惰性、违反了制度、不能满负荷工作或者不认同公司核心价值观的员工，公司就要按制度对他们采取"解聘预警"或"清醒工程"了，让他们外出去打一年工，自己出去闯荡，去体验外面社会的现实，清醒清醒头脑，公司为他们保留一年公职、工龄。如果经历一年的反省，对自己的不足有了重新的认识，愿意改变自己，愿意按公司的管理规矩来要求自己，你可以重新回到公司来。但培训是少不了的，一切都得从头开始，接受管家中心的培训，考核合格了才能重新回到自己的岗位上去。经过这样一年的"吃苦"与"清醒"，对比了德胜与外面企业的区别，回来的员工都从内心深处有了很大的改变，都愿意真心诚意、尽心尽力地重新开始自己的工作，也真真切切地认同了公司的管理文化。

通过"吃一年苦工程"既淘汰了一些忠诚度低的员工，又锤炼验证了员工的忠诚度。一些员工在外闯荡、吃苦一年回到德胜后更加珍惜回归的机会，倍加热爱德胜。同时从制度和程序上敦促其他员工养成勤劳的习惯。在这样的制度设计下，懒惰的人在德胜公司肯定是没有任何出路的。

1855规则、解聘预警与"吃一年苦工程"，足以显出德胜激励惩罚机制严明，而过程民主。激励可以使有效的行为得到正强化，并且起到示范作用，惩罚可以指出错误的问题所在，从而主动规避。公正有效的奖惩机制是建设高执行力体系的"镜子"，可知可鉴。德胜对员工的处罚实际上可以称得上是一种"教化过程"，处罚不是公司的真正用意，而是通过制度的严谨执行来帮助员工改变错误的工作态度和行为，真正融入德胜的企业文化之中。

五、充满尊严的实惠

德胜提倡以人性化作为所有规章制度的基础，遵循"以人为本"的原则，通过焕发员工内在的自尊心来让员工成为一个有尊严、有独立人格以及能够遵守公司制度、尊重他人的人。

德胜的管理制度中，很多细节都可以感受到德胜以人为本的文化理念。

首先，是对人格与生命的尊重。

在德胜，员工可以自行安排调休，报销费用不需要领导审批，仓库物料可以由员工自由领取。在德胜员工的工牌上都印有每位员工的血型，是为了方便万一发生紧急事故，第一时间能够知道当事人的血型以及找到与他血型相配的员工为其输血。德胜倡导"生命第一"，要求员工在任何时候确保生命安全为重。为了保障员工充分的休息，制定了"强制休息法"和"因公睡眠法"。"强制休息法"是针对公司工地上的建筑工人因为"自主调休方案"，平时不愿意休息，想要积累休假时间回老家休假的情况而设定的。为此，德胜规定："在正常调休前提下，现场工作人员，包括执行长、现场管理人员及员工等，在每年的4月1日至10月1日期间，每周强制休息时间不得少于1个下午；10月2日至3月31日之间，每10天强制休息时间不得少于1个上午。强制休息时间享受强制休息补助。"

德胜的"因公睡眠法"规定：从事驾驶、高空作业等具有一定危险性工作的员工，从事采购、售后服务的部分员工以及无法完全按照公司统一作息，特别是因工作特点很难及时下班，无法保证睡眠时间和质量的员

第七章 话说透，爱给够

工，每周可自主安排半天的因公睡眠，照样享有全额工资及其他待遇。除此之外，公司坚决拒绝员工带病工作。在德胜，带病工作不是一种美德，而会被批评。

其次，丰富而全面的生活福利。

在生活方面，德胜的免费职工公寓设施齐全，空调、电视、洗衣机一应俱全，连洗衣粉、面巾纸等生活用品也一并免费提供。因为员工大多为外地人，公司特别为员工安装了免费的私事长途电话，但对通话时间是有控制的。如果员工结婚搬出去租房子，公司还会报销50%的房租。除此之外，职工食堂每天为员工提供肉、蛋、鱼、蔬菜等多个品种，而价格只有2～4元。在员工读本上关于食品采购、加工、管理的条例写明："水产品只采购海产品，最好是深海产品；淡水鱼、河虾要在没有被污染的清水河地区采购；厨房常备西红柿、牛肉、洋葱、黑木耳、豆类制品等等。"以确保员工们能吃到健康的食品。在德胜的食堂，明确标注了洗菜、配菜、炒菜各个步骤的负责人，便于员工有问题找相应人员沟通。

餐厅一角

德胜为所有员工提供免费的纯净水，就算是在工地上，开水也能保障24小时供应。除此之外，小区的自动售货机上，所有的饮料都只需要1元钱，在这儿，你能喝到全世界最便宜的可乐。

公司的车辆你可以随时开走，只需要提前写好用车登记表，私人用车每次仅需支付20元。公司为员工报销从工作地回家的返程差旅费用，就算是自动辞职的员工，去新公司的车费德胜也为之提供。员工结婚，可得到2000元的结婚补助。家庭困难、突发事件、丧事等也可向公司申请补助，重大病几乎全给报销。当员工遇到困难时，还可以向公司申请免息借款。

第三，人性化的福利补充。

德胜对员工的娱乐生活也制定了较为人性化的规章制度。德胜公司除了动员员工参加感恩节、圣诞节的自导自演的文娱活动外，休息时间，员工可以自发组织篮球、乒乓球、棋类等娱乐活动。每逢西方的"感恩节"，德胜全体员工都会抽出一个下午的时间欢度节日。平时，德胜员工都有各自的情感慰问对象，通过谈心等方式帮助对方解决心理或情绪问题。在临近感恩节时，那些被帮助的员工会给平时给予他们情感慰问的同事购买一份礼物，价值60～80元，这些费用可在公司随时报销。在感恩节这天，大家互赠礼品，在感恩的背景音乐下做一些娱乐游戏，进一步加深了彼此的感情。但在工作中德胜公司要求员工："工作时谈论与工作无关的话题或哼小曲或吹口哨的，第一次罚款100元，并给予警告处分；第二次罚款300元，并通报批评；第三次解聘。"

德胜员工每年可以代表公司招待家属一次，每人标准不超过60元，宴请人数不超过10人，可直接去财务报销。员工每年还可以给上学的子女赠送一件200元以内的礼品，直至大学毕业，费用也由公司支付。如果因公在外，由于天气原因而需要添置衣物，你不要担心，公司也会为你报销为此而发生的相关费用。

德胜的人性化无处不在，对于那些有梦想，想出去创业的员工，德胜不仅接受他们办理1～3年的长假申请，而且保留公职和工龄，甚至可以为他们提供去新地方、新单位的路费。如果在3年内，该员工想重新回德胜，公司还可以提供相应的岗位。当然，对于一个管理完善的企业来说，员工想来就来想走就走是要付出代价和需要条件的。重返的员工必须接受德胜对其价值观的检验，必须写下复职后自己会更加努力工作的承诺书，待复训后认为他可以重新胜任工作才能正式回归。

第四，实实在在的培训。

德胜认为，管理就是有效教育，所以，德胜非常重视培训。在德胜，培训是全方位的，而且是免费的，但培训又是极其严格的，公司为此制定了《制度学习规定》、《复训制度》、《员工出国考察规定》、《工地训导制度》、木工学校的226条军规等多项与学习培训有关的制度。德胜支

第七章 话说透，爱给够

持员工外出学习，每一个德胜员工都有出国考察的机会，公司鼓励员工参加各类培训，每获得一个证书，公司都会给予不同额度的奖励。为了确保员工在公司能得到有效的培育，公司还采用师徒制。而木工学校，则全免费向那些适合德胜用人条件的农村子弟开放。

第五，金色降落伞计划。

金色降落伞计划是围绕员工安度晚年而展开的一个养老保障体系，只要你是德胜员工，从德胜退休，就能享受到入驻德胜养老公寓的机会。公司为此制定了《终身员工资格规定》与《提前进入终身员工行列试行条例》，终身员工将在退休后享受公司特别提供的福利待遇。

聂圣哲曾说过："就是要让他们有自豪感，做人有尊严感，对自己的职业有荣耀感！"德胜通过这些人性化的制度，让所有员工切身感受到公司带来的"尊严"，又享受到"实惠"。

第八章 执行不留死角

"企业的强大靠的是不折不扣的执行。无论制度有多完善，程序有多精细，思路有多创新，如果不能得到全盘有效的执行，等同一纸空文。执行，不仅需要制度的优化，更需要观念的认同。"

第八章 执行不留死角

一、制度结构金字塔

德胜公司的制度结构包括制度要求条款、实施执行细则、监督检查程序。德胜公司重视制度的制订，但更重视制度的可执行性，它以一种颠覆传统的形式在诠译一种新的理念。在大多数公司，对制度的制订非常重视，制度制订得面面俱到，但能否执行到位却无人问津，所以制度往往形同虚设。

在德胜公司的制度结构中，制度要求条款在其中所占比例最小，在几十页的员工守则中，主要制度要求条款只有那么几页篇幅。实施执行细则相对较多，为的是将制度要求条款细化、量化为可操作的标准、方法和具体措施，包括奖惩条例，每半个月一次的制度学习活动、试用职工条例、申明与承诺、培训与复训制度等。而监督检查程序的比例最大，也最完整、最系统、最严密，它是德胜实行制度化管理的最大特色。经过长期的探索试验、总结提炼，德胜创造出了许多别具一格而又严密有效的监督检查措施，如德胜公告、解聘预警程序、听证会程序、权力制约制度、1855规则、个人信用系统、质量与制度监察系统、神秘访客制度等。制度要求、实施执行细则、监督检查程序这三者的比例为1∶2∶3。

例如关于反对腐败的制度，很多企业也有相关的制度规定，可能只是制定类似"禁止收礼和接受宴请"的规定，而没有针对这项规定的具体要求条款，没有详细的量化的方法和实施细则，这样的规定执行起来势必要大打折扣。而且，这些企业没有跟踪监督体系，只有制度的要求，执行率通常不高。德胜公司同样要求员工不得收受客户的礼品和宴请，同其他企业不同的是，德胜公司会针对相关的制度规定，制定更加详细具体的执行细则，如"不得接受20支香烟以上，100克酒以上的礼品，20元以上的工作餐，违者要予以追究，一经查实立即处理"等具体规章条款。不仅如此，在规章、细则之后，还有特定的跟踪监督体系，如德胜人力资源中心会向所有的约200家供应商和合作商寄发反腐公函及反馈表，定期反馈。

　　正是因为德胜的制度结构更侧重执行细则和监督检查程序，才使得制度的执行力大大提高。德胜公司对于违反制度的行为，一经发现、查实就按奖惩条例100%执行，无一例外，对管理干部的处罚，则要比普通员工重10%。在德胜严密的监督检查程序下，违反制度的行为很难逃过众人的眼睛。其监督检查程序大致来自以下三方面：第一，各层级管理者的细密检查、监督；第二，职能部门(质量督察官、制度督察官、程序中心、神秘访客等)的有效监督检查；第三，基层员工、同事间的互相监督。有了这些监管，那些违反制度的行为往往难逃众人的法眼。德胜的员工不像一般企业的员工那样，只扫自家门前雪，他们会用公司的制度来约束自己，也会抵制周边的违规行为，在木工学校就发生过20多人报告同一违规行为的事。

　　德胜公司的制度结构揭示了一个重要的管理规律：**制度的执行必须要有可操作的执行细则配套，同时还要有严密有效的监督检查程序作保障，三者缺一不可。**其中执行细则是对制度执行条款的补充说明，而监督检查程序是制度化管理的核心环节。德胜公司的这种制度结构使企业的规章制度不再空谈，通过制度要求条款、实施执行细则、监督检查程序，使员工更容易规范自己的行为，提高了制度的执行率。

　　通常来说，制度的设计有两种思路：

　　一种是制度写得很多，面面俱到，至于能不能做到，能不能执行到位，则考虑得很少，反正多比少好，说了等于做了，强调了就等于做到位了。

　　另一种是宁愿少写一些，但写一条就要做到一条，以后再逐步完善。这是一种富有挑战性的制度设计思路，是需要勇气、魄力的抉择。

　　制度少而精的企业，对制度的执行一般都表现出更大的决心和信心。

　　张瑞敏刚接管海尔时，就曾勇敢地抛开原来的一大摞制度，只制定了

第八章 执行不留死角

简单的13条规定。13条都做到了再补充完善,逐步形成为今日的OEC管理制度体系。德胜制度起初也比较简单,当时还只用活页纸,没装订成册。2004年才形成39页制度＋47页的小册子(第4版)。

一个好的制度,对一些人可能如鱼得水,但对另一些人来说则可能是毒药。

一个不遵守制度的人是一个不可靠的人,一个不遵循制度的民族是一个不可靠的民族。

制度没执行,等于一张白纸。**中国企业管理的一个最大问题,就是制度多,执行少、执行难、执行率低**。德胜的制度不是最多的,但是却能依照制度彻底执行,说到做到,这正是德胜管理的精髓。

二、德胜"两会"

德胜有两会,初听起来让人觉得有点奇怪。但这两会绝对是德胜脱颖而出的特色管理。德胜"两会"是制度学习会和听证会。

企业运营与管理需要有依据,所以但凡企业成立后总要制订相应的管理规定,德胜也一样,制订出了诸多管理制度与执行规定。但这些规定制定后,如果只是摆在纸面上,会议上宣读一下,然后束之高阁,员工根本无法记住并理解、执行,管理者亦会日渐淡忘这些相关规定,管理就会回到一盘散沙的状态。德胜的管理者深知人的惰性,对于制度学习与执行必

全国各地同一时间、不同地点召开制度学习会

第八章 执行不留死角

须从被动接受才能养成主动执行的习惯。因此，德胜特别设定了"制度学习会"。

每月1号、15号两次制度学习会，是雷打不动的议程，任何人都要抽出时间来参加公司例行的制度学习会，因为工作等其他原因不能参加制度学习会，必须提前请假，获批后才能缺席，否则会受到严厉惩罚。制度学习会上，员工们一句一句地读制度，重温制度的相关条款，为了加深员工的记忆，读完制度后会特别安排大家围绕着制度在工作中的执行展开讨论，充分听取大家的建议，解除员工们的误会，让制度能得以更好的执行。

每月两次，一年二十多次的重复学习，让员工们都能轻松地背出制度的一些条款来，这种一次又一次的强化熏陶，制度变成了员工的潜意识，制度得到了越来越高效的执行，这正是德胜管理的独到之处。

为了保障每一次学习会的效果，让大家注意力集中，在学习的方式上，德胜也采取了一些新举措。过去，是主持人朗读，大家听或者大家跟读，这都会给人思想开溜的机会。后来，改成一人读一条，按序读下去，这样一来，很好地解决了流于形式、敷衍了事的培训态度问题，每个人都得全神贯注，稍一走神，就可能被人发现。

除制度学习会之外，德胜的"两会"还包括听证会。举行听证会的目的是为了合理合法、公平公正地处罚违规员工，协调与正确处理同事之间因工作关系发生的矛盾与纠纷，辩明和表决有争议的重大事情等。听证会程序给当事人或矛盾双方提供了充分表达意见与建议的机会，能够有效避免明显有失公正或者伤害员工利益的事情发生，是德胜人性化管理的真正举措。

通常来说，听证会主要有四类：当员工严重违反公司制度，其言行给公司造成了不良影响或损失，甚至危害到公司的正常运转时，公司将启动听证程序；当工作遇到争议，无法进行下去时，可以启动听证程序；当员工之间为工作发生矛盾，并各持己见，意见无法统一时，任何一方有权向公司申请召开听证会；当员工觉得自己受了委屈或遇到不公正待遇时，可以随时向公司申请召开听证会。

每次听证会举办之前，公司会对外发布公告，邀请有兴趣有时间的人

关于是否允许上班期间接送小孩子上学的听证会

员前来旁听。听证会包括当事人、主持人1人、听证团至少5人、速记员1人、事件见证人若干、旁听人员、观察员若干，由当事人陈述、质证、辩论矛盾发生的起因、经过，提出自己的观点、理由及解决办法，听证团通过调查、记录、分析，最后作出处理结论。

因为有了听证会，员工的委屈与矛盾减少了，出现了问题都可以拿到听证会上来，由听证团来协助解决，有了大家的参与、调查、调解，基本上没有解决不了的问题。对于大多数企业来说，员工之间出现了矛盾，要么被隐藏起来成为地雷，要么由领导一言堂独断处理，不管哪一种方式，都会留下管理隐患，让员工内心生出不满来。而德胜的员工，却通过听证会拥有了一种油然而生的自尊，这种民主解决问题的方法让大家都有了尊严、有了担当、有了责任意识，从而能有效地避免权力膨胀、不受制约、互相猜忌等问题的发生。

德胜"两会"如同两柄利刃，一会以学习的形式保障制度的落实，让制度能够生根开花；一会以听证的形式，给员工尊严，让员工学会用制度来公开、公平、公正地解决问题，从而让文化与制度深入人心。

第八章 | 执行不留死角

三、少一事不如多一事

"少一事不如多一事"是德胜员工的口头禅，是德胜员工的处事态度。但凡是公司的事，就都是自己的事，到了手边的事，只要是你能处理好的，就不能推托。**德胜人的习惯就是，主动补位，多管闲事，以确保公司的事务不会出现无人管理的状况。**当每个人都把"只要对公司有好处"当成工作的原则，"少一事不如多一事"就会让员工确保程序的每个细节落实到位，就会检查每一项工作以不留下漏洞，就会把他人的疏漏当成自己的责任去补缺，这样一来，管理就不会出现死角，细节就能做到极致。**比制度更有力的是一种良好习惯的养成，"少一事不如多一事"就是一种敬业、职业的责任感与好习惯。**

聂圣哲说过这样一句话："做人一定要有爱心，有爱心才不会伤害别人，你才会尊重别人，你才会把事情做好。"如何才能做到"少一事不如多一事"？这就需要有一种由内而外的爱心，热爱自己的工作，热爱自己的企业，热爱身边的同事，懂得为集体考虑，将个人的发展纳入企业的成长之中，认同公司的文化，只有这样，"少一事不如多一事"才会变成一种软文化，发挥出比制度管理更强大的威力，这种威力于无形中推动着企业的自然生长。

德胜员工读本中有一则题为《不要说和你没关系》的寓言故事：一只住在农户家的老鼠看到农夫在家里放了一个捕鼠器，于是立即向院子里的公鸡、圈里的猪和栏里的牛通报了这个消息。可是公鸡、猪和牛都不以为然，认为捕鼠器只会给老鼠带来伤害。当天晚上，农夫家里传出响声，捕鼠器抓到了猎物。农夫的妻子急忙赶去查看，黑暗中，她没有看清那是一条尾巴被夹住的毒蛇。结果毒蛇咬伤了农妇。农妇住院了，并且发烧了。农夫听说鸡汤可以退烧，于是鸡被宰了。农妇的病情没有好转，朋友和邻居纷纷赶来轮流照顾她，为了款待他们，农夫把猪给杀了。农夫的妻子病情恶化，葬礼之后，农夫杀了牛做成吃的招待参加葬礼的村民。

千万不要觉得鸡、猪和牛无辜，同在一个院子里，多为别人考虑一点，为别人带去好处的时候，其实你正在不知不觉中泽被自己。

所以，德胜的员工要拒绝冷漠，不能有"事不关己，高高挂起"的心态，对于任何发生在你身边的事都不要置之度外。企业发展了，员工才会有更大的发展平台，更稳定的收入与丰厚的福利。惰性是一种毒药，你放纵了自己一次，就会有下一次，最终让自己变成一个没有担当的人，一个不能履行制度、执行程序的人，这样的人，在哪里都找不到自己的舞台。

任何一个人受伤时，生病时，伤心时，那时候的我们都是最脆弱的，最需要朋友、同事的温暖和安慰的。而这一刻你所给的一句问候，一个动作，一个眼神，都会让他们倍感温暖。德胜总是这样地教育员工，一定要在意别人的存在，在意同事的存在，在意你身边的每一个人，因为在意他们其实就是在意你自己。

德胜员工以乐干的心态满负荷、按程序地做着事情，他们把工作看成是自己生活不可缺少的部分，所以他们认真负责地做每一件事，没有部门之间的隔阂，没有同事之间的猜忌，大家互相配合，以偷懒与磨洋工为耻，愉快地享受着工作带来的幸福感。世间万物，彼此关联，你在意别人的存在，别人也会在意你、关心你、帮助你，当你摒弃以自我为中心的狭隘思想，让"少一事不如多一事"的良好心态成为处事的习惯思维时，公司的管理就会焕发出一种青春活力来。

第八章 | 执行不留死角

四、任何事都要预约

不速之客向来不受欢迎，不受欢迎的原因是他打乱了别人的计划，让人措手不及。所以，我们登门造访，都需要提前预约一下，否则，你有可能空跑一趟。工作上的约见就更是如此了，**在德胜，任何事都需要预约，没有预约就没有处理事情的时间，也没有人来接见你。**

德胜一再强调：蔑视程序的人就是德胜的敌人！所以，德胜的员工都在按程序执行工作，都在某一个程序的某一个节点上，就像一条流水线，每一个人都必须坚守在自己的岗位上，所以，所有人都在工作计划中，任何没有预约的到访都会造成程序的紊乱。为此，德胜明确规定，任何事都要预约，没有预约的一切事情，你都可以拒绝。

在德胜的前台，挂着一幅打油诗式的提示：制度严执行，办事须预约，信用有价值，矛盾无意义。四句话将德胜的管理规矩一一道出来了，其中预约位列其中，可见预约在德胜的重要性。

打油诗公示牌

预约是对他人的尊重。不管是工作还是个人生活，每个人都有自己的空间和自己必须处理的事情，没有预约的突然造访会打乱他人的计划，给人猝不及防之感，让人不得不放下手中的活来接待你。显然，这种没有预约的造访是一种极不礼貌的行为，将自己的事情凌驾在别人的感觉之上，被访者通常会产生不好的印象。你没有对别人的时间和工作表示足够的尊重，对方也很难心平气和地来处理你的事情。

预约是工作有计划性的表现。没有预约就证明工作不在计划之中，是一个极冒失的临时决定。对于这样的来访者，只能说明三点，一是此人毫无计划性，二是计划没有可执行性，三是没有执行计划。此三点都是德胜管理中再三强调必须杜绝的管理毒瘤。

预约才能严格执行程序。德胜强调预约的必须性，不仅仅是针对客户与来访者，对于政府部门以及内部员工，预约都是处理工作的前提，没有预约，你先靠边站。就算是老板想约谈员工，也不可以随叫随到，必须提前预约。随叫随到看似快速地解决了老板的问题，而实际上是耽搁了公司的工作进展。德胜实行程序化管理，就是让所有的工作都有了提前预告，让员工们了解工作进展，了解如何对接，了解工作的衔接点，这样，程序才能得到严格的真正的执行，项目才能得以如期高质量地完成。

预约让工作效率更高。预约让拜访一方提前为事情做好了准备工作，只待对接，同时也让被访者提前做好了相关工作的准备，能够全心全意地快速处理好事情，这样一来，自然事半功倍。

预约不只是一个口号，而是从上到下的一种践行：

作为公司老板，聂圣哲也和员工一样执行预约程序。一般公司，老板若要找某个干部和员工谈话或听取汇报，就拿起电话，叫×××到老板办公室来一趟，这是再正常不过的事。聂圣哲不是这样，他每次都会在电话里问×××，你现在有没有空？什么时候有空请到我这里来一趟，然后预约好会见时间。

2006年5月29日，姚德平受公司委托，负责主持第四届工作例会。姚德平感到非常荣幸，自己并非公司领导，要是在别的公司，这样重要的会

第八章 执行不留死角

议是轮不到自己来主持的。

就在开会的前一天晚上,聂圣哲打电话给姚德平,问自己应在什么时间参加会议比较合适,因为会议议程里安排了他的两个主题讲话。聂圣哲怕自己提早到会场会影响到参会人员对工作中的一些问题的讨论,怕大家不能畅所欲言(老总在,有的人怕说话),所以请姚德平在他可以来讲话时,提前打电话告知一下。

按常理,一个老总要参加会议,什么时候都可以去,根本不必提前预约。可德胜公司就是这样,一切都要预约,老总也不例外。

五、绝无仅有的个人信用体系

德胜提倡"诚实",希望大家都做老实人,认真地做事情,只因为老实人"不走捷径",能像工匠一样严格地对待程序。

从程序执行上而言,德胜要求工作尽可能地细致;而从制度管理上而言,德胜希望尽可能地简化。其实,细致是为了简化,简化是为了执行更高效。为了管理的简化与落实,德胜为每一个员工建立了一套个人信用体系,并且用完善的制度体系和严谨的程序化运作来保障员工的诚信。

在这套个人信用管理体系之中,你的每一项工作,每一个程序,每一项报销,每一天的行程,表扬与批评,等等,都被记录在其中。每一项记录都是对个人诚信的辅助判断。那么,究竟什么是"个人信用计算机辅助系统"呢?其实这是一套专门分析员工报销行为的系统。它可以从员工的报销单据中分析出单据的真实性及费用发生的必要性,也可以通过归纳法分析出员工的报销习惯,从而从大量的数据分析中对异常情况进行预警。同时,员工的守信与不守信的行为都会记录在系统里。公司可从系统给出的数据了解每一位员工的信用参数。员工进入公司后,其对应的信用信息也就进入了该系统。可以这样说,这套系统伴随着员工在公司的所有时间。

大家都知道,德胜员工报销是不需要领导签字的。但不是说就没有了约束,个人信用体系会发挥及时的作用。

在报销前,任何人都必须认真聆听财务人员宣读《严肃提示——报销前的声明》:"您现在所报销的凭据必须真实及符合《财务报销规则》。否则将成为您欺诈、违规甚至违法的证据,必将受到严厉的处罚并付出相

第八章 执行不留死角

应的代价，这个污点将伴随你一生。如果因记忆模糊而不能确认报销的真实性，请再一次认真回忆并确认凭据无误，然后开始报销，这是极其严肃的问题。"这样一个宣示非常严肃，每位员工每次报销都必须先经过这样一个环节，这不仅是对员工不要虚报票据的提示，更像一个庄重的仪式一样，能起到一种威慑作用。

当然，信用问题并非仅靠员工个人的自我约束。制度的明确与可执行性是保障员工不发生欺瞒事情的前提。在德胜的《财务报销规则》里，对于哪些是可以报销的费用有明确的规定。哪些是因公费用，哪些是因私费用，哪些是可列入报销的因私费用，都进行了细致详尽的解说。对于那些很难界定的因公费用，德胜有如下规定：有些费用是很难界定为因公费用的，这种情况下可以找公司的员工提供证明。员工如果为别人提供虚假证明，视同提供假文件，将受到相应惩罚，其在公司的信用度也将受到严重影响。很难界定的因公费用如：购买假公济私物品(以公司的名义购买的自己喜欢的物品，主要自己使用或占用)的费用；某些情况下的招待费用；在享受医疗保险时在非指定的医院发生的医疗费用；与客户单位某一员工产生恋情而发生的通讯、交通及其他有关费用；在调查时没有证据能证明因公的费用等。

有了制度的保障，腐败与欺诈行为的界定就变得分明了，如果员工还要一意孤行，公司就会采取严厉的惩处措施。

德胜财务部只有服务功能，绝对不能监督、干预、阻挠员工为企业花钱和报销。但就是在这样的报销制度下，在最近几年来，却并没有一起假发票事件，没发生过一例化私为公的报销。

在严格的制度管

财务副总监 姚德平

理下，德胜员工都知道自己的行为与自己的信用等级挂钩，而信用等级关系着自己在德胜的工作、尊严。因此，在报销之前，每个员工都会十分慎重地核对票据，在做一件事情前，一定会先思考一下对公司是否有好处。这样一套绝无仅有的个人信用体系，不仅提高了员工对个人信用的要求，同时也使整个公司形成了一种良好的诚信的文化氛围。可以这样说，任何事，交到德胜员工手里，你就放心吧！

第八章 | 执行不留死角

六、程序中心是一本活着的日历

程序就是人们按照事先设定的时间、空间、物料、工艺要求、工作标准来处理一项工作或事情，程序丰富多彩地存在于人们的生活、工作、管理、学习和思维等各种各样的活动之中。在德胜，几乎每一项工作都可以纳入程序之中。

对程序的严格要求，在德胜被列为是与否的分水岭。无论你的结果如何，如果没有按程序执行，那工作就得推倒重来。如果你敢蔑视德胜的程序，那就请你赶紧离开公司。德胜为何将程序看得如此之重？为何敢于

现代美欧风格木结构住宅

将所有的工作以程序来作为要求？聂圣哲对洋楼建造过程中每一道工序，每一个细节，每一个流程，都经历过了实实在在的摸索与总结，并将其形成了一整套程序化和标准化的施工程序，这样一套程序是被验证过了的能保障品质的工作方法。德胜为此特别设立了一个部门——程序中心。2004年，聂圣哲首创了这一专门负责企业所有工作的程序收集、编写、修订和监督执行的"立法与监督"的管理机构。至2010年，公司全面进入程序化、标准化运营，德胜员工都能按照各自工作的程序化流程和标准化要求进行操作，程序中心的运转已趋于成熟，工作的日常运营也变得更加有条理、有规矩、有节奏。

程序中心相当于德胜的一个指令中枢，是致力于全公司信息畅通的一个总平台，通过采用口头、书面、网络、电话、手机短信等方式不断了解、收集和公布公司的信息，为各个部门提供信息支持与协助。德胜通过部门人员集体民主协商的方式将自己部门的各种工作编成一条条流程，每一个部门的每一件工作都有与之相对应的一条程序，他们将程序标准化、详细化，使自己的工作可以实现工序流程化。程序中心管理并监督着各个部门的工作进展，检查他们在平时工作时是否按照程序来做事，以达到公司的统筹管理。

程序中心就是一本活着的日历，它把公司的活动正规起来，使德胜的员工始终明白自己现在要做什么，未来要做什么，如何衔接工作，如何做好工作，每一步都在这本日历上写着，你只要打开程序中心这本日历，就知道自己正在干着什么、同事正在做着什么，公司整个运作状态尽在其中。在程序中心的调控下，德胜的每一个人、每一项工作都被安排得井井有条，而且，每一项工作都在程序中运行，出现了任何的纰漏，都会及时反馈回来，以便即时处理，不留后患。因为有了程序中心的指挥调度，即使是新来的员工也能很快投入到工作中来，来宾如何接待，礼品如何处理，会该怎么开，感恩节要如何过，安全事故应急救援怎么办，台风来了有哪些应急程序，采购部门的工作流程是什么，人力资源部门招聘人员的程序是怎样的，甚至于刷马桶分几个步骤等，都有程序的详细指示。只要你认真执行了程序，你想犯错误都不容易。

第八章 执行不留死角

德胜用程序代替了岗位，淡化了部门和岗位的概念。公司的一切动态都在程序中心的平台上。因为有了程序中心，管理的层级被简化了，德胜因此连副总都不需要，所有工作的运转只需要一个程序中心就能了如指掌、运筹帷幄了。

美国著名管理学家、经济学家弗雷德里克·温斯洛·泰勒通过搬运铁块、铁砂和煤炭的挖掘、金属切削三个著名的试验对劳动时间、作业程序、操作标准以及工具、工艺要求等都进行过严密的测算和研究，经过反复试验之后，制定了一套作业标准化、程序化和工资计量化的科学管理体系，成为科学管理之父。德胜成立之初，聂圣哲也像泰勒那样整天泡在工地现场，一方面手把手教工人们施工操作，一方面反复试验，最终总结出了一套建造流程与操作规程。

德胜也经历过管理上的混乱，面对变局，聂圣哲痛心地反思："德胜如不整顿，不建立程序管理，那就离倒闭不远了。"随后，聂圣哲在德胜公司第七次战略会议上做出《蔑视程序的人永远是德胜的敌人》的主题发言，成立了程序中心。从此以后，德胜的程序管理便无处不在、无事不有、见漏就补。

程序中心按照公司业务和程序层级分为如下几个方面：

1. 洋楼施工程序
2. 物业保洁管理程序
3. 接待参观程序
4. 庆典活动程序
5. 训导和复训程序
6. 制度与质量督察程序
7. 安全管理与事故处置程序
8. 采购程序
9. 销售程序
10. 员工考核奖惩程序
11. 突发事件处置程序

12. 同事关系处理程序
13. 思考问题解决难题的程序

  当然,德胜的程序远不止这些,并不断地在补充与完善,在不断循环使用中发现和剔除程序中微小的不利因素,从而加以优化,使整个程序运行得越来越顺利,麻烦越来越少,效率越来越高。经过这些年的运用与探索,程序化成为员工们的行为习惯,德胜管理日渐走上了"自动化"运转的轨道。**程序不是来自管理者的主观臆想,它是对最佳工作方式的总结,是最有效率的流程形式。**只要员工始终按照预先设定好的最佳工作程序来工作,就能得到最佳的结果,而且以后的每件事情做起来都始终如一,换一个人来做都是一样的效果。有了程序的保驾护航,一幢洋楼从挖地基到竣工有300多道工序,施工中每个时间段的计划都做得很缜密,没有杂和乱的感觉,办公室更是如此,每个人都按事先做好的计划有条不紊地工作着。

  程序中心的创立使得德胜公司在管理上能达到四两拨千斤的效果,10个员工就能毫不费力地掌握运营好德胜公司每年380多个集装箱的业务,13人左右的管理团队就能打理好这个资产数亿的公司。

  对德胜来说,程序中心的存在意义非凡,关系着企业的生死存亡。没有程序,工作的执行就会大打折扣,产品的品质就得不到保障,员工的工作心态就会浮躁,管理便会日渐无序。不搞程序化运作,企业便只有死路一条。

第九章 脚踏实地的工作是一种美德

> **德**胜不喜欢"牛哄哄"的员工，拒绝"高高在上"的精英；德胜提倡"老实人"文化，提倡脚踏实地的工作心态；德胜提倡大爱情怀，但拒绝裙带关系。在这里，任何人没有特殊化，每个人都要满负荷地敬业工作。

第九章 | 脚踏实地的工作是一种美德

一、管理层不能脱产

在德胜,任何管理者首先必须是一个优秀的员工,必须有丰富的一线工作经验。德胜规定,管理干部不得完全脱产。几乎所有的德胜管理干部都是从一线提拔上来的,提拔他们的原因是因为他们都是某一领域中的专家或能手,有着丰富的一线工作经验,所有的工作一看就知道对不对,能指点下属按程序做好工作。但是,脱离一线时间长了,管理干部们容易犯两个毛病,一是开始变得牛哄哄了,利用权力制约下属;另一个毛病就是瞎指挥,对于实战工作生疏了,却自以为是地指挥员工,根本起不到监管的作用。

聂圣哲意识到了这一点,坚决要求所有的管理人员每个月到一线代岗一天,一般的管理人员去管家中心代岗,工地总监去工地代岗,暂停职务,把管理工作交出来,手机存放到

施工工程部总指挥 赵建星

办公室,实实在在做一个小兵,拿起工具去一线做那些程序中的小事。聂圣哲强调:一定要顶岗一天,否则,他们的管理水平就会退步。这一天就不要问我管理上的事,我都委托给我的助手了,这一天我就是个小兵。我只管拿着工具做我的事情。就是一定要有这么一天,你只是作为一个普通

· 213 ·

的一线员工，你必须得做完自己代岗的工作，直到第二天才能恢复你的职务。这是我们管理上很独特的地方。

确实，不上一线就只能纸上谈兵，很多问题，你只有到了第一线才能真正地发现和解决。

管理人员要不停地专注地在一线工作

4月19日，我在厨房顶岗，擦餐厅窗子的时候，我发现每个铝合金窗中都有一扇是经常不动的，于是便打开看了一下，结果发现窗子下面有一些死苍蝇，有的已经干枯了。如果我那天不顶岗，不亲自去擦那个窗子，就发现不了这个问题，至少不会这么快发现这个问题。

管理人员长时间离开第一线，他不但不能发现管理中存在的新问题，而且原有的技能也会淡忘，更不能正确地指挥别的员工。因此，管理人员首先必须是一个合格的员工，而且还必须在任何时候都是出类拔萃的员工。这需要他不停地专注地在一线工作。

财务副总监 姚德平

为了解决管理人员不脱离一线的问题，公司将代岗写进了制度中。

工地总监代岗制度

管理者如果不坚持在一线工作，就会失去发现问题、解决问题的能力。公司坚决反对管理者脱产，绝不允许有脱产的管理人员。工地总监每月必须在一线至少代岗一天。这是德胜公司的制度，是反对官僚作风的有效方式，也是德胜的传家宝。

一、各工地总监每个月必须代岗一天以上。各工地副总监每个月必须代岗两天以上。

二、非履行管理职责期间，工地总监、副总监均应在一线工作。

三、代岗工作可在木工、水电工、油漆工和砖瓦工四种类型中任选一种。

四、所有代岗人员均须以普通工人的身份工作，不允许对下属发号施令。工作时间与工地工作人员一致，包括参加当日晚上的班组会议。

第九章 脚踏实地的工作是一种美德

五、代岗前一天,必须确定好工地管理工作的代理人,并把工作安排好,不允许在代岗期间从事或兼任管理工作。代岗期间,工地所有的管理工作,包括当日晚上班组会议的主持均由代理人履行。

六、代岗人员每月的代岗计划及确定的代理人必须在代岗前两天报程序中心公布。

七、代岗期间的工作,质量督察部门要进行跟踪督察。

八、代岗期间,代岗人员必须满负荷工作,并关闭手机。

九、代岗工作结束后,代岗人员必须认真填写"每日工作流水记录",并在工地公告栏和公司公用邮箱公布,接受全体员工的监督。没有条件在公司公用邮箱里公布的可委托同事代办。

从劳动成本的角度来考虑,让一个拿着高薪的管理人员去做保洁、绿化、帮厨或者木工、油漆工,确实不划算,但对公司的长远发展来说,代岗制就是公司的管理法宝。一是解决了干部权力泛滥、光说不练的问题,有效地保证了管理者们能够脚踏实地地工作。管理者到一线去顶岗,这种角色的转换让他们学会了换位思考,加强了同一线工人的沟通与联系,从而能更好地完善公司的制度与程序;二是顶岗让一线员工感觉到上司与自己肩并肩在奋斗,将大受鼓舞。管理人员的以身作则也能让一线员工看到未来的发展希望。

聂圣哲曾说:"我坚决反对干部脱产,脱产会毁掉我们的管理,脱产会使你失去发现问题的能力。为什么要从一线提拔你们而没有提拔清华大学博士?因为只有你们才能审核这些图纸能不能做。但是时间长了,你们对这些东西就可能不敏感了。所以我们的管理人员要有下工地的指标,只有这样,我们的队伍才能保持常胜不败。"**要把事做好,及时发现和解决问题,就必须深入执行末端,必须到现场去,去一线工作。**

在一次顶岗时,赵雷发现壁挂式空调过滤网卡在挂钩上,取不下来。可是他到了另一个房间,却发现同一机型的空调过滤网的安装方法与前一个房间不一样。同一种空调,安装方法怎么会不同呢?肯定有一个存在问题。于是他请教了别人，才知道前一间房安装错了。

　　这样的问题，如果不是深入到了第一线，你是根本发现不了的。顶岗制度是德胜在管理上最独特的地方之一，其独特之处在于顶岗的时候，你完全脱离了原来的身份，必须把心态放平到一个普通员工的角度来对待工作，这种规定不仅防止了官僚主义的滋生，而且能深入群众，及时地发现和解决潜藏的诸多管理漏洞。

二、绝不让老实人吃亏

世界很复杂，德胜很简单。德胜的简单就是，这儿不需要有小聪明的人，需要的是认认真真执行程序，踏踏实实做好事情，全心全意认同制度文化的老实人。德胜以"诚实、勤劳、有爱心、不走捷径"的核心价值观，营造出了一个老实人赢天下的氛围，所以，德胜的员工愿意做老实人，愿意认认真真地做好对公司有好处的每一件事。在德胜员工的眼里，事无巨细，只要关乎公司的发展，那就是大事，不管别人怎么想，我一定要按公司的制度要求自己。这正是老实人的做事心态。

德胜喜欢老实人、培养老实人，也正在用行动守护老实人。

首先，我们得理解什么是老实人。老实人不是传统意义上老实巴交，指一个地方打一枪的木讷人。**老实人是指能认同并且坚决贯彻德胜"诚实、勤劳、有爱心、不走捷径"的核心价值观，能一丝不苟地执行工作程序，能严格地遵守公司的每一项制度，能满负荷地认真工作的人，这就是德胜对老实人的界定。** 德胜正努力使员工变成君子，培养成合格的公民，这就是老实人。

德胜管理以制度、程序、精细、人性化而著称，而这种管理只对君子有效，对老实人有效。对制度没有敬畏感的人，任何管理都如同一纸空文。德胜的行业特性决定了员工们都必须像工匠一样要求自己，不能执行制度与程序的人是成不了工匠的，所以，**德胜需要老实人，只有老实人才能托起德胜的品质，打造出德胜精品来。**

员工的来源参差不齐，人性有好有坏，德胜需要后天来培养自己需要的德胜"老实人"。从木工学校毕业的学生们经过两年平民教育与工匠教育的磨炼，不论是技艺还是心态，都在朝着成为君子的路上行进着。而外部招聘来的员工，德胜会对他们进行一系列有针对性的培训。首先就是三个月以上的入职培训，这些培训不在课堂，也不在你即将从事的岗位上，而是管家中心安排的"打杂"工作，诸如擦马桶、扫大街等。德胜要进行的培训也并非专业技能的训练，而是一种心态的打磨，认真是唯一的考核标准。那些内心浮躁、无法踏实做事的人是扛不过这三个月的。这三个月就像一面筛子，淘汰掉了那棱角粗糙的人，留下来的是规整细致懂规矩的人。此后，德胜每个月两次的学习会，不定时的复训以及监管体系，为"老实人"营造了一个生态空间。

  当然，德胜不光只希望把员工打磨成"老实人"，也用制度确保"老实人"不吃亏。在木工学校、平民小学招生时，德胜会去每个学生家里做家庭背景调查，为那些"老实人"打开一道通往学校的大门。而在日常的管理行为中，德胜也在践行着"绝不让老实人吃亏"的原则。每次开会，聂圣哲都会一再表示：千万不要把成绩归于自己，把责任推给别人。也不要把阴谋当做智慧。不光如此，制度上做了相应的规定：没关系的优先提拔，有关系的加重处罚。

  为了让老实人得到充分的尊重和实惠，德胜为员工考虑得非常的周全。比如，员工收到无法拒绝的礼物上交给公司，公司会以拍卖的形式让员工以较低的价格获得自己喜欢的礼品，而拍卖所得款项则全部捐献给公益事业。对于有诚信的员工，公司会在每年年底进行一次评估，提高其在公司的借款额度以回报他们的信用。对于做错了事的员工，如果能主动承认错误，公司不仅不会处罚，反而会给予表扬，对那种掩盖错误真相的则会加重处罚。一个员工发现公司多给自己记工了，主动提出来，公司不仅没有要回多给的钱，反倒给这位员工多奖励了20%。王仰春原来是一个生产队的会计，来公司工作后认真细致、充满热情，在一次事故中受伤了，为了给他治疗受伤的耳朵，公司特批他住了高干病房，对于这样的老实人，聂圣哲说，以后还应该给他更多的权力。

  我们来看一份公告：

第九章　脚踏实地的工作是一种美德

德胜公告

姚剑平先生(工牌号：370)于2005年3月29日晚上在北京工地加班登记运土车次时，运土司机主动提出要他多记运土车次，并承诺给予他每车支付50元报酬，这种可耻的行径被姚剑平当场拒绝。姚剑平先生这种做人诚实和品德高尚的行为，完全符合德胜公司提倡的价值观，得到了公司领导和全体员工的高度赞扬。为了大力弘扬这种高尚的行为，公司特决定对姚剑平先生：①进行通报表扬；②给予1000元的奖励。

这样的事情在德胜数不胜数：

为李晓樑讨个说法

有个采购员，叫李晓樑，有一次他在欧尚超市购买加餐用的葡萄酒时，因为收银员的忽视，错将一箱24瓶计成12瓶。李晓樑买回来后发现了这个问题，马上将多出的12瓶酒的款项退回给欧尚超市。当李晓樑将酒款退还欧尚超市时，没想到那里的服务员不仅没表现出感激之情，而且还漫不经心地说："这是公家的……"言外之意，这酒若是私人买的，就不会去退还了。为了鼓励李晓樑这种诚实的行为，伸张正义，公司专门派人找到欧尚的管理人员，为他讨个说法。最后，超市方面向李晓樑道了歉。

德胜就是这样真诚地回报员工，让他们时时刻刻感受到来自公司的关爱，鼓励他们做一个实实在在的有诚信的人。为了全面保障老实人的利益，公司特别制定了《终身员工资格规定》，为那些长期追随德胜的忠诚的员工提供一个全方位的工作与生活的保障。在德胜，你就放心地做老实人吧，**德胜从不负老实人。**

三、彻底地反对公司官僚文化

官僚文化这个词乍一听好像与企业没什么关联，对于德胜这样一家外资企业，官僚文化似乎更搭不上边。但官僚文化是确确实实地存在于企业中，并且成为制约企业健康发展的毒瘤。有权力的地方就会有滋生官僚文化的土壤，德胜坚决地、彻底地反对官僚文化。

什么是官僚文化？聂圣哲总结得很生动：你有了权力时牛哄哄就是官僚文化；你有了权力时对别人漠视就是官僚文化；你有了权力时对别人不尊重就是官僚文化；你很多的事情不想亲自去做，就是官僚文化。官僚文化是一种"傻瓜文化"，是中华民族灵魂和血液深处的糟粕，官僚文化使得时代需要巨人，而上来的都是侏儒。

中国的官僚文化和中国历史一样可谓源远流长，只要有权力的土壤，官僚文化就像野草一样冒了出来，屡禁不止，一旦蔓延，就不可收拾。企业也存在同样的问题，管理者一旦将自己的岗位、职权当成可以控制他人的权力时，就会陷入官僚文化的泥淖，高高在上，远离生产一线，这样的领导自然无法真正发挥管理的实效。

德胜倡导的是平民文化，是君子文化，是老实人文化，官僚主义与德胜的文化背道而驰，其危害可想而知。当管理者让自己高高在上时，他的眼睛就不会往下看了，很多的工作就会开始浮夸起来，无法脚踏实地地去一线解决实际问题，产品质量开始得不到保障。一个高高在上的管理者肯定得不到下属的拥护，于是员工们阳奉阴违，根本不愿意听他的调派，工作就得不到有效的执行。深陷官僚主义之中，自以为是，牛哄哄待人，客

第九章 | 脚踏实地的工作是一种美德

人也不愿意与之打交道，自然避而远之，公司的业务就不得不萎缩了。官僚文化还会让同事之间相互倾轧，争权夺利，心思不用在正途上，自然无暇顾及公司的创新发展，也不会把公司的利益放在最重要的位置上了。当一家企业有了官僚文化的苗头，就必须开始整顿了。

德胜发现官僚文化就像野草一样，如果不时时警惕，随时都可能抬头。于是，彻底地反对公司官僚文化成了德胜管理不可规避的一项任务，德胜采取了诸多措施来控制和扼杀官僚主义。

代岗制是德胜反对官僚文化的第一枪。任何的管理人员，每个月你至少有一天必须去一线做一个普通员工，让你体会到无论身居哪个职位，一线永远是德胜员工的根基，你只有首先成为一名优秀的员工，你才可能成为一个优秀的管理者。

德胜在《员工基本职规》里告诉员工，无论你身居高位还是只是普通工人，你永远不是企业的主人，你与企业之间是一种健康的雇佣关系。这句话明确地告诉大家，千万不要膨胀，企业拥有炒你鱿鱼的机会。除此之外，德胜用权力制约制度、督察制度、听证会程序、执行长"摘牌就任制"、运营总监选举制等多种方法来约束管理人员的心态走偏。

反官僚文化是一件需要人人行动起来的事情。聂圣哲亲力亲为，走在反官僚文化的第一线。作为老板，聂圣哲没有自己的办公室，他就在咖啡厅里办公，员工们随时可以找到他，他的手机号向所有员工公开；在德胜，上千人的企业没有设置副总，公司通过程序中心来协调，缩短了管理的距离，也有效地解决了部门之间互相制约、扯皮，上下级请示汇报通道过长等问题。

聂圣哲认为，无论是老板还是员工，在人格上都是平等的，德胜的"君子团"欢迎任何有品德的人。在公司内部，不提倡称呼同事的职务，而是称呼对方的姓名，这有利于拉近同事之间的距离。但是，同事们又不能走得太近，德胜严禁员工之间经常聚餐、私下交流，因为那样容易形成小团体，小团体又会带来官僚主义。不仅如此，亲近的血缘关系在德胜并不能为你带来好处，反而会加大公司对你的监管。

作为德胜的管理干部，你的任务是要指导好下属的工作，要做好下属的老师和秘书。下属没想到的事，你要替他想周全，并且引导他下次不再犯同样的错误；下属工作没做好，你要亲自去示范，直到他完全学懂了。相对于很多企业，领导们只问结果不问过程的做法，德胜走的是一条迥异的路，德胜的管理者先问过程再问结果，而且，只要过程正确了，也就能确保结果的正确了。德胜的干部，不是因为学历高、能力强而被提拔上来，而是因为在某一项工作上，他们首屈一指能够充当更多人的老师，因而得以提拔。被提拔的人不能忘了本，而是要手把手教会你的下属，就像师傅带徒弟一样，让人信服你才是一个好的管理者。

如果有一天，你在德胜总部所在的波特兰小街的街区看到一个人正在清扫马路，他的打扮、专注的态度、认真的程度都让你觉得他是一个优秀的清扫人员，他极有可能就是德胜的一位管理人员，他正在脱离自己的身份代岗一天。

远离了官僚文化，企业才能务实、创新；远离了官僚文化，员工们才能精诚团结。德胜彻底地、持续地反对官僚文化是卓有成效的，今天彬彬有礼的德胜员工、欣欣向荣的德胜发展，都让我们看到了德胜的健康运行。

第九章 脚踏实地的工作是一种美德

四、持续改善的前提是坚决执行

除爱心救援、慈善公益或教育三个方面，德胜要求对于一切制度及程序的执行没有例外，并且要一丝不苟地执行。

无规矩不成方圆，德胜将制度的执行精细成一条条的程序管理，几乎覆盖了所有的工作，每一项工作，你都能在程序里找到具体的执行要求与细则。这些细则，有时候看起来有些繁琐，但绝对是经过验证的可以保质保量及时合格完工的保障。你也许有更简捷的方法，但在你的方法没有得到公司认可之前，你必须坚决地执行现有的程序，绝不容许任何的偏颇，否则，你不再是德胜的员工，而成了德胜的敌人。

程序与制度的执行就像质量问题一样，没有商量，只能照章办事。企业需要不断地往前发展，制度管理也一样要与时俱进跟上进程，但持续改善的前提是坚决执行。没有今天的坚决执行就不会有明天的持续改善。

坚决执行才能发现问题。制度与程序的制定是为了简化工作、规范流程、提升效率、保障质量，制定出来为的就是执行。而它们的产生往往是经过多次验证之后才形成书面文件，变成工作指令的，因而任何原因都不能成为拒绝执行的理由。制度与程序是否有漏洞，那必须是在不折不扣的执行之后，有了充分的证据之后才能确证的。没有执行根本就发现不了问题，那种纸上谈兵的做法其实是想逃避制度约束的借口而已。想要改善，想要创新，先坚决执行。

事实上，一项制度、一个程序，若存在不科学的地方，想要找出更好的办法来弥补，方法只有一个：坚决执行！坚决执行是一种敬业的态度，是一种工匠般的精神。有了这种态度与精神，才能在执行的过程中发现问题，思考对策。脱离了一线岗位，永远发现不了问题的真相，漏洞都隐藏在看似正常的流程下面，只有挖出了深层的原因，才能彻底根治。

　　执行就像拉一根松紧带，一旦放松就无法捆绑东西了。执行就是对工作的控制，一个萝卜一个坑，一钉一铆，半点差错都不能发生。就算是一件打扫卫生的活，这一天房间没人出入，但程序规定你得打扫，桌椅要擦两遍，你就不能放纵自己，不能找理由说今天没人来就擦一遍吧。一旦有了一次的放松，内心就会产生侥幸心理，于是有了第二次的放纵。紧接着，你可能隔一天才去打扫一次，再后来，三四天也懒得去打理了，于是，原有的制度如同虚设，房子变得灰尘满地，脏不溜秋了。执行其实就是一种习惯，你天天严格要求自己，到最后会变成骨子里的潜意识，执行就变得理所当然了。此时，你若希望改善提升，也就顺理成章了。假若一开始就没有坚决的执行，到头来，连按制度与程序执行的意识都没有了，哪还会发生持续改善、寻求突破的愿望？

　　当一项旧制度需要被一项新制度替代的时候，人们总是非常的谨慎，必须经过长时间的论证，而在新制度正式公布之前，旧制度仍需要坚决地执行。军中不可一日无帅，当企业脱离了人管人的时代之后，企业里也不可一日无规矩，否则就会乱了套。所以，新的没来，旧的就不能去，制度与程序仍需执行。德胜的《权力制约制度》里有这样一条："权力制约制度被视为公司章程的一个组成部分，与公司章程具有同等的效力。一般情况下，董事会不得对此做任何修改。如果此规则因不适应形势需要修改，则必须经过董事会连续三年做出决议，并连续三年且每年不得少于一次在报纸等媒体上同时刊登'未修改规则'的全文及'已修改规则'的全文后，方可确认修改。"从这段话里可以看出，德胜对制度执行的坚决态度与修改的谨慎态度。

　　德胜自始至终将执行制度和程序当成考核员工的标准，有些原则是雷打不动必须坚持的，如财务人员会在报销前宣读"报销前声明"，一次又一次的重复，每一次重复都是对员工敲响的警钟，在这个原则之下，公司每年都会对个人信用体系进行核对，以备调整、修订。如果没有财务人员

第九章 脚踏实地的工作是一种美德

对宣誓程序的坚持执行，也就没有对财务制度与程序合理性的持续思考，更不会有今天无须签字就能报销的君子管理。

德胜对于程序与制度执行的严格，不仅仅是针对核心业务，连员工餐厅也有同样的要求。负责洗菜、配菜、炒菜、值班的厨师分别是谁，每天开餐前都会挂出来，这样，哪一个环节出现了问题都能毫不费力地找出来，问题就能快速得到解决。

德胜的执行全部来自程序中心的调配，就像一张天网，程序中心调度并掌控着公司各项工作的运转，因为有了大家有条不紊的执行，公司才得以持续的经营与发展。

任何的成效都来自有效的执行，德胜建立自己的规矩就是为了有效的执行，为了务实的执行。今天的德胜，是因为有了持续的改善，而改善与发展是因为德胜的员工都懂得首先要坚决地执行制度与程序。

五、爱心是满负荷工作的唯一动力

爱心，被写进了德胜的核心价值观中。对于一家企业来说，爱心为何会被当成企业的管理理念呢？用聂圣哲的话来解释：爱心是工作的动力。

对于爱心的提倡，是德胜人性化管理的一个重要方面。德胜认为，"没有爱心的人，严格地讲，就不是严格意义上的人。"有爱心才会尊重别人，有爱心才不会伤害别人，有爱心才会处处为他人考虑，做对他人有意义、有价值的事情。爱心让工作变得更有意义，让工作的人收获了内心的满足，因而愿意投入更大的精力去做好工作。

工作对每个人来说，意义都不同。有这样一个故事：

有个人经过一个建筑工地，问那里的工人们在干什么？三个工人有三个不同的回答。第一个工人没好气地回答："没看到我正在想办法赚钱养家？"第二个工人一本正经地回答："我正在盖一座大厦。"第三个工人愉快地回答："我们正在建设这座城市！"十年以后，第一个工人还在砌墙养家；第二个工人成了建筑工地的管理者，而第三个工人，则成了这座城市的大人物。

对一个人来说，工作对于他的意义影响着他的工作态度，并影响着他的人生走向。只为求生而工作的人，他始终对工作没有热情，如果不是为了养家，他根本就不愿意工作，所以他拖拉、磨洋工、得过且过，他处在需求层次的最底层，他始终没有工作的动力，没有改变现状的能量。而眼

第九章　脚踏实地的工作是一种美德

光放得更远的人,他能够通过一面墙关注到一幢楼,他会想得更多,我能为建好这幢楼做点什么,我砌好了墙就会有一幢雄伟的大楼出现,他内心有一种自豪感,因而对工作有一种热情的驱动力。对于内心充满梦想的人来说,每一件工作都让他离自己的蓝图愿景更近一步,他充满激情地愉快地享受着自己的工作,当工作变成了一种享受,他就会以"少一事不如多一事"的敬业心态来对待它们,慢慢地,他就变成了一个运筹帷幄的人。工作的动力有多少,你对待工作的态度如何,就看你为了什么而工作,就看你有没有一种来自心灵深处的原动力。

爱心是世界上纯洁的情感,当爱心变成了企业共同认同的文化时,这家企业就变成了一个无往而不胜的团队。员工们饱含着爱心工作,因为他们的工作会为别人带去欢乐;他们多做一件事,同事们就能多休息一下;他们做事认真一点,客户就能住进高品质的房子里;他们严格遵守社会公德,就能为社会净化风气;他们捐献一点点爱心,就能汇聚成爱的洪流温暖那些失学中的儿童。在这样一种文化氛围中,员工们不再勾心斗角,不再互相推诿,不再挑三拣四,他们做的每一件事都变得那么温情而有力量。爱心激发了员工们的主观意识,他们不知疲倦地满负荷工作着。

德胜就是这样一家企业,爱心是这儿的主旋律。聂圣哲建立了一个长江平民教育基金会,公司每次拍卖会的所得都会悉数捐献给基金会,员工们既得到了实惠又献了爱心,都自觉地执行公司的拍卖会制度。公司的厨师们每天汗流浃背,相当的辛苦,但是每天都用笑脸迎接吃饭的员工们,因为他们内心有爱,觉得自己能为同事们做一顿可口的饭菜是一种幸福。一个窨井盖没盖好,路过的员工立马动手,只因为爱心让他行动起来,以免别人掉下去。一个员工在太阳下干活,同事看到了会主动为他送去一顶草帽,这种事原本可以完全不理会,但爱心驱使他主动地为同事做一件力所能及的事情。德胜的员工就是这样,关爱他人不是做作,而是一种理所当然的习惯。

要营造这样一种"爱"的文化,公司不能只对自己的员工提出要求。**爱是一种相互之间正性能量的流动,德胜也同样以爱回报它的员工们。** 德胜每年都会举办一次盛大的感恩节,花钱让员工们互相送礼物,让员工们体会感恩与爱。家庭是员工们安心工作的后盾，他们的爱鼓励着员工们在前线冲锋陷阵，德胜一直把他们的付出记在心里，让员工代表公司宴请家人、给自己的孩子送礼物，回报家人们的支持与付出。这些看似鸡毛蒜皮的小事，却滋养了德胜人的爱心。德胜在大事上同样彰显着自己的爱心：有一名员工，工作很有热情，但因操作违规，导致起火，全身97.5%的面积严重烧伤，苏州医院认为在医学上无救活的先例，打算放弃抢救。但是，公司高层斩钉截铁地对院方说：我们要不惜一切代价救活这个员工，就是明天把德胜公司拍卖了也在所不惜。这名员工如今已经完全康复，德胜为他花费了200多万元。公司觉得这是值得的，你只有像爱自己一样爱员工，员工们才会热爱公司，热爱工作。我们来看一封感谢信，看看德胜爱心的力量：

我叫徐忠新，去年在施工中腿部受了伤，公司领导及时把我送进医院治疗，不仅付了全部医疗费，发给工资，还安排我妻子来医院照顾我。领导的关怀，家庭般的温暖，使我十分感动，我应该表示感谢！

伤情稳定后，公司又送我回家疗养，发给我医疗费、营养费，发给我工资，还多次打电话慰问我。我家的大人、小孩、亲朋好友、左邻右舍们无不赞赏公司领导品德的高尚。虽然远隔千里，但我时刻感受到公司的温暖。为此，我再次表示感谢。

3月23日，聂总又专门派公司的保健医生到徐州来看我，询问伤情，主动提出给我困难补助(5000元)，聂总还亲自打电话给我安慰，感动得我不知说什么好，我妻子在一旁听了，也流下感动的泪水……

我想，聂总人家是出过国，留过学，见过世面，有百万家产，掌管北京、上海、苏州等多处工地的大老板、大博士，却在百忙中对我这样一个文化水平低、普普通通的农民工这样关心、照顾，我内心怎么能不感动，全家人怎么能不感动！

在公司的关怀下，我的伤情一天天好转，一旦恢复健康，我将立即重返工地，踏踏实实地大干一场，用我的实际行动报答公司对我的关心，报答聂总的恩情。

第九章 | 脚踏实地的工作是一种美德

德胜公司品德的力量,最重要的动力就是爱心。爱心是管理到了最高境界的时候所不可缺少的东西。对人对事,我们心里一定要有爱,爱心最后就会成为许多事情的动力。我们对每一个管理人员要有爱,每一个管理人员对下属要有爱,员工们对每一件工作就会生发出爱来,这就是以爱为本,是真正的以人为本的管理。

爱心就是一种能量的流动,当爱的能量充满一个人的内心时,他就会主动地去回报于他人。收获了满满爱心的德胜员工体会到了工作带来的快乐,用满负荷的工作状态,用"我实在没什么大的本事,我只有认真做事"的态度,用"少一事不如多一事"的热情,投入到工作中,以实干回报公司。这些原本平凡渺小的农民工,在爱心的激发下,蜕变成了充满激情与力量的产业工人。

六、领导既要当秘书又要当老师

企业领导者是企业精神的代表，也是企业发展的领路人。企业经营管理水平的好坏，与其领导者的作用紧密相关，一个出色的、有好的示范作用的领导带来的是企业的长远发展。俗话说，"千军易得，一将难求。"在一个组织当中，领导人的思想与行为决定了整个团队的思想与行为。企业的领导者，不仅是企业精神的代表，更是企业员工行为的典范。而如何做到管理有效率，有利于企业的生存发展，是一个领导要思考的问题。

通常来说，不管是一步一步提拔起来的管理干部还是空降而来的高管，企业愿意花高薪聘请他们，不是因为他们曾经是一名优秀的一线员工，而是看重了他们的管理与指挥经验。对于企业来说，他们在考核一个管理干部时，不是他们的动手能力有多强，而是有没有领兵的经验。公司培养或者聘请一名高管，是希望他们来承担管理功能的，至于他们如何管理团队，用什么工具来激励团队，则不在考虑之列。德胜不走寻常路。聂圣哲认为，领导首先要当好下属的老师和秘书。

当好下属的老师，就是说你得教会下属如何工作、如何做人。下属工作、为人有差池，领导负有不可推卸的责任。对于工作，你必须亲自去一线示范、引导、监管，并对其进行不断的复训，确保员工们能合格地执行工作程序。每一个新来公司的员工，每个人都有自己的个性，内心世界你不得而知，所以你还得当好生活与心态的调节者，这种角色不能说教，不能硬性强迫，而需要通过日常的行为来影响和感染员工。而作为下属的秘书，意味着你得随时做好为下属收拾烂摊子的准备。你得时刻关注你分配

第九章 | 脚踏实地的工作是一种美德

给下属的工作，监管他们的工作过程和结果，出现任何问题时都得及时沟通，协助弥补。对于下属提出的任何问题，你都得给予回答。

那种下任务问结果的管理方法在德胜是不适用的，这会被当成牛哄哄的官僚主义。那种只顾利益不顾员工情感的做法在德胜也是不适用的，德胜提倡自然生长，有多大的能量就做多大的事。

当老师意味着你得诚实、有爱心，当秘书意味着你必须勤劳，必须坚守在一线。当管理者们既要管理下属又要当好老师和秘书时，你就无法走捷径了。以身垂范让员工对你心服口服，事必躬亲就能时时督促下属，这就是德胜的管理风格。

德胜公司有个"三脚猫"的故事。有一只猫被电锯碰伤截肢没几天，包扎伤口的纱布脱落了，聂圣哲怕猫的伤口发炎，便让德胜的员工涂些消炎膏药并包扎好。但是员工因没找到消炎膏药，便自作聪明地在猫的伤口处涂上了牙膏。快下班了，聂圣哲又当面向员工询问处理的情况，这位员工也如实地做了汇报。"牙膏能产生一种柠檬酸，会致使伤口感染发炎的。"聂圣哲是非常爱护动物的，他对这位员工说：现在还有一个办法，就是带猫到前面村子的诊所里重新换药包扎，那里的人知道德胜公司的。根据聂圣哲告知的联系人和路线，员工最终顺利地补救了这次失误。现在细想起来，他当时不但亲自过问已安排好的小事，而且在发现错误后也没有批评员工。若是牛哄哄的老板，肯定会发完火后不假思索地吩咐：赶快去看兽医。但是，兽医医院离公司很远，而且那时天已晚，兽医医院肯定已下班了，一般医院又不肯为猫换药。可见聂圣哲虽然在几分钟里做出去村里诊所的决定，却是经过深思熟虑的。这些深思熟虑的细节，不正表明他就是一个出色的秘书吗？

有一次，刚从美国回来的聂圣哲一大早就来到公司办公楼处理工作上的事务。一天的忙碌结束后，要下班了，他在设计中心整理完自己的东西后，背上挎包，声音洪亮地对还在做事的员工说："谁坐我的车走？有几个人？"大家有的说"我骑车走"；有的说"我跟您走"。聂圣哲就是经常会这样"招呼"下属，考虑问题周到细致，及时提醒大家许多做事的细节和思考的盲点，似乎是员工们成了他的领导。许多客人的生活习惯，聂圣哲说起来总是如数家珍，熟记在心；不同类型的客人入住，他知道放什么样的音乐合适，多大的音量协调；他还经常教员工们在接打电话时用怎样的语言和语调客人听起来最舒服；告诉员工们做某件事时要带什么样的工具或资料；提醒员工们在什么时候哪些事情需要处理了；教导员工们在什么样的场合要穿什么样的衣服，注意什么样的礼节；为员工们校对文稿、修改发言稿；让大家注意天气冷暖，加强身体锻炼……

聂圣哲常在这儿与员工商谈工作

榜样的力量是无穷的。尽管聂圣哲非常的忙，但他却尽力做好员工们的秘书，德胜的员工对他，除了心服口服，还有一种亲近感。在聂圣哲的影响下，他们脚踏实地地做着自己的工作，没有人嫌弃工作的脏与杂，没有人埋怨工作的累与苦，他们都在自发地努力工作着。

企业管理最难的不在于管理员工，而在于整合团队与管理层。当领导者成为企业的精神领袖，有一批忠实追随的管理层，其思想格局足够宽广，其管理态度足够坚决，那么企业的文化就会成为企业做强的坚实后盾。今天的德胜世界就来自于这别开生面的德胜管理、德胜文化与德胜精神。

第十章 | "心"经济时代的全员经营

> **德**胜是强势的，但德胜也是包容的。包容是爱，温暖人心；规矩是爱，助推成长。从心出发，用心做管理，章法自然，则经营有序。德胜注重通过焕发员工内在的自尊心来让员工成为一个有尊严、有独立人格以及能够遵守公司制度、尊重他人的人。

第十章 "心"经济时代的全员经营

一、"杂交思维"与自我净化体系

今天我们谈德胜,是因为德胜打造出了一套充满生机的管理体系。这套管理体系不仅赢得了国内大众的追捧,被认为是最具人性化的最受人尊敬的企业,同时还吸引了各方专家的关注,德胜现象、德胜文化一时之间成为大家讨论与效仿的对象。

德胜的管理体系是独创的,它不是简单的中国式管理,而是一种打造价值型企业的典范。德胜管理的独创性在于它的杂交思维。何谓杂交思维?就是将不同管理思想的精华融汇在一起,交融成一种新的管理思路。德胜管理既有受西方启发的东西,那就是对制度的坚决执行,对程序的精细化,当然,扎根于中华大地,德胜管理自然将中华民族的优点及文化进行了再挖掘,挖掘后融合了西方管理思想的某些精华进行再改造,这是一个不断完善的过程,最终呈现在大家面前的就是今天这套聂氏"德胜管理体系"。这套管理体系的灵魂是教育,是有效的教育。

西方管理借助工具来推动日常的管理活动,西方有良好的管理土壤,大部分人都有敬业的意识,会非常主动地做好本职工作。但西方的管理工具是冰冷的,西方的工具缺少人性化的细节。且西方式管理一直停留在原来的大思维上,靠工具来经营,很难激发员工的内核动力。

传统的中国式管理以人管理人,通过人来带动和影响其他人开展工作,指令并不明确,更多的是一种效仿,问题是工作缺乏标准化,随意性太大,工作得不到保障,靠的是人心。这种传统的中国式管理让经营无序,缺乏战略规划与目标激励。

制度学习会及物品拍卖会

没有人性化的制度就像冰冷的铁镣，没有制度的人性化就像泛滥的洪水。德胜认为，企业需要做两件事：**管理事，经营人**。用制度管理事，公司的任何事都要以制度和程序来考量；用情感经营人，每个人生而是平等的，大家因为对同一价值观的认同而汇聚在一起，企业要将自己的梦想种进员工的心里，让他们找到归属感、荣誉感，与企业并肩奋斗。聂圣哲深谙中国管理的精髓，又熟悉西方管理的精粹，于是，中西合璧，用自己的思考聚合，就有了全套德胜管理思维。

德胜管理体系很大一部分是再教育体系，是价值观和信仰再造体系。这是德胜管理自我净化的保障。

制度是死的，程序是死的，但管理是活的，管理更应该是一种艺术，让企业的经营变成一件大家乐享其中的事，只有这样，企业才能保持其活力，才有持续改善的动力。德胜是如何让自己的管理体系保持活力的呢？是如何根除管理弊病的呢？

首先，净化员工心态。措施就是"清理小人，引进君子，净化德胜"。"诚实、勤劳、有爱心、不走捷径"这是德胜的核心价值观，也是德胜的入门标准，如果你不认同或者不符合这个标准，很快就会被请走，

第十章 "心"经济时代的全员经营

或者你也根本无法忍受这种工作氛围而早早地逃离了。敬业与满负荷工作，是每一个人正常的工作状态，如果不在状态，证明你的心态需要净化了。在净化心态的问题上，员工们会在自己随身携带的小本上写下自己的心得，不断地反思自己的行为，从而让自己向君子靠拢。有了君子心态，管理中的弊病会被自然而然地纠偏。

其次，有效教育。所谓教育，就是施教者凭着自己的坚强意志，不断地重复，让被教育者打折扣接受的过程。德胜是一家教育为先的公司，每一个职工来德胜都要被价值观及行为改造，改造后的德胜人变得彬彬有礼，变得勇担责任，变得做事认真，变得行为文明。这也是管理体系不断完善、不断深化的有效方法。德胜的教育不是一次性的，而是持续的，是跟随着员工全部职业生涯的。可谓温故而知新，每一次学习都能加深员工们对管理的理解，巩固他们对制度与程序的执行品质。

再者，多方位的监管体系。德胜的制度是宽泛的，程序是细致的。制度是原则，触碰了原则问题，就会受到严厉的惩处。程序是执行的精细化，细节决定成败，容不得藐视。制度与程序规范了工作的方法，而全面监督体系则是对它们的保护，哪儿出现了问题都能及时被发现。这就保障了管理体系时时焕发出足够的能量。德胜没有绩效考核，但督察官们无处不在，发挥了比绩效管理工具更强大的矫正与监督功能。

最后，让制度与管理透明化。引入竞争机制、代岗制，采用"1855"原则，大力推广平民教育，倡导爱心文化等，以防官僚文化泛滥，保持德胜的纯净清爽，让每一个员工都向"君子团"靠拢，以员工的个人自我调节来推动公司的整体净化。

二、以"心"为本盘活人，以"人"为本解决事

这是一个特殊的时代，资讯相当的发达，人心特别的浮躁。铁打的企业流水的员工，大家普遍有一种"此处不留爷，自有留爷处"的想法。企业拼命地想吸引并留住优秀的员工，员工则人往高处走，寻找着下一个能付出更高薪水的东家。这就是真实的职场生态。

一家企业如何才能解决人才的问题，进而解决企业发展的问题呢？德胜有着自己独到的思考。

企业发展靠的是人，而人的动力来自于心，只有以"心"为本才能盘活人，只有以"人"为本才能解决事。

德胜首先要解决的是员工的心态问题。为此，德胜大力倡导"爱心"文化，从不同的层面来推动其"诚实、勤劳、有爱心、不走捷径"的核心价值观。德胜还采取了诸多给员工带来尊严的活动：安排员工出国考察，每个合格的员工都有机会；将感恩活动、圣诞活动开到了五星级宾馆，还花钱让员工们互送礼物；管理层每个月都会像普通员工一样，来到他们的身边和他们干一样的事；他们在食堂里吃着美味健康的食物；可以不花费给家里人打电话等等，这些福利与活动都被列入了公司的制度里，让员工能充满尊严地得到实惠。员工们受伤了，公司会不遗余力地来救助，花多少钱都毫不计较；公司为员工们打造了长期的养老防病计划，让他们彻底无后顾之忧。这些其实只是公司对员工进行爱心回馈的一部分罗列，德胜对员工的爱护是无微不至的，是方方面面的。还有两件事值得一提。一件事是德胜公司总部所在的波特兰小街建有一座微型的教堂，一切都是按标

第十章 "心"经济时代的全员经营

准教堂的配置建的一个微缩版。教堂并非强迫员工信教,而是时时提示员工们要有一颗仁爱之心,做事要对得起天理良心,并告诉员工,德胜所有员工生而是平等的。另一件事是在德胜的花园里有一座为小狗立的石碑,上面说,这是一只小狗的墓地与墓碑,这只狗于2000年在小区内被快速行驶的汽车夺去生命,公司不惜花2600多元抢救它却最终没能成功。于是在这里立了这座石碑,所有员工参加了它的葬礼为它祷告。这样的举动不仅是对生命的尊重,更是震撼了全体员工,激发了他们内心深处的爱的情感,让他们饱含着爱心来珍爱生命、珍惜生活,从而更加认可公司的文化。

快乐工作与幸福生活中心总经理 巴耀辉

前面我们说过,爱心是工作最大的动力。处于这样一种文化氛围中,员工们的心都被盘活了,每个人都不是企业的主人,但他们像主人一样满含热情地工作,一切管理都变得那么理所当然,公司爆发出从未有过的活力。这就是心经济时代的全员经营,通过心盘活了全体员工的动力,让每一个人都100%地融入了公司的经营中,一个战无不胜的德胜团队就这样出现了。

解决了心的问题就解决了大问题,日常的管理中还有很多细枝末节的小事,这就需要以"人"为本来解决了。德胜规矩的一大特点就是以人为本,从人性出发来针对性地制定制度。

人性化需要分成两个方面来诠释。

首先,德胜深刻了解人性的劣根性与弱点,所以针对性地制定了相应的制度来抑制、扼杀这些劣根性,从而确保执行的力度。如公司明确规定员工不是企业的主人,任何管理人员都要代岗,每月两次学习会无特殊情况不得缺席等,在此不再一一赘述。这些制度切中人们的惰性、随意性、自私、自我膨胀、贪图占小便宜、做事不认真、缺乏责任心、爱抱小团体等毛病，将它们通通阻拦在制度管理之外。如果你不服，或者不认同德胜的价值观，不愿意遵守德胜的管理，那你随时可以离开公司，公司不允许有人挽留你。对德胜来说，品德比才华更可贵，留下来的必须是能遵守这些制度、认同公司文化的真正的德胜人。

其次，德胜又从人性出发来满足人们的需求，从而让员工们能愉快地去做事。比如，你去考驾照，公司给你报销一半费用；你用公司的车，一趟只需要交20元，比打车更划算；在上司没按程序执行工作时，你可以拒绝工作；工作时间过长，公司还会强行要求你休息；为员工提供整洁的宿舍、丰盛的饭菜；医务室免费为员工诊疗；终身员工能享受终身在德胜工作的权力；为员工提供各项安保措施等，这些人性化的举措让员工们做起事情来都将制度与程序当成标准。

公司的程序绝对不能忽视，你对制度的坚守一定会得到公司的回报，哪怕你顶撞了上司。由此，员工们更加坚定了自己追随德胜的立场。

人心都是肉长的，在这个强势与温情同在的企业里，员工们得到了实实在在的尊严与好处，他们体会到了制度的重要性。近年来，德胜的离职率几乎为零，这不得不说是一个奇迹，创造这个奇迹的原因是因为，他们的心被盘活了，凝聚成了推动德胜发展的坚定力量。

三、"一切为了公司"与"生命第一"

德胜管理体现了一种看似矛盾的艺术,实则是一种责任与人性的融合。德胜对员工的工作有一个要求:一切为了公司,只要对公司有好处,我就必须义不容辞地去承担。"只要对公司有好处",塑造了德胜员工认真负责、没有抱怨、满负荷的工作态度。在德胜,员工们一切从公司的利益出发,做每一件事之前首先会考虑一下,这么做对公司有没有好处呢?

"一切为了公司"是一种对工作的自发热爱,是为了把事情做得更好,是一种对企业的忠诚与责任,是员工的一种职业与敬业的心态。

聂圣哲在外地出差,接到员工傅玉珍的电话,说样板房旁边有一棵树上的叶子都掉了。聂圣哲很高兴,特意表扬了她。因为在傅玉珍看来,树叶掉了是件大事,会影响公司对外的形象展示。

事情无论大小,在德胜员工的眼里,关键点是做它对公司有没有好处,正因为有了这样的处事心态,工作遗漏和管理死角都能得到及早的弥补。

德胜有两位员工到供应商那儿去检验一批产品的质量。当时供货方还差两个托盘,工厂想立即加班补上这两个托盘。但这两位德胜员工坚持"晚上不能做颜色"(当时是晚上6点半),做地板油漆只能白天做,晚上会出现色差。结果,供应商发给德胜的货少了两个托盘。

这样的事在德胜很常见，员工们都坚持以对公司有好处的原则来处理事情。两个托盘质量不合格的话会让公司的洋楼质量过不了关，会让同事们白忙活一场，最终损害了公司的品牌形象。所以，在质量问题面前，德胜员工的坚持根本不会被撼动。

德胜作为一家以建筑为主业的公司，大多数工作项目的危险系数较高，"一切为了公司"必须以"生命第一"的原则作为前提。只有确保了生命的安全，将员工的生命安全放在最重要的位置上，工作才有意义和价值。

我们来看看德胜针对工地安全制定的制度：

施工安全及劳动保护措施

1. 总则

员工的生命是公司最宝贵的财富。在任何危急情况发生时，公司奉行"生命第一"的原则。公司不认同员工冒着生命危险抢救国家财产、集体财产及他人财产的价值观。不提倡带病坚持工作。带病坚持工作不但不能得到表扬，而且有可能受到相应的处罚。

2. 服饰安全

(1) 必须佩戴工牌，以便辨认工种，防止非专业人员进入危险区域。

(2) 在作业场所，必须始终佩带安全帽及穿着公司发放的服装。

(3) 高空作业禁止穿皮鞋。

(4) 从事有可能伤害眼睛的工作，必须佩带专用眼镜。从事电(气)焊接工作必须佩带面罩。

(5) 能戴手套工作的，尽量戴手套作业。

(6) 在特定的工作场所必须佩带专用的工具包及使用专用工具。

3. 用电安全

(1) 临时电线及一切施工用电的线路及设备安装，都必须由专业人员实施作业，其他人员一律不得擅自作业。

(2) 禁止带电作业。在维修、更改线路及设备时必须切断电源，并在电源的开关处挂上"已断电，前方正在作业"的警告牌，必要时在开关处

第十章 "心"经济时代的全员经营

派专人值守。

(3) 在雨天及潮湿场所极易断电,要格外小心。处理不知是否带电的线路及设备时,按带电处理。确认线路及设备不带电时方可作业。

(4) 绝缘胶底鞋、电工用帽、胶柄完好的工具,是电工安全的设施保障,作业时不可在以上物品不全的情况下进行。规定戴绝缘手套作业的场所,必须戴绝缘手套作业。

4. 设备操作

(1) 施工设备必须由受过专门训练的员工操作。

(2) 必须熟悉设备的安全规则及其基本性能特点。

(3) 对配合施工的人有告知义务,否则,对该设备产生的安全事故负有一定的责任。

(4) 应严格按照操作说明使用设备。设备出现故障时,应及时通知相关人员维修,严禁在设备带有安全隐患时继续作业。

5. 拒绝工作

工作人员如发现劳保用品、劳保设备欠缺,或无法使用时,可以拒绝工作,直到全部劳保用品符合要求后方可工作。

拒绝工作期间享受正常工作的一切待遇。

6. 强制休息法

在正常调休前提下,现场工作人员,包括执行长、现场管理人员及员工等,在4月1日到10月1日期间,每周强制休息不得少于1个下午;10月2日到3月31日,每10天强制休息时间不得少于1个上午。

强制休息时间必须用于睡眠、看书等,不得用此时间逛街或娱乐。

强制休息期间享受强制休息补助。

因为不重视安全问题,没有履行必要的安全保护程序,许多建筑工地上事故频发。德胜提前做好预警,每一项安全工作都被写进程序之中,让员工们严格执行。在员工的工号牌上还标注了其血型,也是以便不时之需。万一个别员工因为麻痹大意、违规操作,在工作中发生了事故,德胜不会推卸责任,而会倾尽公司之力来救助员工。

现代木结构住宅施工现场

以下是员工王建峰写给公司的一封感谢信：

我是一名瓦工，曾去过新疆、河南、陕西打工。那时我们四季都是喝工地上的自来水，什么手套、工作服就更不用想。现在到德胜做事，真是天壤之别，我为能成为德胜的一员而自豪！

3月20日，我不小心摔伤，公司立即派车送我到医院治疗。聂总知道后，又立即联系部队医院，想让我转到更好的医院治疗。后来部队医院詹教授认为没有必要转过去。

在治疗期间，真是苦了公司年近60岁的傅医生，他背我上车下车，在医院里背来背去，我心里真不是滋味，多次张口都被他含笑拒绝。为了照顾我，傅医生饭顾不上吃，觉顾不上睡，一守就是四五个小时，他的友爱、尽职尽责，就是德胜人的精神。

在医院里，我真是心急过，恨自己不能做事，恨自己什么也干不了。公司里的厨师、医生、认识的和不认识的同事给我的照顾、关怀、鼓励让我觉得只有德胜最亲，只有德胜最温暖……

第十章 "心"经济时代的全员经营

在时间紧、任务重、工期紧的今天,我恨不能立刻重返工作岗位,我想我的岗位,我爱我的岗位,我恨我自己对不起德胜,各位领导三番五次地讲要安全第一,我却没有做到,我惭愧,我内疚,我一定从康复之日起,用自己的行动报答公司,做个诚实、勤劳、有爱心、不走捷径的好员工。

"一切为了公司"让每一个员工都能自动地投入到公司的发展之中,"生命第一"是"一切为了公司"的前提,并且激发了员工"一切为了公司"的热忱。

四、清醒工程与终身员工制

要盘活员工的心,实现全员经营,就得双管齐下,大棒与胡萝卜一个也不能少。**大棒是对违章员工的惩处与棒喝,让他们快速清醒过来,重新回归德胜的团队。胡萝卜则是设身处地为员工着想,从他们的需求出发为他们提供更多更好的福利与回报。**

那些因为"1855"规则或因其他原因需要进入解聘预警程序的员工,公司会请他们去外面打工一年,让他们去体验其他企业的工作环境,清醒清醒头脑。这些进入"清醒工程",外出"吃一年苦"后的员工,如果反思深刻,愿意调整心态改过自新,公司会为他们保留一年公职、工龄,他们还可以重新回到公司来。为反对惰性,在公司工作一定时间之后,开始不珍惜自己的工作,不遵守规章制度的,公司也会让他们出去吃一年苦,以清醒头脑。

为了保障"清醒工程"的效果,这些员工必须真的外出打工,而不能窝在家里,而且还必须定期向公司汇报思想,否则,公司的大门就永远向他们关上了。

我是×××,是油漆工,由于我的考评不合格,我接到了离开公司一年的通知书。

离开公司的近一年里,我就没有找到一份好工作,根本找不到像德胜这样好的公司,家人都责怪我,我自己也感到特别的后悔,这一年里很忧愁,后悔我不知道珍惜那么好的工作。

第十章 "心"经济时代的全员经营

希望公司再给一次机会,让我好好表现一下,我绝对要做个诚实、勤劳、有爱心、不走捷径的合格的德胜员工,努力工作,提高技术。

我多么想很快回公司上班,我每天都盼望通知到来。

类似这样的反思信特别多,员工们通过这一年的外出寻找工作,碰头碰壁,深感还是德胜好,不仅从不拖欠员工工资,而且福利待遇丰厚,更重要的是,只要你认真工作,你就会得到同事们的尊重,在德胜能收获内心的富足。经过一年的清醒,这些员工纷纷向公司申请重回公司,一般情况下,只要诚心悔改,公司都会再给员工一次机会。但重回公司的员工必须重新经过三个月的入职培训,在经受了管家中心的考核之后才能重回自己的岗位上去。

"清醒工程"既淘汰了一些忠诚度低的员工,又锤炼验证了员工的忠诚度。回到公司的员工会比原来更严格地要求自己,对制度和程序再也不会抱有当面一套背后一套的做法,他们清醒地意识到,只有认真工作才是出路。

德胜一方面严格要求员工,另一方面却为那些忠心耿耿的敬业员工开启了一道人生保障的大门。公司规定:员工在公司工作达到或超过十年,遵循"诚实、勤劳、有爱心、不走捷径"的价值观,工作认真,尽职尽责,待人友善,处事平和,经综合各项指标评审通过后,可获得公司终身员工资格和公司颁发的证书。公司终身员工每年12月评审一次。终身员工资格是公司对员工的庄严承诺,也是对该员工品德和能力的认可。获得终身员工资格的员工,可享有在公司永久工作的权利,退休后可享受公司为终身员工设立、提供的福利待遇,还具有请长假的权利。当然,如果你触犯了国家法律,触犯了公司诚实条例,撒谎三次以上并被证实,那终身员工资格就会自动作废。

德胜为了提高员工的积极性,还出台了《提前进入终身员工行列试行条例》,每年可提前进入终身员工的名额为一名,让那些具有五年以上工龄、表现出色的员工提前进入终身员工的行列。

终身员工制不仅是对员工工作、福利的保障,让员工与公司捆绑得更加牢固，共同面对可能遭遇的任何变故。当然，这更是一种荣耀，为公司员工树立起了一个标杆，他们都是德胜理念、文化、管理的楷模。

每一年都有员工进入终身员工的行列，德胜用点点滴滴从情感上与员工紧紧联系在一起，长期的以诚相待终会换来员工同样的忠诚回报。终身员工制大大提升了德胜员工对公司的情感归属，把工作看成自己生活中的一部分，处处为公司着想，在他们的字典里从不会有偷懒、磨洋工之类的词汇，他们用敬业与满负荷的工作延续着德胜传奇。

第十一章 价值型企业的成长之道

> 德胜的管理聚合了东西方文化精髓，独成体系；德胜的理念是理想与实干的融合，用平民的心态做君子的行为。德胜在走一条与众不同的路，这块实验田验证了价值型企业的自然成长。

第十一章 价值型企业的成长之道

一、改变事先改变人

　　人的秉性决定做事的态度和方式。做人需要我们穷尽一生的时间来学习，在一个人的成长路上或是在漫长人生的任何时刻，都需要不断地去校正自己的行为，让自己以充满爱的心来处事、为人，来为自己赢得心安、幸福与尊严。

　　德胜认为，人是有惰性的，并且惰性会不时来冲击着人们脆弱的心灵，所以，**办企业其实就是办教育，经营企业就是经营人，企业就得从不同角度解决人的问题，然后实现企业自己的成长发展**。所以，改变事需要先改变人，只有人变了事才能得以改善。德胜将全部的力量放在改变人上，希冀通过改变人来实现德胜的运转。

　　德胜的培训是全方位的，是围绕着一个员工在企业的全部过程展开的。德胜相信，优秀是可以教出来的。因为人的骨子里面是向善的，企业就是要通过持续的教育，激活人性深处的爱和善良。通过各种方式教育员工如何做人、如何做事，日久天长就会从量变到质变。德胜的实践证明，农民工通过教育是可以蜕变为成熟的产业工人，可以变成绅士，可以成为真君子。聂圣哲认为，制度只能对君子有效。对于小人，任何优良制度的威力都将大打折扣，或者是无效的。德胜公司的合格员工应该努力使自己变成君子，做合格公民。当员工们经过了有效教育，成为合格公民，成为君子，管理就会像吃饭睡觉一样，变成很自然的事情。

　　德胜用人，品德比能力更重要，只要品德好，在德胜就一定能有自己的岗位，德胜会因人而设岗，以发挥员工的优势和特长。进入德胜，第一课就是"诚实、勤劳、有爱心、不走捷径"的核心价值观熏陶。这一课不仅是第一课，也是永久的一课，贯穿了德胜的整个管理体系，是一切德胜规矩与制度的依归。

德胜从三个层面来改变人。首先，从事上来改变。德胜让员工到管家中心去做最平常的清扫、帮厨工作，让员工从最日常的工作开始，体会到程序的重要性，养成遵守制度的习惯。在新员工的周围，有不少于9个老员工围绕着，每个人都在以身作则，示范并引导新员工如何做事。作为老板，聂圣哲向员工们亲自示范如何擦洗马桶，程序、过程、标准都有了一个完整的示范。一个老板都能亲自按程序清洗马桶，员工们自然不敢有太多怨言。如果不能认同公司的价值观，肯定无法忍受新员工入职的第一课就落荒而逃了，这正是德胜想要的效果，提前将不合格的员工淘汰掉。

德胜几十页的员工手册将什么事能做、什么事不能做、每件事该如何做、做好了会怎么样、做得不好会怎么样，陈述得清清楚楚。程序中心每天下达着各项指令，每个员工每天的任务都被安排得明明白白。员工们就像在一条流水线上行走，如果不是你刻意为之或者心不在焉，你很难把事情做错。按程序做事，这是德胜做事的规矩，你要成为德胜员工，就必须改变原来的做事风格，成为一个认真、严格遵守程序和制度的人，按德胜的要求来做事。

为了让员工按德胜规矩办事，公司不仅进行了相应的培训、不间断的复训，还让师傅带徒弟，并建立起了一套监督管理体系，不断地监察员工的工作过程，检查工作结果，矫正工作态度，让员工提高警惕，认真地对待事情。**此时，员工们进入被制度框定按程序做事的状态。**

其次，从理上改变。每个月两次的学习制度会议上，除了认认真真地学习制度，大家还会就某些管理细节问题进行深入讨论，以解决员工的疑问，让员工们心服口服地认同制度。聂圣哲把每一次大会，每次与员工的会谈都当成了一堂道理的剖析课，将德胜的理念用浅显易懂的分析，掰开了讲解，讲道理、摆事实、举身边的例子，拓宽员工的眼光，让他们看得更长远，从而认同德胜的文化，认可制度执行的不可商量。此时，员工认识到了按制度做事是对公司有好处的，所以他们愿意把事情做好。

第十一章 价值型企业的成长之道

再者，从心改变。 德胜通过一系列人性化的措施，例如福利、荣誉、信任、额外的出国培训、对员工无微不至的关怀，让实际行动感化员工。只要你为公司付出了，那公司就会绝对地忠诚于你。德胜为员工营造出一个爱心世界，引导员工们对家人、同事、社会、客户都怀抱着一份爱心，以爱心来作为工作的动力。从心态改变并非一朝一夕之事，德胜还会有随时的情感冲击来改变员工的内心世界。

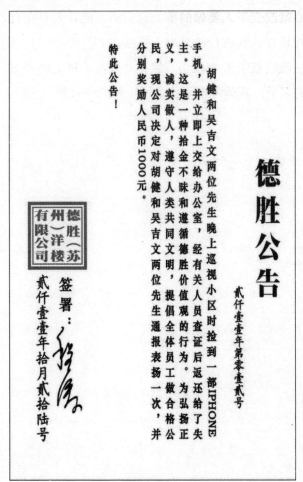

德胜公告

贰仟壹壹年第零壹贰号

胡健和吴吉文两位先生晚上巡视小区时捡到一部IPHONE手机，并立即上交给办公室，经有关人员查证后返还给了失主。这是一种拾金不昧和遵循德胜价值观的行为。为弘扬正义，诚实做人，遵守人类共同文明，提倡全体员工做合格公民，现公司决定对胡健和吴吉文两位先生通报表扬一次，并分别奖励人民币1000元。

特此公告！

签署：（签名）

德胜（苏州）洋楼有限公司

贰仟壹壹年拾月贰拾陆号

这是一份对德胜员工进行奖励的公告，同样，批评的公告也会以如此严肃的形式出现。这给员工带来的内心冲击是可想而知的。德胜就像一个君子大家庭，同事们彼此关爱，但绝不纵容。

聂圣哲对管理体系的要求是，制度与程序是必须坚决执行的，但公司会在细节上让员工有一种占便宜的感觉。让他们吃到便宜美味的饭菜、住整洁舒适的房子、像白领一样享受出入五星级酒店参加聚会、代表公司宴请家人、出国考察，并解决他们的医保、养老等后顾之忧。在这样多方的关爱下，员工们从情感上得到了绝对的感怀、从人格上得到了充分的尊重、从内心深处滋生出一种归宿感，员工的心就这样被德胜"俘虏"了。

心是态度的主宰，是行为的驾驭者，改变事情就得从改变人心开始，改变了人的心就改变了人要做的事。只有心，能让人自主自发地去执行制度与程序，并且在认真执行的基础上持续改善、创新。当一家企业收获了员工的心，它就收获了未来。当一家企业解决了员工的心态问题，满足了员工人性化的需求，那就走在了价值型企业的成长路上了。

二、把公司的事业播种在员工的心里

聂圣哲说过这样一句话,"共同的利益只能让我们暂时走到一起,价值观的认同才能使我们终生相依。"德胜是聂圣哲管理理念的一块实验田,他希望通过在德胜的实践,开拓出一片用有效教育来经营企业的新世界,希望把员工打造成谦谦君子,成为一家君子企业,在这样一家企业里,大家首先是合格的公民,是"诚实、勤劳、有爱心、不走捷径"的敬业员工,认真是他们工作的态度,爱心是工作的动力,这里没有官僚作派,大家君子之交淡如水,企业不断地做强,做出一家真正的百年老店来。在这样的蓝图面前,德胜不断地控制着自己的发展速度,以免一不小心走偏了方向,或者根基不稳造成大厦之倾。

众人拾柴方能火焰高,万众一心才能拧成一股绳。但人心是最难拧到一起的。每个人都会有自己内心的小九九,要如何才能统一到德胜文化的大旗下?聂圣哲深谙人性管理之道,人治、法治,只能治标不能治本,心治才是长久之道。

前面我们综述过以心来盘活人,通过改变人来改变事,可见改变心是改变人最好的方式。而**小恩小惠、薪水福利**都只能让员工在一时之间产生心的冲动性改变,要想让人心长期地、彻底地得以改变,认可公司的制度文化,则需要将公司的事业播种在员工的心中,**让事业的荣誉之光引导员工,让事业带来的内心尊严成为员工为之奋斗与追求的理由**。只有这样,内心才能焕发出源源不断的动力,这种动力才能经得起风浪的冲击而不动摇,员工们将追随公司,以共同的事业来衡量工作的价值。

美欧风格住宅区

价值观的认同是最高境界的认同，统一所有德胜员工的价值观，就统一了德胜的共同事业。聂圣哲成功地将德胜的事业种进了员工们的心里。

在德胜，每一个员工的心里都有一个信念，那就是希望德胜更加强大，只要对公司有好处的事，他们会义不容辞地来承担。德胜的强大与大家的明天息息相关，当德胜是强大的，任何人会为在此工作而自豪，就算有一天你想离开德胜，曾经的经历也是一笔人生的财富。

我们来看看这样一种景象：门卫值班员是最清闲的工作，那么在没有车子和人进出的时候，这些员工就在这些空档时间打扫周边环境的卫生，擦值班岗亭的玻璃，做修剪绿化带的树枝等事情。走到小湖边，你会看到有人在捞落到水里的树叶，你以为他是清洁工，其实他是保安，在边巡逻边干一些别的活儿。走到绿化带，看见有人在修剪枝叶，那是督察人员在空档时间找事做。工作时间不停手，空档时间主动找事做，这就是德胜人的满负荷工作。原因很简单，因为这样做对公司的强大有好处。

德胜拥有最低的员工离职率，最稳定的员工队伍，最有凝聚力的管理团队，最强大的程序中心，最有保障的产品质量，最清廉的人际关系，最温暖的爱心工程，最严谨的制度程序，最敬业的工作心态，只因为，德胜的事业已经种进了员工的心里，并且生根发芽，正在员工的内心茁壮成长。

三、文化建设要落地

企业文化是一个组织由其价值观、信念、仪式、符号、处事方式等组成的其特有的文化形象。通俗地讲,企业文化就是员工工作的氛围,这个企业有怎样的企业文化,企业的员工就会以什么样的工作态度来开展工作。那么,以核心价值观为旨归的德胜文化体系是如何落地的?

一切文化都会沉淀为集体人格,当文化沉淀为集体人格,它就凝聚了企业的灵魂与信仰。企业文化是在两种力量的反复斗争中形成的,当外部力量大于内部文化的力量时,企业文化不会发生任何作用,反而会带来怨声载道的副作用;当内部力量大于外部影响时,员工们便会朝着符合德胜价值观的方向发展,集体人格的创建就开始了。

内部强大环境力场的形成与影响,就是企业文化! 内部环境力场的影响过程,就是企业文化对个人身上的世俗文化同化的过程。企业文化作为一种高层次的管理方式,不是一时设计而成的,而是长期积累、积淀的结果,是管理层以巨大的毅力,通过坚持不懈的努力,将世俗文化逐步改造、提升、进化而形成的。

德胜企业文化的形成同样是一个艰巨的漫长的过程,我们将其落地过程与方法进行了总结。

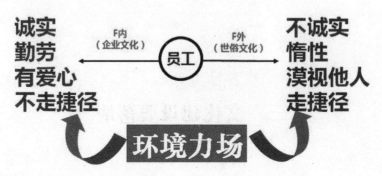

　　传承一种精神。 德胜人认为，一个敬业的木匠远比一个平庸的博士对社会贡献更大，德胜提倡"诚实、勤劳、有爱心、不走捷径"的价值观，用教育的思维经营企业，希望员工们都成为合格的社会公民，敬业而有爱心的君子，以满负荷、乐干的状态工作，绝对地执行工作程序的标准与方法。我们将这种精神归结为工匠精神。

　　工匠精神的内涵包括两个方面：一是热爱你所做的事，胜过爱这些事给你带来的钱；二是精益求精，精雕细琢！ 工匠精神的价值在于精益求精，对匠心、精品的坚持和追求，长久造福于世。在投机取巧的浮躁情绪弥漫的今天，工匠精神显得更加难能可贵，德胜本着做强的原则，以工匠精神要求员工，以打造德胜精品而立世。

　　工匠精神的传承需要解决的首要问题是你为什么而工作，工作对你的意义是什么？工作通常有四个层次：漫不经心地做、尽力而为地做、全力以赴地做、用生命捍卫我所做的。对工匠们来说，他们正在全力以赴地捍卫自己的工作成果，那是他们心底的荣耀。当一个人为钱而做事的时候，是不可能全身心投入的，因为他至少要留出一定的心思和时间来享受金钱的乐趣。而热衷于做事的"工匠"们却不需要保留这份心思，他们在做事的时候，在改善的时候，在创造、制造的时候，已经在享受了。德胜给企业注入了一种灵魂，那就是工匠精神。

　　坚守一个核心——持续改善。 流水不腐，常流常新。企业也是这样，不能墨守成规，闭门造车，而需要与时俱进，不断吸收新的能量，以持续

第十一章 价值型企业的成长之道

改善，提高效率，改善品质。"工匠"是一种精神，工匠亦需要不断地改善与创新，德胜体系是一种在不断完善与改进的体系。

坚持7项原则：零缺陷、连续流动、消除浪费、目视化、标准化、尊重每位员工、创造用于改变的环境。德胜对这7项原则以实用的方式融入进了公司的制度与程序中。对程序的绝对执行就是为了确保零缺陷、连续流动、消除浪费、目视化、标准化。而德胜倡导的"老实人"与"爱心"文化，采取的代岗制、听证会，反对官僚文化，给员工有尊严的福利等等，都是对员工的尊重以及为员工创造一个受有效平民教育的环境。在德胜，每一个人都是平等的，只要你充满爱心、满负荷地工作，你就是最受人敬重的德胜员工。

德胜在促进企业文化的形成方面主要采取了4大举措：

(1) **制度化、程序化管理**。这是企业文化的基础、表层。德胜企业文化的形成，首先有赖于制度化管理，即先要通过被动他律，形成员工固定的行为习惯，然后上升到自律、自觉。制度的执行率达到期望水平，这就为深层次的企业文化——信仰的形成，奠定了良好的基础。

(2) **炒作"事件"，借题发挥**。德胜很善于借"事"发挥，将"有效教育"的课堂时时处处开在员工身边。我们来看看德胜是如何借力的：不履约就拆房事件——向合作商也向员工严厉宣告："信守承诺，决不妥协。"门卫事件——表明公司坚决"按程序做事"的态度。年末晚宴——让员工获得尊严、荣耀，感受到家庭般的关爱。拒收运土车回扣事件——打造整个公司的廉洁氛围。为李晓樑讨回公道事件——让所有诚实的人都受到肯定与尊重。

(3) **坚持不懈的说教**。德胜的领导层不放弃任何说教的机会，工作现场、公司大会、学习会、听证会以及员工聚会等，大量重复的、全方位的、不厌其烦的理念灌输，成为德胜无处不在的课堂。聂圣哲成为公司文化理念的"布道师"，不断的重复让价值观日渐深入人心。

(4) **强有力的培训、同化**。德胜的培训强度与密度都是惊人的，3个月只为认可公司文化而进行的新员工培训，每个月两次学习会，不时的复训会，都是一种高效率的教育式培训。而老员工的榜样作用则慢慢地同化、改变了新员工的行为习惯,让他们慢慢地融入了德胜的文化氛围中。

统一思想,规范行为,反复教化,德胜文化在慢慢的砥砺中形成。文化塑造了德胜团队,团队创造了德胜世界,德胜世界再赋予员工薪水、福利、梦想,员工又以工作回报公司,这是一个良性循环的过程,这也是一个文化落地与管理的过程。

四、做一家有魂的企业

德胜是聂圣哲致力于国民性改造的实验田,是一个理想与实干的结合体。**打造一个充满人性、和谐、信仰和爱的商业世界,让德胜成为一个合格公民自由发挥的地方,这是聂圣哲一直以来努力的方向。**

做一家有魂的企业,有自己的独立人格,有自己的独立思考,有自我净化体系,有自己的做事人格,有梦想,出发点纯粹,构建一个信任的合作平台。这并不是乌托邦,而是价值型企业的进阶之道。

要实现这样的进阶,首先需要构架一个良性循环的信任平台:

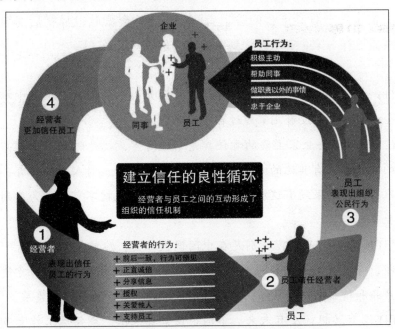

短暂的成功靠能力，持续的成功靠人格。企业若有灵魂，顺境不骄纵守得住，逆境不妥协挺得过，保持稳定的节奏，提升大家的幸福感，构建一个长久的强大的有价值的商业平台。企业的最终价值并非持续的盈利，而是能够解决人的问题，让人们能够因为它的存在而增加幸福感，而这种幸福感其实就是企业成长的人格魅力，是企业稳步发展的不竭动力：

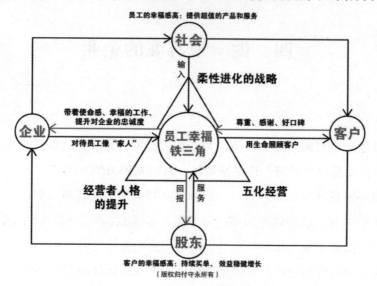

我们来看一看聂圣哲的答记者问，从中体会德胜世界背后的德胜思想，看看这样一家企业从理想到实干的成长蜕变：

(1) 千百年来中国虽然也有不计其数大大小小的商人，但很少有能称得上企业家的，也没有几家超过百年的老店。

(2) 的确，企业家主要的责任就是创造财富，就是赚钱，但这并不是唯一的责任，还有其他的责任，比如创造性的思考、对人才的培育、对未来的准备等，如果没有这些，企业就没有未来，也就不可能成为名副其实的企业家。

(3) 真正的企业家，特别是在中国现代社会，应该是完全靠着一步一个脚印，靠着对商业社会的无比敬畏，对商业规则的完全履行，靠货真价实的产品和精益求精的服务，来赢得消费者的拥戴和可持续的发展。

(4) 没有思想就没有未来。中国企业家都很忙，事务性工作太多，而

第十一章 价值型企业的成长之道

在忙碌当中思想是很难产生的,即使有思想的火花,也很难有思想的体系,甚至有些火花也在忙碌中泯灭了。

(5) 我们需要培养创新型人才,但很多人的本职工作都没有做好,怎么创新?创新只有重复地把工作做到极致才可能去突破、去创新。

(6) 德胜经过十多年的脚踏实地、埋头苦干,做成了行业内的全国第一,没有竞争对手,不需要去求人,我们只专注于自身发展,搞好人才培养和技术创新,就不用担心市场的千变万化或风吹草动。

(7) 成为优秀公司最重要的是什么呢?就是你必须具有不可替代性,当然这种不可替代性不能和强权结合起来,而是在市场规则下、公平竞争下的不可替代性。

(8) 德胜的成功是管理的成功,是思想的成果,但究其根本是价值观文化的胜利。任何管理和任何制度如果没有价值观的支持都是一纸空文或纸上谈兵。

(9) 在工作和生活中,有三个方面是如何强调都不过分的,第一是不能以自我为中心,一定要在意别人的存在;第二是不能偷盗,不能以任何借口把别人的东西据为己有;第三是不能撒谎,撒谎是不可饶恕的犯罪。

(10) 我们需要向先贤们学习请教,先贤们的经历给了我很大的启发,那就是这个世界上既有理想主义者,也有实干家,但把这两者合为一体的人其实是少之又少。如果在思想上做到绝对的理想主义,行动上做到完全的实干,这个人就能被各种层面的人所接纳,也就会有更广阔的思想和实践的空间,更容易做出一些重要的事情来。有了这样清醒的认识之后,我便开始尝试着遵循这一原则,做一个思想上的理想主义者,行动上的务实主义者。我觉得办实业最能让一个人了解社会,可以从中悟出许多书本上无法得到的道理,能更深刻地了解国民性;至于办教育,其实和我的总体思想是吻合的,就是要试验,怎样的教育才是有效的教育,怎样的教育最适合中国,我办教育的另一个原因就是,我信奉一个真理,那就是"优秀是教出来的",我要实践这个真理。

(11) 办实业可以让我深刻了解社会,提供我思考问题的素材,并且可以源源不断地供应生活及研究的经费,还可以让我在国民性改造上做一些试验，同时解决不少人的就业问题，向国家交纳税收，可谓一举多得。

(12) 一个人的头脑必须要清醒，必须要有独立思考的精神，否则就无法承担起社会责任。

(13) 这个试验已取得阶段性的成果，那就是，中国人除了体格特征和欧洲人有区别以外，其他方面都可以通过教育来解决，只要通过有效的教育，中国人的社会生活的表现和欧美人不会有太多的差别。

(14) 德胜是一家教育为先的公司，每一个职工来德胜都要被进行价值观及行为改造，改造后的德胜人变得彬彬有礼，变得勇担责任，变得做事认真，变得行为文明，这当然给别人产生世外桃源的感觉。

(15) 杜绝平庸和麻木，是需要信仰、思想、文化的保障才能做到的，而这些需要有效的教育，需要几代人甚至几十代人的奋斗、积累才能实现、巩固和发扬的。

(16) 我们招来的年轻农民工，内心一片空白，好画最新最美的图画，相对来说填充美好容易得多，他们也就最容易成为优秀员工。

(17) 人的欲望是要从小受到有效的教育，在树立健康的信仰的前提下，得到有限度的克制，满足合理的部分，这才是社会发展的良性动力。

(18) 我的原则是，平等对待每一个人，决不把自己的意志强加给别人，现实的情况是，有很多人都喜欢和我在一起。这是德胜管理体系的认识基础，每个德胜人都应该有这个自我认识与谦卑、宽和的心态。

(19) 我是一个理想主义和实干主义的复合体，我现实中的目标是，启蒙一个算一个。

(20) 德胜公司就创造了一个组织，形成了一种生活方式，培育了一种管理制度。

(21) 每一个人的心灵里都有一片阳光，只是被欺骗的次数太多和尘封得太久，需要一种力量抹去这些人心灵上的厚尘，然后，他们也会加入做一个有爱心、有社会责任感的人的行列。这种力量就是宽容、关爱和无条件的帮助。

附录一 | 赵雷答参访者问

"近年来，德胜公司每年都要接待大量的参观访问者。成千上万的参访者，从全国各地甚至世界各地来到德胜公司参观访问。他们中间，许多人会向德胜公司提出这样那样的问题，也有人把自己公司遇到的困惑提出来，希望能在德胜找到答案。参访者提出的问题，其中许多带有普遍意义。我们在归类与梳理的基础上，结合德胜的实际和赵雷本人的理解，特奉上这些精彩的对答。"

附录一 赵雷答参访者问

1. 问： 对制造业来说，人是最宝贵的因素。我们公司现在的困惑是，员工收入并不是太低，但员工总希望得到的更多，并且认为得不到保障。往往有这样的情况，工资不是很高的员工，工作还好一些；相反，有些人拿了高工资后，做事却不够好。请问德胜公司是怎么做的？

答：

我们通常是这样做的：

首先，我们常常与员工这样交流，你干这份工作拿这份工资值不值？公司不是做毒品生意的，不可能让大家发财的。公司只能给大家这么多工资，但会力争让大家的收益一年比一年更好。还有，你工作快乐不快乐，每个月月底你实际落下多少钱，这些都要跟别的公司相比。要学会综合比较，在高的待遇下干得开不开心，在6菜1汤和24小时热水冲澡的环境里工作，在用车、用手机、探亲都有补助的条件下工作开不开心。你不能跟你作为独生子和父母在一起开不开心比较。其次，我们还想与员工交流的是，如果你觉得在公司不适应，可以做出很多选择，如辞职、外出闯荡(公司可以为其保留职位)、选择其他岗位、请假回老家休息等。还有，管理人员要做员工的老师，要弥补家庭和社会教育中缺失的关于如何做人、如何做事的培训内容。

因为我们实行同工同酬制，没有员工拿更高工资后反而不努力工作的现象。

2. 问： 为什么不允许员工互相之间频繁请客？同事之间一起喝酒并没有花公司的钱，为什么不行？

答： 员工之间频繁在一起聚餐，三五个人抱成一团会相互议论，没有事也可能会闹出事来，无形中就会伤害其他同事，会使员工之间的关系复杂化，形成小团体，对其他员工不公平。所以公司规定，一个月互相宴请不能超过一次。员工与公司以外的人聚餐是允许的，但与同事之间每月只能互请一次。德胜提倡同事关系简单化。

3. 问：德胜的核心价值观体现的是一个理想的社会，如上班不打卡、报销不签字等，这种模式是不是很难学习？

答：公司并不倡导员工一定要有远大的理想，只强调要从最小的事情认真做起。能做到的点点滴滴一定要做到，说一万句漂亮话不如给客人递一杯浓浓的咖啡。经过正式录用的职工，德胜一贯都对员工尊重有加，对于员工的做人品德与职业素养都给予肯定。因此，在实际管理中，一方面员工要遵守严苛的制度；另一方面，对员工实行的更多的是弹性制管理，如上班不打卡、报销不签字等。但任何职工不能有意钻优良制度的空子，不能一年内上班都迟到，对于报销的账目，公款与私款都做了详细的规定，并且有一套行之有效的操作模式，我认为任何企业只要对职工给予高度的信任，是完全可以学习德胜管理模式的。德胜的管理模式不是来自于外太空，都是来自土生土长的本国人，是完全可以借鉴的。

4. 问：德胜的特色管理表现在程序的制定与执行上。程序与流程是否有区别？

答：我个人认为程序和流程本质上没有什么区别。只要它们像计算机的操作程序和应用程序一样，不打折扣地执行就可以。我们强调执行程序，是对过程的有效控制。过程做到位了，结果当然会非常好。无论是程序还是流程都不能随意改变或跳跃。

5. 问：德胜的组织框架层次非常少，请问德胜是项目经理承包制吗？
答：我们是项目经理负责制，不是承包制。各工地由总公司统一进行管理。

6. 问：现在国内施工企业工程大多采取服务外包，基层工人专业分

附录一 赵雷答参访者问

包,企业多采用临时工。但德胜不是这样做的,如木工大都是自己的木工学校毕业的。除木工外,德胜其他专业的工人如何选择?

答:德胜施工人员中,油漆工、水电工、泥瓦工等都是从内部木工中选择。具体做法是:木工工人自己报名;愿意从事油漆工、水电工和泥瓦工等工种的,报名后统一进行培训。因此,德胜的许多员工都是一专多能。木工是非常讲究逻辑的职业,思维缜密,由木工转变为其他工种是非常容易的事,但从其他工种转变为木工就不是那么容易了。总之,德胜主要是通过内部员工互相调换专业来解决不同工种的用工问题。

7. 问:德胜是根据资源发展公司目标,还是根据目标配置各种资源进行发展?德胜是以能力、资金、人员进行管理,还是把目标确定后补充资源进行管理?

答:德胜不是先制定好目标,然后再去扩充人员或者配置各种资源再发展目标的。德胜一直都是根据自己的实际情况,从自己实际的产能、人员、技术、资金等方面来明确发展目标的。

8. 问:德胜的制度非常严厉,员工是否有如履薄冰的感觉?

答:好的制度对好的员工来说如鱼得水,对刁钻的员工来说,则如喝毒药。严厉的管理制度就是针对非常刁钻的职工的,对于合格的员工,许多制度是多余的。

德胜的员工都从内心认可德胜的价值观和一系列管理制度。当员工从遵守制度和程序中尝到的是甜头,反而很少违反制度,对于公司的制度自会自觉自愿地遵守执行。德胜的制度非常完备,合情合理且切合实际。任何人在公司受到奖惩都是非常正常的事情,所以就没有如履薄冰的感觉。相反,德胜极好的待遇、终身养老制等保障措施让职工在公司工作非常安心,他们都说有一种"如履钢板"的感觉。

9. 问:公司用什么调动员工的积极性?

答:公司调动员工积极性的措施比较多,但以下几点是必须得做的:

(1) 对员工的好，一定要让员工知道。比如，我们采取公示制，每月公布上一个月公司每天贴补员工每人多少元餐费，总公司和各施工工地都要向员工公布上个月公司食堂的贴补情况。

(2) 员工任何时候有困难，都可以去找公司，由公司出面帮助解决或协调，让大家没有后顾之忧。员工有任何问题，首先让他想到公司，看公司能不能帮他解决。

(3) 对员工的物质待遇和精神鼓励齐头并进，两方面都要好。

(4) 不仅仅用资金解决员工的养老问题，还让他们终生都有保障，比如说可以在我们的养老公寓养老。

(5) 任何时候都不能带有负面情绪去工作。如果有什么不满，可以进行其他选择或者提出投诉。

(6) 如果你觉得公司不好，你可以出去闯荡。如果你觉得外面不好，公司仍然接纳你。

(7) 公司实行人性化管理，可以连续请假。

10. 问：哪些订单德胜公司要谢绝？

答：(1) 超过公司年建造能力的工程，要谢绝或者推迟到下一年度建造。我们的指导思想是：从爱心的角度来保护我们的员工，有多少人做多少事，不能为了完成多少产值而把我们的员工累坏。我们永远提倡以能定产。

(2) 建造房屋要为住户日后的安全考虑，如附近有化工厂、核污染源等，可能会对住户的生活和安全带来影响，我们不接此类订单。

(3) 信用不可靠的开发商的项目，坚决不接。在接单前，我们一定要调查开发商或合作单位的信用情况，如果他们的信用不好，我们拒绝与他们合作。

(4) 在全国范围内，德胜有施工与服务基地的，在其周围300公里内接单，超出这个范围就不接单了。

(5) 某些项目不适合我们建造木结构住宅的。

(6) 在合同期可能无法完成的项目。

11. 问：德胜提倡员工按程序做事，那如何创新？

答：一定要把工作做得滚瓜烂熟，才能谈创新。否则就没有资格谈创新。公司鼓励创新，我们现有各类专利1060项。

按程序做事，你就是按规矩做事。在充满激情的和非常投入的工作中，你就会自然而然地把许多分外的工作都做好，创新会成为工作的正常态度。

12. 问：德胜建造住宅的优势表现在哪些方面？

答：(1) 进口优质的建造材料。

(2) 过硬的施工队伍。技术人员主要从木工学校培养，确保自己队伍技术水平高，绝不盲目从社会上招聘一大批参差不齐的施工队伍。

(3) 售后服务有保障。

(4) 专业性强：出版专业书籍，如聂圣哲先生著的《美制木结构住宅导论》；参与主办行业协会和学会学术会议；申请专利；参与国家行业标准的制定和修编。

(5) 科技含量高。

(6) 产品价格低廉。

为了确保工程施工质量，德胜做到了以下几点：一是永远不盲目扩大规模，绝不有单就接，而是根据自己的生产能力来安排生产。自己做不完的业务，有的还推荐给国内其他同行，请他们去做。二是从不把工程项目分包给第三方，完全由我们自己建造完成。三是对项目相关配套工程，也尽量由我们自己来完成。四是设计人员对工程施工技术和情况非常熟悉。

13. 问：德胜在全国的各工地如何管理采购问题？

答：我们采购的总原则是：工地采购最小化，总部采购最大化。如保质期长的食品采购，确保从苏州总部发货以保证质量。成本不是说越少越好，而是要看你实际工作或项目、会议的需要来确定采购数量。绝不提倡最小化采购，而是根据实际情况适量采购。

另外，采购管理中加入了倡导廉洁反对腐败的内容，公司专门制定了致客户和供应商的"反腐公函"等制度。

14. 问：国内的有些企业谈生产，谈工期，包括提倡文明施工，保证工期，满足客户要求，保证质量符合合同规范等，其核心仍然是利益和效益，追求的终极目标还是赚钱，与你们追求社会效益是两回事。你们是对生命和大自然的推崇，把企业文化和理念具体分解到员工的行为，教育员工沿着价值观的导向去走。你们这样做管理是不是成本很高？

答：恰恰相反，我们的管理成本不高。

第一，我们对员工的培训是下了很大的工夫，一旦运营起来，沟通无障碍，大家的合作是愉快和高效的，这就减少了大量的内耗，工作效率肯定会很高。

第二，我们提供的专业建造和服务是一流水平的，可靠的质量使我们的售后服务减少了一定的成本。

第三，公司决策层不随意决策，这样就避免因失误造成的巨大损失。

第四，德胜不需要刻意进行产品的设计与包装，不需要招聘大批营销人员进行市场开拓，这样每年都可节省许多费用。

第五，从来不盲目扩张，不随意引进自己不熟悉的项目。这一点也会避免造成差错。

第六，公司管理跟上了，其内耗会非常小，员工之间的沟通顺畅，工作效率也会比较高，这也会减少成本开支。

第七，重视技术和产品的研发，新材料和新技术的运用也会降低成本。

15. 问：在公司内谈恋爱后成为夫妻，为什么不允许在公司工作？

答：没有这一说。在公司内谈恋爱后成为夫妻，允许在公司工作的，但不能在一个部门工作，否则就可能会对其他员工产生不公平。但担任总经理等重要管理岗位职务的家属，是不能从事某些重要岗位工作的，比如总经理的太太不能从事财务工作。

附录一 赵雷答参访者问

16. 问： 德胜不允许员工之间互相宴请，也不提倡员工之间互相借钱，这样时间长了，同事之间的关系会不会冷淡？

答： 不会。我们有不定期的早晨碰面会，就是为了让大家交流情感的，到咖啡店坐下来，就谈一些轻松的话题，一方面增进情感；另一方面，可能在闲聊过程中迸发出一些新的思想火花。另外，我们还有情感慰问对象活动，一对一进行情感和交流帮助，关怀和帮助被慰问对象。还有，凡是公司在全国其他地区举办的一些展览会、报告会、研讨会、首发式等活动时，我们都采取由员工自愿报名的做法，鼓励他们参加。凡是能腾出时间的，都可以去这些活动地点旅游、结识朋友，或与公司同事进行面对面的交流等。

17. 问： 对员工的家庭装修有什么照顾吗？

答： 允许从公司购买材料，按材料价格的8折给予优惠。另外，有两个员工免费帮助装修2～3天。

18. 问： 我是一所大学的老师。德胜的管理思维与中国传统文化有很多不同，比如说不靠人情关系，比如说中庸之道，有些事不会说破的。既然你的企业在中国，在中国的国情下，应适应中国的情况才能发展，比如说你少不了要与政府人员接触，可能都会遇到官僚作风，你不会向他们低头吗？

答： 德胜的管理文化绝大多数来自于中国的传统文化，比如，德胜的价值观，其中的忠诚与责任感，都来自于传统文化中的诚信。有些辅助的规定和程序，都有源可溯，比如说误解比恶意更可怕、猜测总是不准确等。但同时我们对传统文化中落后的观念是不赞成的，这就需要我们的管理思维和模式进行再造或更新。做企业就要务实，只能一步一个脚印做事。传统文化里所表现的官本位思想，我们是要彻底打破的。至于要不要向政府官员低头，我认为，第一，我们做事专业和到位；第二，我们不做假账；第三，我们不行贿；第四，不卷入任何行业的潜规则等，只要做到这些，我们就不怕别人找茬，就不怕别人抓小辫子。相反，现在一些政府官员做了许多不光彩的事，他们反而怕自己吃不了兜着走。

19. 问：我是EMBA总裁班领队。参观了德胜后，觉得做一切工作都非常有意义。这也是德胜能够得到社会认同的重要原因之一。德胜把办学、培养人才、为社会作贡献结合到了一起，特别值得学习。我的问题是(1)如何对员工进行规章制度的渗透？(2)企业不断向前发展，对其他企业有什么借鉴意义？

答：公司每月组织员工学习制度2次。但是，制度要建立在对所有员工适用的基础之上，不能建立在只对少数人的特权之上，如是否允许员工上班时间接送子女的制度。

不合理的制度，不仅不能解决企业实际问题，反而会增加公司的运营成本，可能个人一元钱能解决的问题，公司却需要5元钱。另外，还会增加员工与员工之间的摩擦和矛盾，使公司的问题复杂化，他可能就会先考虑个人的问题而不一定是公司的事情。

关于借鉴意义，我认为，我们提倡的教育管理带有普适性，每一家企业都离不开教育员工的。

20. 问：我来自天津，在机关工作。你们提出"绝不能把权力当做智慧"，这句话如何理解？

答：这是针对企业中的官僚文化而说的。我们反对"领导说的都是对的"这样的观点，反对管理者有了权力以后就指手画脚。管理者有了权力以后一定要首先考虑自己什么事不能做，什么事必须要做。当然，这是针对企业中有些耍小聪明的人说的，对于脚踏实地的人是不需要的。

21. 问：施工企业的竞争是很激烈的。现在许多建造企业不讲规则，恶性竞争的情况很多。德胜的诚信产生了良好口碑。这给我的启发非常大。你们在坚守诚信的过程中有没有遇到挫折？

答：不遇到挫折是不可能的。但我们始终在坚守。我们必须做到以下几点：

第一，必须做得非常专业，要做精做强，让人一提到木结构就想到中国的德胜。

附录一 赵雷答参访者问

第二，我们要有足够的实力，要让客户看到你的公司是有长久发展前途的，不是那种今年还有，明年可能要倒闭的公司。

第三，依靠良好的口碑，订单就会源源不断地找你。有了品牌效应，客户就会指定选择你，在招投标时，你就有绝对的优势。

第四，我们有优质的售后服务，这一点也很重要。

22. 问：德胜的诚信度高了，就形成了良性循环，德胜成了"高端住宅"的代名词。现在有没有人假冒德胜的名义去做业务？

答：有。肯定有人以我们的名义去接单的。遇到这种情况我们采取的措施是：第一，我们在媒体或公开场合声明，我们没有分公司，如果有客户发现有人说我们有分公司，那欢迎大家举报，我们会追查到底，并对举报人重奖。第二，一旦发现有人假冒我们的名义做事，那我们首先警告他停止侵权，如果不行，将走行政调解或法律途径。

23. 问：我是上海一家医药公司的员工。程序中心和督察部门如何推动执行？能说得具体一些吗？

答：套用一句流行语，只有这两个"执行部门"是不行的，但没有这两个部门是万万不能推动执行的。

前些年，有关企业执行力的书籍，出版得很多，执行力的话题一时遍及中国大江南北。究其原因是企业的执行力出现了很大的问题。德胜在企业管理中把执行和反对官僚作为重中之重的内容，但天天喊执行是不行的，只能通过相关的部门去实施。程序中心和督察部门的任务就是天天查规章制度、标准和操作规程，但这两个部门在工作内容和性质上是有所区别的，程序中心只管督促，把各部门的工作往前推进，督察部门是对不执行、执行不到位或者执行错误进行有效的监督。德胜发展到今天，没有出现质量问题，客户零投诉，其中一个重要原因，就是督察到位。

24. 问：我是清华大学经管学院教授。今天，让我看到了一个充满人情味的公司，包括企业做产品的社会意义。看了德胜后，我们会认识到还有这么一个群体不是老讲数字，而是从如何做人这个角度经营企业。现在社会上许多企业都是围绕利润在做产品，追求量化的成分多，从宏观上来讲，实际上就是追求GDP，从GDP统计上来讲也忽略了许多，比如说影响环境，破坏了社会关系等，如果把这些因素考虑进去，那GDP的数字是要打折扣的。我有一个问题，德胜很独特，与主流价值观可能有些冲突。你们如何招聘员工？大学生如何管理？

答：我们的技术工人都来自广大农村和木工学校，行政人员由老员工推荐自己值得信赖的家人、亲戚或朋友。我们也欢迎员工或熟悉的人推荐大学生来德胜工作，但前提是他们必须认同我们的价值观，必须接受培训和教育，培训期至少三个月，考核通过后才可能在德胜工作。大学毕业生通过公司考核后，可以自由选择自己喜欢的工作岗位，可以从事挑战性的工作。但大学生必须要做到以下几点：

(1) 来德胜公司，必须要有一种归零状态。

(2) 要谦卑，心态要端正，要认识到知识与能力是不能等同的。

(3) 必须要有服务意识。

(4) 因家庭过分溺爱和社会上做人做事方面教育的不到位，这方面要加以弥补并尽力根除。

25. 问：我是山东一家建筑企业的员工。我有一个问题，就是德胜的工地项目经理承担什么样的责任？

答：安全责任、施工质量责任和反腐败责任。

26. 问：我是江西亚美投资公司的。我想问，为什么公司连"自己不想干了"这样的话都不允许讲？

答：在公司是不能说消极话语的，因为这种话语是一种消极心态的反映。消极的话会影响同事的工作情绪，破坏和谐的工作环境。

27. 问：与德胜有关的一些企业，如供应商等，德胜如何了解他们的信誉？如何约束他们？

附录一 赵雷答参访者问

答: 第一,我们自己建立了一个对供应商的评估体系,要对他们的信誉度进行评估,以了解他们的信誉,并约束他们在签订合同时同时签署反腐败程序。

第二,要上门访问,最好与决策层能约见和商谈,把我们反腐公函的一系列约束条件和做法告诉他们的决策层。曾经发生过一件事,上海一家公司的员工诬告我们的采购人员吃回扣,就是因为他们的决策层对我们很了解,所以才没让他得逞。最后那名上海公司的员工后来被辞退了。

第三,与他们进行情感交流,如果他们有需要我们帮助的,我们会尽力去做。如四川成都一家企业,资金周转有大困难时,我们提前购买了他们一部分产品,让这家企业解决了资金运营问题。

第四,尊重他们,体现与他们的平等、合作、共赢关系,不能认为自己是采购方就不把他们放在眼里。

28. 问: 德胜员工都很有成就感、幸福感,公司如何做到这一点?

答: 第一,德胜要发展,必须得先确定好企业主与员工的关系,那就是员工永远都是雇工,不是主人,员工与公司是一种健康的劳资关系。

第二,企业主与员工同时又是一种契约关系。企业主要为员工一生的生老病死负责任,包括员工的家属、相关人员等,企业都要给予一定的帮助。这就要求企业主对待员工像自己的家人一样,但要求员工一定要好好做人,认真做事,严格按制度和程序办事。

这两方面是一种平衡的关系,但并不矛盾。

29. 问: 让员工报销不签字,他们能遵守诺言吗?

答: 这就是看待员工的角度问题了。对于经过培训的员工,你首先必须认为他们是诚实的,当你这么认为的时候,你就敢于不签字也能为他们报销。如果你认为他是不诚实的或者带有怀疑的目光看待他们,当然就不能采用这种管理制度了。

德胜的员工报销不需要签字,这并不代表德胜疏于对财务的管理,相反,会采取一系列的监控措施,比如:

(1) 严格的个人档案信用管理系统。员工知道,他违规所付出的代价是巨大的,他的信用额度将会降低。"两害相权取其轻",员工当然选择对自己利益较大的一种,既做人正直,又遵守制度。

(2) 提倡员工对不正之风进行举报。一旦有人举报,立即进行严肃调查并进行认真处理。

(3) 督察部常规抽查,分析报销习惯,出现异常情况进行预警。

(4) 发现问题后,首先保护员工的隐私,这是处理一切问题的前提,绝不将事态变得更加复杂化。

30. 问:如何对新员工传输德胜理念?

答:这涉及对员工的培训问题。德胜的手把手培训,永远是9个熟练工人带一个新员工,绝不能一个熟练工人带9个新员工。在培训问题上,不能稀释德胜的文化理念。

对于行政人员,特别是大学生、研究生和博士生,都要严格进行教育培训。关于这方面的内容,《德胜员工守则》内规定得非常具体,大家可以去看看。

31. 问:德胜的工人如果生病怎么办?

答:首先,公司会教育员工,有病不要乱投医。我们制作了一个与身份证大小一样的卡片,让员工带在身上,铭记在心里,绝不能有病乱投医。我们一位员工在某人民医院看病,医生告知需要2万多元医疗费用。但在德胜医生的指导下,在另一家军队医院只花了1500元就解决了问题。其次,凡是公司医务室能治疗的病例,全部免费提供治疗。第三,员工的胸牌上也都标有血型,以应对紧急突发情况。第四,德胜的施工场所遍及全国各地,公司也非常重视施工人员的生活质量问题。

32. 问:德胜文化吸引员工的因素有哪些?

答:第一,员工的心态。我们始终提倡员工要愉快地工作,当员工能够愉快地生活和工作时,他的心态就会非常稳定,自然就会在公司安心工作。

第二，公司总是要询问员工：你觉得自己拿这份工资值不值，如果不值的话，你可以请3～5年的长假出外闯荡，工龄和公职还依然为你保存着。如果闯荡不成，你还可以体面地再回到公司更好地投入到工作中。这样一来，员工们就会对自己有一个重新再认识。

第三，在德胜公司工作几乎没有忧虑。因为你或者你的家庭有什么困难，你可以第一时间请公司来出面帮忙。公司会提供力所能及的帮助。

第四，你不必为个人养老问题而忧心忡忡。公司都为你解决了如何养老和福利保障的问题。

第五，当你的心理与情感发生问题时，可以找自己每年的慰问对象倾诉，慰问对象也会主动帮助被慰问者。

33. 问：德胜公司的营销人员很少，营销体系是如何构建的？德胜的核心竞争力在哪里？

答：第一，我们是靠口碑获得业务，行业内的声誉也使我们获得了很多订单；第二，靠我们的实力和信誉；第三，品牌和文化的影响力。

德胜的营销体系：如实告诉客户产品情况。把房屋展示、规划设计、产品细节、生产施工、管理维护及可能的因素都会一一告诉客户，从而影响和打动客户。总之，只要真诚对待客户，他们就会相信你，就会与你合作。

我认为德胜的核心竞争力在于充分发挥了每个员工的最大优势，比如因人设岗。许多企业可能都不会这样做，但德胜在这方面却做得很好。如果一个人把他自己最擅长的工作做到极致，他可能会选择跳槽，或者自己另立门户，变成公司的竞争对手，但德胜还是愿意为员工着想，让员工充分地发挥自己的才智，这也正是德胜的影响力和吸引力所在。

34. 问：在员工出现问题时，德胜公司提倡让其主动承认错误，这样公司会给予表扬或奖励。为什么要这样做？

答：这一制度是为了引导员工向善良、有爱心、真诚的方向努力。如果是无意识或因为缺乏知识和经验引起的问题或犯了错误，公司都会给予原谅的。但如果是因为道德没有底线、严重背离核心价值观引起的，则另当别论。

35. 问：新员工入职需要什么样的要求？

答：工程施工人员都是从德胜自己创办的木工职业学校出来的，初中毕业，两年时间，男性，两年内有两门大课要上，第一个是如何做人的课程，这一部分的课程主要介绍如何做一个合格公民；第二个是如何做事，既包括技能培训，也包括理论知识，还包括对职业的敬畏精神，对规矩的遵守，对制度和程序的严格执行等。两年出来，熏都要熏出一个合格的职业人士来。

行政人员首先实行的是员工和朋友推荐制，把他们认为道德品质良好的、愿意接受核心价值观再教育的人士推荐给公司，由公司统一安排特殊的再教育培训，如从事管家物业服务工作等，至少三个月。考核通过后才能正式录用。

36. 问：您好，我是商学院的老师。我对德胜公司终身员工机制非常感兴趣，我认为，只有一个讲信誉的公司才会对员工的终生负责，德胜公司的这一做法是非常难能可贵的。我的问题是，你们公司是不是无论效益如何都会这样做？你们的管理成本是不是要增加？

答：无论效益如何，公司都会信守对员工的承诺。公司的创始人多次在会议上对全体员工强调说，公司经营的成与败与公司决策层有千丝万缕的关系。对员工进行有效的教育是需要花出巨大成本的，但我们认为这是值得的。从企业长远发展的角度来说，大家一条心做事，企业的内耗接近零，员工之间无障碍沟通，使企业保持在健康、平稳和高效的秩序下工作，企业的长期运营成本自然会降低。保障员工的终身制，虽然公司决策层的压力很大，但这样才可以确保公司最宝贵的资源——员工不会流失，企业才能长久发展。同时，德胜公司还以培养合格公民为办公司的终极目的，并且得以持续发展，为着把企业办成社会型组织而不断努力。

37. 问：假如我是德胜一名工作了10年的员工，我相信你们提供的终身保障机制，但如果我是一名年轻的、刚入职的员工，你怎么样才能让我相信你们的终身保障机制？

答：第一，公司创始人多次说过，公司决策层要尽最大努力使这个企业基业长青。这就需要企业健康有序地运营。公司要保证有足够的吸引力来吸引与公司的核心价值观相同的人在一起工作。只有建立在共同的价值观基础上的同事关系才是持久的，我们绝不能以建立在以金钱为筹码的基础上的同事关系来维系企业的生存与发展。公司也绝不会承诺员工在公司工作会发财，你只要在公司多做一天，你会生活得更好。一个纯粹以追求利润最大化，一味地关注业绩的增长倍数的企业与一个更多的以培养合格公民和尽可能地承担一些社会责任的企业是有本质上的区别的。

第二，假如公司没有足够的吸引力让员工安心、健康地工作，我们认为公司也不会持久发展。既然这样，公司迟关闭还不如早关闭。特别是公司的管理层人员如果不稳定，一个公司基本上就不是一个合格的公司。

第三，面对一个负责任的公司，全体员工要为公司的创始人树立将公司持久办下去的决心和信心。有朝一日，创始人失去信心办公司了，那完全可以立即宣布解散公司，将公司所有财产拍卖掉，将10%的拍卖金发给全体员工养老，将90%的款全部捐给基金会。从此，大家各自照顾自己。

第四，企业要持久发展还要有另一个更重要的前提来保障，那就是公司的决策层不盲目决策，不追求膨胀式的发展。

第五，德胜的承诺都是坚决要执行到位的。老板永远说到做到，并且所有的福利和养老保障制度都在公证处进行了公证，让新来的员工都吃了定心丸。

38. 问：能否简要介绍一下听证会的情况？

答：听证团成员举行的听证就是一个小法庭。听证会主要是力求公平公正地解决企业实际存在的问题和职工因工作原因产生的一些矛盾。

39. 问：这么庞大的系统，从创业开始是怎么一路走过来的？

答：大致分为三个阶段。

第一个阶段是探索和解决生存阶段，因为人员不是太多，规模经营不是太大，这一阶段主要是人管人的方式，公司着手制定长久发展的价值观，确定了以价值观来管理公司的策略。

第二个阶段是制度管理阶段，这一阶段确定了公司永久的核心价值观。表现在对管理人员提出管理应该进入鱼钩渔网原理和汽车更换发动机原理的思想。这一阶段设立了公司独立的培训和再教育体系，包括创办了彻底解决公司用工问题的木工学校，以平民教育为核心理念的平民学校等。

第三阶段是公司规模形成后，主要以教育和符合人类共同文明的理念为核心来管理公司，先后设立了酒店管理学校、沧海商学院、工程管理与文化学校等。这一阶段当然也包含有第一阶段的人管人模式，如督察部和第二阶段的制度管理以及德胜员工守则，这一阶段要解决文化传承和持续稳健发展的问题。

40. 问：因人设岗怎么理解？

答：公司提倡因人设岗。因人设岗是根据某个职工的特长、爱好或兴趣，对其专门设立的一个部门或岗位。这是充分发挥职工积极性的一种做法。有人会担心，一旦这样做，这部分人发达了，翅膀硬了，会连窝端地离开公司。我们不认为一个负责任的人会做出这样的决定，除非他对这家公司的所做所为完全失望或他自己走投无路了，他才会做出这种绝情的事情来。

41. 问：能否介绍一下贵公司创始人的情况？

答：公司创始人聂先生的祖籍是山东，他生长在安徽徽州，也就是诞生了晏阳初、陶行知的地方。这个地方自古以来就非常重视教育。聂先生从四川大学毕业后从事的是大学的教师工作，后又留学美国。他对中国的传统文化和教育非常熟悉，且走访过42个国家，深入研究了世界许多国家的教育。经过认真思考，他这个学化学的，认为还有比从事化学教育与研

附录一 赵雷答参访者问

究更重要的学科，那就是社会学和哲学，由此他对社会学和哲学产生了浓厚的兴趣。但他又不想做一个纯粹的理论学者。于是，他以办一家公司为突破口，试图将他多年来对社会的研究和看法进行实际探索。

42. 问：你们的管理有很多创新，包括把教育与管理结合，你们是怎么样把文化渗透给员工的？如何优化你们的管理？

答：第一，我们对文凭有重新的定义与认识，认为并不一定文凭就能决定一个人的能力。因此，在分析和用人前，对人的评估标准就与许多企业不一样。

第二，凡是公务员能享受到的，我们尽量也要享受得到。不能让在职职工片面地认为做公务员才有出息，才是最佳选择。而且我们在制定制度时，有许多方面比公务员的制度更加弹性，更加实惠。

第三，所有管理制度所提倡的和反对的，必须让每一个员工知道为什么，即知道所以然。不能光知其然，不知其所以然。这就是文化渗透的非常重要的一个方面。

第四，凡是社会上极力提倡的，我们都要打一个问号，要问一下某些方面到底对我们有没有好处。因为许多时候，社会上大力提倡的，可能就是人们没有足够重视的方面。

43. 问：你们创新的方法有哪些？

答：凡是别人有的，我们可能就要创新。凡是别人没有的，我们做到经典和极致，最好是不可替代，形成我们自己的巨大优势，这就是我们的巨大竞争力。

老聂既是学院派人物，又是一个实战型人才。他认为不能光是抱怨这抱怨那，而是做出一个模板来证明给别人看。你的模板做得好，人人都喜欢，那你就用事实证明了一切，也就是对现状存在的一些问题的有力回击。消极抱怨永远不能带来正面效应。

44. 问：员工的流失率是1%，管理人员则根本没有流失。德胜用什么手段保证员工的流失率这么低?

答:德胜像一个大学堂,建立在价值观基础上是关键。

45. 问:德胜的培训是如何进行的?

答:分行政和工程两部分。此外,还要定期和不定期进行复训,进行训导。

46. 问:遵守程序是管理非常好的一个方面。但也可能会产生劳动激情的问题。比如说,一座房屋要严格按照程序施工,突然间有4个人提出不干了,你们怎么办?

答:我们欢迎他们离开公司。而且任何人都不能规劝这些人留下,谁规劝,谁违规。

47. 问:程序是否不断地在变化?

答:在相对时间段要保持不变,但在不适应时或者情况发生变化时是要修改的。

48. 问:程序如何制定最容易做到?

答:自下而上,由员工自己写自己的工作日志,然后提炼出来每天、每周要做的工作,这些固定要做的就形成了程序。

49. 问:众多的企业来访,有没有反馈的最终结果?如果有,可否举例?

答:(1) 全国至少有300多家企业天天演唱《我们由衷地感谢》歌曲。

(2) 一位曾经灰心丧气的老板在狠心关掉原来的建筑公司三年后,无意间看到了《德胜员工守则》,于是重新燃起了他东山再起的信心和决心,于是做到了现在在当地最大的民营建筑公司。

(3) 某国营单位建造了"德胜堂"阅览室。

(4) 某企业解决了公车私用的问题。

(5) 一位博士生重燃自己生存的希望。从基础开始做事,做足浴中心,并且非常成功。

附录一 | 赵雷答参访者问

……

50. 问：你们是包干制还是计时制？职工加班补贴怎么样？

答：第一，反对加班。

第二，更反对强迫、欺压员工，比如说一年干两年的活。

第三，既不承包，也不计时。

51. 问：经常有企业一谈到企业文化，就是宣传标语和口号张贴墙壁、出版内刊，但参观德胜后，发现并没有这些东西，在企业发展初期，如何植入企业文化在员工的脑海中？

答：文化是做出来的，不是张贴或喊出来的。

52. 问：在高福利体系下，有很多的休假。你们每年的生产力与产值的矛盾如何解决？

答：这就是公司不以利益为导向，而是以教育人和培养合格公民为导向的原因。如孝心是第一位的，如果有人提出要回家探望父母，那工期再紧，都要放他回家去。

53. 问：管理人员除了享受薪酬福利外，更多的是自我价值的提升和管理职位的竞争，你们讲程序，那很多人如果失去了一个机会如何解决？

答：我们认为自我价值的提升是自然的，但我们永远不承诺管理职位要竞争，从不以此作为激励人的标准。我们反对拿破仑"一个不想当将军的士兵不是一个好士兵"的思想。

54. 问：一粒米养百种人。相信很多职工都有自己的个性，在实际工作中有各自的苦恼，面对这种情况，请问你们会有尴尬的现象吗？

答：没有。一旦职工有苦恼了，第一，公司会请他做出其他选择；第二，公司帮助他，从根源上解决他苦恼的问题。

55. 问：德胜在多年前就打造幸福企业，我们如果学习，那该从何入手？

答：从点滴对员工进行关爱开始，而不是天天讲绩效。

56. 问：德胜如何解决员工的后顾之忧？

答：(1) 为员工在工作和生活上打理得好好的，工地劳保、工装、眼镜样样都有，没有劳保设施可以拒绝工作。

(2) 从养老体系方面为员工解决后顾之忧。

(3) 琐事、烦心事都帮忙给搞定了。子女读书、医疗、家属生病等都帮助解决。

57. 问：对员工以什么标准进行处罚？

答：不能触碰三个高压线：道德、核心价值观、制度与程序。

58. 问：工程监理要如何才能做到优秀？

答：第一，靠一丝不苟的韧劲，坚持质量问题不可商量的原则。

第二，靠品德赢得客户的尊重。

第三，把自己成功坚持原则的案例分享给客户。

59. 问：德胜发展到今天，企业创办初期是怎么想的？

答：第一，要办一个特立独行的公司。

第二，要办一个待遇在许多方面比公务员还要好的公司。

第三，要办一个让职工幸福的公司。

第四，要办一个让职工有安全感的公司。

第五，要办一个能激发职工积极性的公司。

60. 问：按照用人的六大模块，你们在员工的成长方面都做了哪些具体工作？

答：第一，参加考试补助1000元，获得证书再一次性给5000元。

附录一 | 赵雷答参访者问

第二，有些岗位派员工去专门学习2年。

第三，支持他们自我发展。

61. 问：程序中心如何监督个人或部门的工作？

答：第一，通过公司公用邮箱监督，比如，统一将工作日志发到公司邮箱，由他们监督。这种方法适合工作不能衡量的部门，如设计中心。

第二，通过部门上报的计划来进行监督。你的计划完成了没有、完成了做了记号没有、为什么没有完成等。

第三，通过召开会议后提出的一些问题进行监督。

62. 问：德胜当初是如何定位的？

答：(1) 如何让每个人幸福快乐。

(2) 为13亿人争一口气。如何符合人类文明。

(3) 如何做百年不倒的企业。

63. 问：我是医生，也是老师，主要教医学史。请问德胜将来会在哪些方面发展？

答：成立无为大学或办一个书院，请全国各地的学者去讲学，传播先进理念和正能量的东西。

64. 问：老员工离职率非常低，对老员工培养他们的忠诚度是怎样做到的？另外，按照11字，多年来有些职工也不进步，也不倒退，怎么处理？另一方面，有些老员工差一些，产生负面的影响，又不便于处理，怎么办？

答：手艺人越老越值钱，一定要让老员工有安全感和归属感。

在德胜，按部就班的职工都是合格职工，但可能不是优秀职工。一方面，公司想办法激发他们的工作激情；另一方面，公司成为这些老职工的养老院，让更有活力的职工逐步代替他们，但绝不会对他们不管不顾。

65. 问：现代企业发展，一是生长环境，二是业务。德胜把完全陌生的人变成产业工人，要求很严格和苛刻，从道德到技术要求，从做人做事到做君子，是否免费培训？

答：当然是免费培训的。具体方法有：

第一，实行师徒制。

第二，9个熟练工人带1个新工人。让老职工用德胜文化同化新职工。

第三，每月1号、15号学习制度。

第四，接受木工职业学校教育。

第五，岗位职责方面，按人设岗位，因事设岗。

第六，一旦出现问题，立即采取相应的措施进行解决。如群魔乱舞法，吃一年苦工程等。

66. 问：40、70年房屋保修，如果有人为破坏怎么办？

答：当然报案了，按国家法律进行处理，当然事先要做到以下几点：

第一，为房屋购买重置险。

第二，我们提前告知他们哪些是人为因素、哪些是自然灾害，分清责任。

第三，做好施工标准备案，与客户打官司需要依据。

67. 问：有哪个企业学习德胜学得好的？学的过程中德胜如何帮助他们？

答：有一家做健康服务的公司就是按照德胜的价值观去做的。做到了全国前几名。

首先，他们诚信做事。然后客人来享受，必须得预约。第二，消毒。第三，在消毒过程中，他们给客人提供一杯特殊的养生茶(用中药泡制)。第四，消毒后再开始做氧吧，连水温都标准化，就是人体温度37度。

他们可随时打电话、发邮件等咨询德胜公司。

68. 问：德胜的制度非常完善，但对于我们学习型企业来说，如何把发现的问题查遗补漏？

答：督察人员要敢于得罪人。另外，专门要有人跟踪。

69. 问：为什么外国人喜欢波特兰小街并高价租住？

答：第一，人情味深厚：比他还喜欢他的猫和狗。

第二，感觉：让租住户如同回到了自己的家。

第三，服务：提供护照备案、宠物打防疫针等特殊服务。客户不理解时，向他们做解释。

第四，平民文化的作用。

第五，努力尽社会责任，从事过许多慈善和公益事业。

第六，遵循人类文明。

70. 问：人际关系如何能做到简单化？

答：第一，详细制定了人际关系法则。

第二，没有等级划分。

第三，在公司多做一天会比前一天好。

71. 问：日常工作中，员工素养怎么样培养？

答：第一，再教育培训。

第二，复训。

第三，训导。

第四，师徒制。

无论如何，培训都是从上到下的。如管理人员代岗。

72. 问：1元钱的处罚是怎么回事？

答：对于背离价值观的、同一错误再次发生的、应该避免的但却发生的事件要重罚。

对于初犯并且主动承认错误的，或者不是具体操作人员的责任的，则处罚1元钱，让他们永远记住这件事。

73. 问：学习德胜从哪里着手？

答：从最小的事做起。比如员工必须做到的三件事：自己能做的事绝不麻烦别人、提前3～5分钟到场、离开一个场地后要恢复如初。

74. 问：如何保证员工后30年的工作积极性？

答：第一，连工制可能使他们的奖金更多，获得的实惠和补助、福利更多。

第二，在德胜连续工作年限越长越有自豪感。

75. 问：如何让员工快乐地工作？

答：第一，愉快地休假，调整工作状态。

第二，部门可以换岗。

第三，自己找快乐。

第四，公司统一安排，如庆祝生日与其他活动联系在一起，去展览时凡是愿意去游玩的都可以去。

76. 问：德胜如何激发创造力？创造力的核心到底是什么？

答：提倡各岗位发挥创造力。有创造力的给予奖励。

创造力的核心是把具体工作做到庖丁解牛的状态后的升华。

77. 问：没有绩效考核体系，德胜的执行力为什么这么好？有什么关键环节或者监控流程吗？

答：执行能够到位，是因为有有形监督和无形监督，无形监督有神秘访客、盯梢、普通职工监督等。

对我们来说，任何一个程序环节都是关键的，绝不能马虎的，监控程序规定得又细又全，又合理合法。

附录二 "德"行天下，"胜"在爱人

——访德胜(苏州)洋楼有限公司文化中心
总经理赵雷[①]

[①] 选自《居业》2013年01期，有改动。

附录二 "德"行天下，"胜"在爱人

当接到要采访德胜(苏州)洋楼有限公司(以下简称"德胜洋楼")的任务时，记者有点茫然。对于德胜洋楼的印象只是停留于字面意思，在百度一栏敲下"德胜洋楼"四个字，下面出现了好几页的信息。其中不乏这样的信息："永远不实行打卡制度，员工可以随意调休，但在上班时间都自觉地满负荷工作；员工各类报销款项，不必经过主管审批，但需要聆听财务人员宣读关于'诚信'的提示……"这到底是一家怎样的企业，记者带着疑问采访了德胜洋楼文化中心的总经理赵雷先生。

居业：赵总您好，众所周知德胜洋楼是一家有信仰的企业，也是唯一一个有教堂的企业，请您简要介绍一下设立教堂的初衷和成效。

赵雷：首先，德胜洋楼不是教会办的企业，因此它不是信仰基督教的企业，但它是一个以爱和真为根基的企业。如果是基督教企业，那么招聘的职工全部应该都是基督徒。教堂只是我们建造的一个样板产品而已，是为了向中外客户展示我们的施工质量和服务。当然，中外人士愿意去教堂做活动也是他们的自由，我们永远支持宗教信仰自由。

居业：德胜洋楼其管理模式被丰田管理大师河田信称为"除丰田之外的第二种管理模式"，其"现场管理、君子示人、轻体制、弱官僚"的管理模式，正是人性化管理在中国创造性运用的绝佳实践。德胜的管理体系可以说是中国式管理的新样本，请简要介绍一下德胜管理体系的三大特点和三个平衡。

赵雷：其实德胜的管理模式可以说是非常细致入微的，三大特点和三个平衡总起来说是德胜文化的一个缩影。其中三大特点包括：**精细化管理**——德胜是一家中国人管理中国人的企业，管理的对象不仅包括从贫穷落后地区来的农民,而且还包括受过一定教育的人士。员工的文化程度差异很大。要想提升整个团队的素质,精细化管理必不可少。**人性化管理**——我们认为企业管理要提倡员工做"诚实、勤劳、有爱心、不走捷径"的合格公民,提升员工的现代公民意识。**反官僚机制**——要维护员工的根本利益,实施干部代岗制,提出"作为管理人员,你首先要考虑哪些事能做,哪些事不能做",对权力进行一定的制约。

三个平衡包括:**管理制度与爱心文化的平衡**——企业的管理制度主要是约束人的言行,提倡人规矩做事。但同时企业又为职工提供了充满爱心的氛围,比如说不提倡职工冒着生命危险抢救财产,不提倡带病坚持工作。**现实与理想的平衡**——现实中不和谐的事情,作为一个企业是没有办法去解决的,但企业绝不能对自己职工的言行坐视不管,不能不进行有效的宣传、引导和教育,不能束手无策。我们的理想就是做一个符合人类文明,让中外人士都认可的企业。理想是巨大的,但实现理想绝不能空想,必须从最小的事情做起,从最值得关注的一点一滴做起,从大家可能忽视的每一个方面做起。**企业营利与社会责任的平衡**——德胜认为,企业除了一方面解决一部分人就业,为国家依法纳税,创造合理合法的财富外,还要为社会做一些力所能及的慈善和公益事业。献爱心不能是恩赐,不能只是捐款捐物后自己获得了一种心理平衡,而是要热情、积极、全身心地投入,在亲身付出中获得别人的认可,让别人也具有接力棒式的爱心,并且把爱心不断传递下去。当然德胜还有中国传统文化与国外先进管理理念的平衡,内部文化与外部文化的平衡等。

德胜管理体系的三大特点

特点	表现形式	背后的价值观
精细化管理	员工手册,施工细则,制度学习会,程序中心,督察制度	管理是科学(严谨):把话说透,客观公正
人性化管理	听证会,拍卖会,不准带病上班,不打卡,报销不需要签字	管理是艺术(走心):把爱给够,包容关爱
反官僚机制	干部代岗制,督察制度,权力制约规则	管理法理(严格):对权力的有效制约,敬畏劳动,平民教育观,禁止使用官僚词语和互相称呼职务名称

附录二 "德"行天下，"胜"在爱人

德胜管理的三个平衡

管理制度与爱心文化的平衡	管理制度是冰冷的，爱心文化是温暖人心的
现实与理想的平衡	有勇气否定现实中存在的不合理现象，但要踏踏实实地、一点一滴地实现理想
企业营利与尽一定社会责任的平衡	企业通过劳动的付出赚取合理的利润，同时要将合理利润的一部分捐助给社会上更需要帮助的人

居业：杨壮教授曾经写过一篇评论叫做《德胜之胜，胜在领导力》，诚然聂圣哲先生在业内的知名度非常高，是一个智慧与商业头脑并重的优秀企业家，同时也是一个极富个性的人。请问赵总，德胜的企业文化与领导人之间存在着怎样的关系？

赵雷：其实从很大程度上，企业的决策人引领和决定着企业的文化。我个人认为，卓越领导者必须具备三方面的领导特质，才能有效地影响他人：愿景、远见、视野；专业主义精神；优秀的品格素质。聂圣哲先生在这三个方面都做得极为出色，因此在公司中形成了巨大的榜样力量和人格魅力。聂先生本人是同济大学、安徽大学和哈尔滨工业大学的博士生导师、教授，他特别喜欢教育，认为改变一个人的一生是最快乐的事。他个人崇尚"爱心"，尊重和敬待每位员工，处处以身作则，这是他能够激发员工热情的人格魅力。聂先生曾经在美国留学和工作过很长一段时间，其间他游历了40多个国家，观察各民族的优秀特质——德国人的严谨、日本人的细致、美国人的开拓和务实，每每都会触动他反思中国的国民性。对于有些国人不诚实、不遵守规矩、好走捷径、好耍小聪明的现象，他尤为深恶痛绝，并认为这是导致中国企业无法做强的一个重要原因。在他看来，国人最缺乏的不是聪明，而是对做合格公民的常识的认知和遵守。

居业：员工是整个企业最为关键的因素之一，员工素质的高低直接影响企业的发展前景，德胜专注于员工的培训，"民工的面孔，绅士的风度"这是当前德胜员工的真实写照，请问德胜是如何做的？

赵雷：其实德胜主要是对职工进行有效的培训和教育，我们一贯认为"智商是天生的，但优秀是教出来的"，要培养出一位爱因斯坦那样的天才，恐怕是不可能的，但要培养出守规矩、待人友好、综合素养高的能工巧匠是可以做到的。好的企业就是一所好的学校，好的企业同时还要具有一整套吸引职工愿意在企业做事的体系，包括对他们的尊重，包括给予他们充分的选择权和自由，包括给予他们完善的补助和福利体系。管理制度不是"管、卡、压"，而是积极引导职工做他们喜欢和愿意做的事，包括去为他人做好事等。

居业："德胜-鲁班木匠学院"可以说是德胜与众不同的亮点所在，请问设立这所学校的初衷是什么？

赵雷：其实确切的叫法应该是德胜-鲁班木工职业学校，因为目前还达不到学院的规模。我们在黄山设立了一所这样的职业学校，同时计划在其他地区再设立至少一所这样的学校，还计划建立一所残疾人木工学校。当初设立的初衷主要是解决农村贫困地区一批初中毕业的、没有技能或理想工作岗位的学生，帮助他们成为现代职业人士，做"诚实、勤劳、有爱心、不走捷径"的合格公民。凡是毕业的木工匠士都可以在德胜(苏州)洋楼有限公司上班，当然他也可以去其他地方上班，这是他们的自由，人的自由永远高于一切。尽管花了巨大心血培养他们，但是"天高任鸟飞"，只要他在社会上能够立足，只要他尽到做合格公民的责任和义务，他用自己勤劳的双手，凭借在木工学校学到的技能去社会上打拼，我们都同意和支持，决不干预或强迫他一定要回报公司。

居业：想要深层次了解一个企业，最不能遗忘的是它的产品，请问德胜目前主打的产品是什么？有何特点？受众人群是哪些？

赵雷：主打产品就是现代轻型木结构住宅，分为可移动式木结构住宅和不可移动式木结构住宅。特点非常之多，第一，它是用有机材料建造的住宅，中高端人士、国外人士、曾经留学在欧美并对这种类型的住宅了解的人士或者有土地资源并愿意建造这类住宅的人士都是我们的客户。第二，它具有抗震、节能、环保、保温、隔热以及建造速度快等许多优点，并且一次性交房，客户可以拎包入住，不需要进行二次装修。第三，价格低廉。长三角地区的建造报价约是每平方米6000元左右。第四，服务周

附录二 "德"行天下，"胜"在爱人

到，主体承诺终生保修。德胜能够取得今天的成功，当然一个最重要的原因是与我们提供的服务离不开的。

居业： 感谢赵总接受我们的采访，谢谢。

访后感：

采访完德胜之后，我由衷的感慨：德胜洋楼是一家真正把员工当做家人的企业，在这里人人平等，人人讲道德，人人讲诚信。正是凭借着这种朴实却深刻的文化，德胜洋楼才会生产出比美国更为标准的产品，才会让企业的品牌深入人心。"德"行天下，"胜"在爱人。德胜洋楼真正将"德与爱"融入到了企业里，融入到了每个德胜人的血液里。

参考资料

1. 德胜(苏州)洋楼有限公司官方网站
2. 周志友. 德胜员工守则. 北京：机械工业出版社，2013
3. 温德诚. 德胜管理——中国企业管理的新突破. 北京：新华出版社，2009